— DER —
TAG
GEHÖRT
DIR

DER TAG GEHÖRT DIR

... MACH DAS BESTE DRAUS!

Copyright © 2016 by Joyce Meyer
Titel der Originalausgabe: Seize the Day
Originalverlag: FaithWords Hachette Book Group, New York, U.S.A.

© Alle Rechte der deutschen Ausgabe bei
Joyce Meyer Ministries GmbH
Postfach 76 10 01
22060 Hamburg
www.joyce-meyer.de
Tel. +49 (0) 40 / 88 88 4 11 11

Print: ISBN 978-3-945678-13-8
ePub: ISBN 978-3-945678-66-4

Bestellungen bitte an die oben stehende Adresse richten.

1. Auflage, Juni 2017

Bibelzitate wurden meist folgender Bibelausgabe entnommen:
Neues Leben. Die Bibel © 2002 und 2006 SCM R.Brockhaus im SCM-Verlag GmbH & Co. KG, Witten.

Sonstige verwendete Bibelausgaben:
LUT: Die Bibel nach *Martin Luthers Übersetzung*, revidiert 2017 © 2016 Deutsche Bibelgesellschaft, Stuttgart
SLT: Bibeltext der *Schlachter Übersetzung* © 2000 Genfer Bibelgesellschaft
EU: *Einheitsübersetzung der Heiligen Schrift* © 1980 Katholische Bibelanstalt, Stuttgart
NGÜ: Bibeltext der *Neuen Genfer Übersetzung* – Neues Testament und Psalmen © 2011 Genfer Bibelgesellschaft

In [eckigen Klammern] eingefügte Texte sind Übersetzungen aus der Amplified Bible (*The Amplified ® Bible*. Copyright © 1954, 1962, 1965, 1987 by The Lockman Foundation), einer um alle auch möglichen Wortbedeutungen ergänzte Übersetzung der Bibel ins Englische, die es für die deutsche Sprache nicht gibt.

Übersetzung: Dorothea Appel
Lektorat: Doris Leisering, Esther Keith
Umschlag: Amy Roff, Lars Osterwald
Satz: Satz & Medien Wieser, Stolberg
Druck und Verarbeitung: CPI books GmbH

Alle Rechte vorbehalten!
Vervielfältigung oder Abschrift, auch auszugsweise, nur mit schriftlicher Genehmigung des Verlags.

Inhalt

Einleitung		7
Vorwort		10
1.	Der freie Wille des Menschen	13
2.	Gottes Wille für Ihr Leben	27
3.	Für die Ewigkeit leben	39
4.	Der Lohn richtiger Entscheidungen	49
5.	Wo ist nur die Zeit geblieben?	61
6.	Wie man Zeitverschwendung vermeidet	71
7.	Man lebt nur einmal	83
8.	Entschlossenheit	95
9.	Nutze den Tag	107
10.	Ablauf-, Zeit- und andere Pläne	119
11.	Pläne einhalten	131
12.	Organisation	145
13.	Wofür leben Sie?	157
14.	Das Ziel im Auge behalten	167
15.	Aktiv oder passiv?	177
16.	Achten Sie auf Ihre Lebensführung	189
17.	Was machen Sie mit dem, was Gott Ihnen gegeben hat?	203
18.	Vom Anfang her das Ende sehen	215
19.	Kraft für den Weg	225

20. Bestimmen Sie Ihr Denken selbst 235
21. Fünf Dinge, die Sie bewusst tun sollten 245
22. Übernehmen Sie Verantwortung für Ihr Leben 259

Fazit 271

Gebet um Errettung 272

Quellenangaben 274

Einleitung

Neulich wurde mir bewusst, dass schon mehr Lebenszeit hinter mir liegt als vor mir. Dieser Gedanke machte mich entschlossener denn je, meine Zeit bestmöglich zu nutzen. Wenn wir über fünfzig oder sechzig sind, denken wir ganz anders über unser Leben und was wir mit unserer Zeit anfangen wollen, als wir es vielleicht mit zwanzig, dreißig oder sogar vierzig taten. Wir erkennen deutlicher, wie kostbar Zeit ist, und wollen sie auf keinen Fall verschwenden (jedenfalls geht es mir so – ich hoffe, Ihnen auch).

Kennen Sie das? Sie hatten sich viel für den Tag vorgenommen, sind am Abend aber ganz frustriert und ärgern sich vielleicht sogar ein bisschen über sich selbst. Ihre Pläne sahen so gut aus, aber Sie haben nicht viel davon umgesetzt. Wenn Sie ehrlich sind, wissen Sie auch gar nicht mehr genau, was Sie überhaupt getan haben. Sie waren den ganzen Tag beschäftigt, können sich aber nur an Bruchstücke von Tätigkeiten erinnern, die Sie abhängig davon erledigt haben, was jeweils am dringendsten erschien. Wenn Sie darüber nachdenken, müssen Sie zugeben, dass Sie nichts von Bedeutung zu Ende gebracht haben.

Sie hatten sich vorgenommen, die Rechnungen zu bezahlen, einkaufen zu gehen, den Ölwechsel machen zu lassen und ein schönes Abendessen für die Familie zu kochen. Besonders Letzteres wollten Sie unbedingt hinbekommen, denn vor Kurzem hatte eines Ihrer Teenager-Kinder gefragt: »Mama, warum sitzen wir eigentlich nie mehr zusammen am Esstisch wie früher, als ich klein war?« Sie hatten keine Antwort darauf, denn Sie wussten selbst nicht genau, woran das liegt. Es hat einfach jeder so viel um die Ohren, dass gemeinsame Mahlzeiten offenbar nicht mehr möglich sind!

Fällt es Ihnen schwer, sich auf das zu konzentrieren, was Sie wirklich tun wollen und tun müssen, weil Sie ständig unterbrochen werden? Haben E-Mails, Facebook und Twitter Ihr Leben einfacher oder nur noch unruhiger gemacht? Diese modernen Annehmlichkeiten können natürlich sehr hilfreich sein, aber nur wenn wir *sie* und nicht sie *uns* mit all ihren Summ-, Klingel- und Pieptönen beherrschen.

Entwickeln Sie sich immer mehr zu dem Menschen, der Sie sein wollen? Erreichen Sie, was Sie im Leben erreichen wollen? Sind Sie zielgerichtet? Oder lassen Sie sich durch die Tage, Wochen, Monate und Jahre treiben nach dem Motto: »Mal sehen, was sich so ergibt«? Sollten Sie Ihr Leben endlich einmal selbst in die Hand nehmen? Wird es Zeit für eine Veränderung? Müssen Sie den heutigen und jeden weiteren Tag bewusster nutzen?

Ich bin eigentlich ein sehr zielorientierter Mensch und Leistung motiviert mich. Im vergangenen Jahr merkte ich aber auf einmal, dass ich mich angesichts der Berge von Dingen, die ich tun musste und wollte, kaum entscheiden konnte, womit ich anfangen sollte. So machte ich oft letztlich gar nichts oder fing höchstens hier und dort verschiedene Tätigkeiten an, brachte aber nichts zu Ende. Manches schaffte ich natürlich durchaus: das, was auf jeden Fall erledigt werden musste. Doch um ehrlich zu sein, habe ich viele kostbare Stunden verschwendet. Ich ärgerte mich über mich selbst, weil ich mehr Zeit damit verbrachte zu überlegen, wo ich anfangen sollte, als mit tatsächlicher Aktion. Ich fühlte mich überfordert, und das ist ungewöhnlich für mich. Deshalb begann ich ernstlich für diese Situation zu beten; ich wollte hören, was Gott mir dazu sagte. Ich fühlte mich vom Leben herumkommandiert, statt dass ich mein Leben bestimmte. Mir war klar: Das ist nicht in Ordnung.

Als ich darüber betete, zeigte mir Gott, wie wichtig es ist, zielgerichtet und bewusst zu leben. Das hatte ich eigentlich immer getan, aber irgendwie war ich davon abgekommen. Ich glaube, zum Teil durchlebte ich diese Passivität und Unentschlossenheit, damit ich motiviert wäre, dieses Buch zu schreiben. Ich höre von vielen, dass sie ihr Leben tagein, tagaus leben, ohne viel von dem zu schaffen, was sie sich vorgenommen haben. Sie haben viel zu tun, wissen jedoch nicht genau, was eigentlich. »Ich habe viel zu tun« ist immer dann die Standardentschuldigung, wenn wir etwas nicht getan haben, das wir hätten tun sollen. Wenn Sie einen Freund sehen, mit dem Sie früher regelmäßig Kontakt hatten, der aber jetzt nicht mehr auf Ihre Anrufe reagiert, wird er mit Sicherheit sagen: »Tut mir leid, dass ich dich nicht zurückgerufen habe; ich hatte einfach sehr viel zu tun.« Neulich warteten wir einmal fast drei Wochen auf ein Teppichangebot. Als wir den Verkäufer zum dritten Mal anriefen, sagte er: »Tut mir leid, dass ich mich so lange nicht gemeldet habe – wir hatten einfach wahnsinnig viel zu tun!« Was wäre, wenn Gott uns nicht zurückrufen und sich damit entschuldigen würde, dass er zu viel zu tun hat?

Ich frage mich wirklich, wie viele Menschen am Ende ihres Lebens meinen, so gelebt zu haben, wie sie hätten leben sollen. Wie viele empfinden nichts als Bedauern über das, was sie getan bzw. nicht getan haben? Man hat nur ein Leben, und wenn es sich nicht so entwickelt, wie Sie es sich wünschen, dann ist jetzt der Zeitpunkt für Veränderungen gekommen.

Wenn wir nichts zustande bekommen, sollten wir nicht sagen, das läge an den Umständen, an anderen Menschen, am Zustand der heutigen Welt oder an irgendetwas anderem. Gott schuf den Menschen mit einem freien Willen. Das heißt, wir haben die Möglichkeit, in buchstäblich jedem Lebensbereich eigene Entscheidungen zu treffen, und wenn wir das nicht unter Gottes Leitung tun, bleibt uns am Ende nur Bedauern.

Gott hat einen Plan und ein Ziel für jeden von uns. Er möchte, dass wir unseren freien Willen einsetzen, um uns für das zu entscheiden, was seinem Willen entspricht, damit wir das bestmögliche Leben genießen können. Ich hoffe und bete, dass Sie durch dieses Buch lernen, Ihren Tag zu nutzen, und jeden Augenblick, der Ihnen gegeben ist, dazu gebrauchen, in die Tat umzusetzen, was in Ihnen steckt!

Vorwort

In diesem Buch geht es darum, bewusst leben zu lernen. Deshalb werde ich viele Dinge vorschlagen, die Sie *tun* oder *nicht tun* sollten, wenn Sie dieses Ziel erreichen wollen. Es ist mir aber sehr wichtig, dass niemand den Eindruck gewinnt, unser *Tun* würde bewirken, dass Gott uns liebt oder dass wir dann gerecht vor ihm stehen dürfen. Das wäre »Werkegerechtigkeit«. Gott bietet uns durch Jesus Christus jedoch etwas ganz anderes an. Ich denke, am besten kann ich meine Absicht anhand des Epheserbriefes in der Bibel darlegen.

Der Epheserbrief ist in sechs Kapitel aufgeteilt. Die ersten drei Kapitel handeln davon, wie sehr uns Gott liebt, und sie lehren uns, dass seine Liebe ein bedingungsloses Geschenk ist. Paulus schreibt, dass Gott uns in Christus lebendig gemacht hat, als wir noch in Sünde tot waren. Er hat uns ein ganz neues Leben gegeben, uns mit Christus auferweckt und uns eingeladen, in seine Ruhe zu kommen – und das alles, noch bevor wir ihn kannten oder auch nur kennen wollten. Es ist ein Geschenk der Gnade, der wunderbaren Gnade!

Der Epheserbrief macht deutlich, dass unsere Errettung nicht auf unseren Werken oder irgendetwas beruht, was wir selbst tun könnten. Sie ist ein Geschenk Gottes! Errettung ist ein Geschenk! Barmherzigkeit ist ein Geschenk! Die Vergebung unserer Sünden ist ein Geschenk! Sie kostet uns nichts – aber Jesus hat sie viel gekostet. Er gab sein Leben, er vergoss sein Blut, damit wir durch ihn eine Beziehung mit Gott genießen können.

Weil Gott so gnädig ist, hat er euch durch den Glauben gerettet. Und das ist nicht euer eigenes Verdienst; es ist ein Geschenk Gottes. Ihr werdet also nicht aufgrund eurer guten Taten gerettet, damit sich niemand etwas darauf einbilden kann.

Epheser 2,8-9

Dass wir gerecht vor Gott stehen, ist ein Geschenk seiner Gnade, das nur durch Glauben empfangen werden kann. Wir können es uns nicht verdienen oder erarbeiten.

Ab Epheser, Kapitel 4 bis zum Ende des Briefes weist der Apostel Paulus die Gläubigen jedoch an, dem entsprechend zu leben, was Gott für sie getan hat. Er erwähnt vieles, wozu eine bewusste Entscheidung nötig ist, und fordert jeden auf, die richtigen Entscheidungen zu treffen.

Das Gute, das wir tun wollen, sollte immer getan werden, weil Gott uns liebt und weil wir ihn lieben, und nie mit dem Gedanken, dass wir uns damit seine Liebe »verdienen« oder »erkaufen«. Lassen Sie mich ganz deutlich sagen, dass wir uns die Erlösung oder die Liebe Gottes nicht verdienen können. Allerdings gibt es Belohnungen für uns hier auf der Erde (und in der Ewigkeit), die etwas mit unserem Verhalten zu tun haben. Gott will nicht, dass wir diese verpassen, und wir sollten das auch nicht wollen. Unsere gute Beziehung zu Gott sollte immer zu Gehorsam führen, und dieser Gehorsam eröffnet uns ein Leben, das wirklich wunderbar ist.

Ich möchte Sie auffordern, zur Ehre Gottes das bestmögliche Leben zu führen, und ihm auf diese Weise für all das zu danken, was er für Sie getan hat. Vieles von dem, was ich in meinen Vorträgen oder Büchern sage, hat mit Verhalten zu tun, aber gutes Verhalten muss, wenn es irgendeinen Wert haben soll, immer in unserer Beziehung mit Gott wurzeln, die wir durch Jesus haben.

Wenn es uns schwerfällt, das Richtige zu tun, sollten wir uns nicht einfach zusammenreißen und uns noch mehr Mühe geben! Wir sollten vielmehr in Gottes Liebe eintauchen und uns immer wieder der Bibel zuwenden, die uns die Liebe Gottes nahebringt! Bitten Sie Gott um Hilfe und lassen Sie sich von ihm für das stärken, was Sie tun müssen. Je mehr Ihnen klar wird, dass Gott Sie vollkommen liebt, desto mehr werden Sie seinem Willen gemäß handeln wollen.

KAPITEL 1

Der freie Wille des Menschen

Heute stelle ich euch vor die Wahl zwischen Leben und Tod, zwischen Segen und Fluch. Der Himmel und die Erde sind meine Zeugen. Wählt doch das Leben, damit ihr und eure Nachkommen am Leben bleiben!
5. Mose 30,19

Um unsere Zeit gut zu nutzen und so zu leben, wie Gott es will, müssen wir begreifen, was es mit dem freien Willen des Menschen auf sich hat. Gott schuf den Menschen mit einem freien Willen, und sein Wunsch war (und ist) es, dass sich der Mensch mit diesem freien Willen für *seinen*, das heißt Gottes Willen entscheidet. Gott verspricht, die zu leiten, die seinen Willen tun wollen (siehe Johannes 7,17). Wir werden die Inhalte dieses Buches nur schwer verstehen können, wenn wir nicht bereit sind anzuerkennen, dass wir Geschöpfe mit einem freien Willen sind, die Verantwortung für ihre Entscheidungen tragen. Der freie Wille ist sowohl eine riesige Verantwortung als auch Privileg und Freiheit. Gott wird uns immer zu Entscheidungen führen, die gut für uns sind, und die seinem Plan entsprechen, aber er wird uns zu diesen Entscheidungen nie zwingen oder manipulieren.

Jeder einzelne Tag, den Gott uns gibt, ist ein Geschenk. Er gehört uns und wir haben die Möglichkeit, ihn wertzuschätzen. Das können wir unter anderem dadurch tun, dass wir jeden Tag bewusst nutzen, keine Zeit verschwenden und uns nicht von Umständen manipulieren lassen, auf die wir keinen Einfluss haben. Kein Tag unseres Lebens muss ein verlorener Tag sein, wenn wir lernen, ihn bewusst zu leben, und uns nicht passiv hindurchtreiben lassen.

Wir dürfen die Entscheidungen, die wir selbst treffen sollten, nicht Umständen und Ablenkungen überlassen. Wir sind Gottes Kinder und wurden geschaffen, um über jeden unserer Tage zu bestimmen und so zu leben, dass es den Absichten Gottes für unser Leben entspricht. Am Anfang der Zeit trug Gott dem Menschen auf zu herrschen, fruchtbar zu sein und sich zu mehren sowie die vorhandenen Ressourcen im Dienst für Gott und den Menschen einzusetzen. Das hört sich für mich so an, als ob Gott zu Adam gesagt hätte: »Der Tag gehört dir ... mach das Beste draus!«

Der freie Wille ist sowohl eine
riesige Verantwortung als auch
Privileg und Freiheit.

C. S. Lewis sagte Folgendes über den freien Willen des Menschen:

Gott erschuf Wesen mit einem freien Willen. Geschöpfe also, die entweder das Richtige oder das Falsche tun können. Manche Leute meinen, sie könnten sich ein Wesen vorstellen, das frei ist, aber nicht die Möglichkeit hat, etwas Falsches zu tun. Ich kann das nicht. Wenn ein Wesen die Freiheit hat, gut zu sein, dann hat es auch die Freiheit, böse zu sein. Und erst durch den freien Willen wird das Böse möglich.

Aber warum hat Gott seinen Geschöpfen dann einen freien Willen gegeben? Weil der freie Wille zwar das Böse möglich macht, aber zugleich auch das Einzige ist, wodurch eine Liebe oder Güte oder Freude möglich werden, die diese Namen verdienen. Es würde sich kaum lohnen, eine Welt voller Automaten zu erschaffen – voller Wesen, die funktionieren wie Maschinen. Das Glück, das Gott seinen höheren Geschöpfen zugedacht hat, besteht darin, aus freien Stücken mit ihm und miteinander in einem Rausch der Liebe und Freude vereint zu sein, neben dem selbst die leidenschaftlichste Liebe zwischen einem Mann und einer Frau auf dieser Erde wie kalter Kaffee wirkt. Und dazu müssen sie frei sein.

Natürlich wusste Gott, was passieren würde, wenn seine Geschöpfe ihre Freiheit missbrauchten. Aber anscheinend fand er, das Risiko lohne sich. ... Wenn Gott findet, es lohne sich, diesen Kriegszustand im Universum für den freien Willen in Kauf zu nehmen – also für die Erschaffung einer lebendigen Welt, in der seine Geschöpfe wirklich Gutes und Schlechtes bewirken und in der Dinge passieren können, die wirklich Bedeutung haben, statt einer Spielzeugwelt, die sich nur bewegt, wenn er an den Fäden zieht –, dann können wir davon ausgehen, dass dieser Preis nicht zu hoch ist.[1]

Gott gab uns den freien Willen und wenn wir vorhaben, ihn für Gottes Ziele einzusetzen, wird uns das etwas kosten, aber, wie C. S. Lewis sagte, ist »dieser Preis nicht zu hoch«. Allerdings zahlen wir nicht nur für das Richtige, das wir tun, einen Preis, sondern auch, wenn wir das Falsche tun. Dabei möchte ich zu bedenken geben, dass der Preis, den wir für falsche Entscheidungen zahlen, viel höher ist und uns Kummer, Reue und Elend einträgt.

Ich erlebte, wie meine Eltern in den meisten Fällen falsche Entscheidungen trafen, und ich erlebte auch, wie sie den Preis dafür zahlten. Mein Vater wählte Aggression, Alkohol und ein Leben ohne Gott. Den größten Teil seines Lebens entschied er, sein sexuelles Verlangen auf Kosten anderer zu stillen. Viele Jahre lang missbrauchte er mich und weitere Menschen sexuell. Er betrog meine Mutter regelmäßig und war ihr gegenüber gewalttätig. Unterdessen stand sie passiv daneben und redete sich heraus, warum sie sich, meinen Bruder und mich nicht schützte. Ich bin froh, dass meine Eltern vor ihrem Tod beide zum Glauben an Gott fanden und für ihre Sünden Buße taten. Allerdings verpassten sie das gute Leben, das Gott für sie vorgesehen hatte, und bereuen ihre früheren Entscheidungen am Ende zutiefst.

Beide trafen nicht die richtigen Entscheidungen, denn dazu wäre es nötig gewesen, nicht zuerst ihren Gefühlen zu folgen, sondern Gott zu vertrauen und um Hilfe bei der Überwindung ihrer Schwächen zu bitten. Mein Vater war sexsüchtig, meine Mutter voller Angst. Ich bin mir ziemlich sicher, dass auch Sie Menschen kennen, die derzeit falsche Entscheidungen treffen. Sie tun es deshalb, weil sie es schwierig finden, das Richtige zu tun, oder weil sie verführt wurden zu denken, dass ihre falschen Entscheidungen sie glücklich machen würden. Es ist verblüffend, wie viele Menschen ihr Leben zerstören, weil sie nicht bereit sind, schwierige Dinge in Angriff zu nehmen. Wenn ich Menschen ermutige, durch Entscheidungen, die mit dem Willen Gottes übereinstimmen, ihr Leben zu ändern, höre ich am häufigsten die Ausrede: »Es ist zu schwer.«

Sie und ich, wir können täglich wählen, was wir tun. Wir entscheiden über unsere Gedanken und Worte, über unsere Einstellung und unser Verhalten. Wir können nicht immer bestimmen, wie unsere Umstände aussehen, aber wir können entscheiden, wie wir darauf reagieren. Wir sind frei! Wenn wir unsere Freiheit nutzen, um uns für den Willen Gottes zu entscheiden, wird er geehrt und verherrlicht. Wir können uns so entscheiden, dass jeder Tag zählt – und wir etwas von Wert zustande bringen – oder so, dass wir den Tag vergeuden.

In seinem Buch *The Secret of Guidance* schrieb F. B. Meyer: »Vielleicht lassen Sie sich zu sehr von Ihren Gefühlen und zu wenig von Ihrem Willen leiten. Über unsere Gefühle haben wir keine direkte Kontrolle, wohl aber über unseren Willen. Unser Wille gehört uns, damit wir ihn zu Gottes Willen machen. Gott macht uns nicht für das verantwortlich, was wir fühlen, wohl aber für das, was wir wollen. Lassen Sie uns deshalb nicht im Ferienhaus der Emotion wohnen, sondern in der Burg des Willens, und ganz dem Willen Gottes ergeben und hingegeben leben!«[2]

Die meisten von uns kennen Menschen, die ausschließlich nach ihren Gefühlen leben, und das Resultat ist, dass sie ihr Leben vergeuden. Aber das kann sich schnell ändern, wenn sie andere Entscheidungen treffen, nämlich solche, die mit Gottes Willen übereinstimmen.

Einer meiner Enkel traf die Entscheidung, mit achtzehn von zu Hause auszuziehen. Im darauffolgenden Jahr war er jeden Tag betrunken und nahm regelmäßig Drogen. Er arbeitete nicht und wohnte mit mehreren anderen jungen Männern zusammen, die den gleichen Lebensstil führten. Einer von ihnen starb an einer Überdosis.

In dieser Zeit ließ mein Enkel sich völlig von seinen Emotionen leiten. Gott sei Dank erkannte er, dass er in einer falschen Richtung unterwegs war. Er entschied sich, seine Eltern anzurufen und zu fragen, ob er wieder nach Hause kommen dürfe. Innerhalb von wenigen Monaten war er wiederhergestellt, frei von Alkohol und Drogen und machte Fortschritte in seiner Beziehung mit Gott. Heute arbeitet er im vollzeitlichen geistlichen Dienst, ist mit einer wunderbaren jungen Christin verheiratet und hat Kinder.

Er wählte den falschen Weg, danach aber zum Glück den richtigen. Es ist ein großes Geschenk, dass wir mit Gottes Hilfe die Fehler, die wir gemacht haben, korrigieren können. Wenn wir falsche Entscheidungen treffen, bekommen wir früher oder später immer die Quittung dafür, und das ist nie angenehm. Man erntet, was man sät – das ist ein geistliches Gesetz, das Gott für das ganze Universum festgelegt hat. Es funktioniert immer auf dieselbe Weise. Wenn wir auf den Boden unserer sündigen Natur säen, ernten wir von diesem Boden Verderben, Verfall und Zerstörung. Aber wenn wir auf den Boden des Geistes säen, ernten wir Leben (siehe Galater 6,8). Ganz gleich wie viel schlechten Samen (Eigenwillen und Ungehorsam) jemand ausgesät hat: Sobald er anfängt, guten Samen auszustreuen (Gehorsam gegenüber Gott), wird sich sein Leben zum Besseren verändern. Gottes Gnade ist jeden Morgen neu – das bedeutet, dass er für uns eine Möglichkeit geschaffen hat, jeden Tag neu anzufangen!

Gottes Gnade

Gottes Gnade ist sein unverdientes Wohlwollen und seine befähigende Kraft. Gnade zeigt sich, wenn Gott uns etwas Gutes tut, das wir nicht verdient haben. Wenn wir sündigen, können wir Buße tun und ihn um Vergebung bitten. Gott sei Dank wird uns aufgrund seiner Gnade vergeben, ohne dass wir dafür zahlen müssen.

Entscheiden wir uns, Gottes Willen zu tun, ist zwar unsere Absicht richtig; aber vielleicht brauchen wir dennoch Hilfe, um diese Entscheidung tatsächlich umzusetzen. Es ist Gottes Gnade, die diese Hilfe durch den Heiligen Geist gewährt. Oft fordert Gott uns zu etwas auf, das uns ohne Hilfe schwerfällt. Doch mit Gott sind alle Dinge möglich (siehe Matthäus 19,26). Meistens versagen wir dann, wenn wir Gott nicht um seine Hilfe bitten. Bitten Sie den Heiligen Geist immer wieder um Hilfe? Er ist doch Ihr Helfer. Vielleicht haben Sie das bisher nicht getan – Sie werden staunen, wie sich Ihr Leben ändert, wenn Sie einfach bitten!

Gott möchte, dass wir auf ihn angewiesen
und nicht unabhängig von ihm sind.

Manchmal bin ich ärgerlich auf meinen Mann und habe keine Lust, ihm zu vergeben. Aus der Bibel und durch das Reden des Heiligen Geistes weiß ich aber, dass ich ihm unabhängig von meinen Gefühlen vergeben muss. Deshalb bitte ich Gott, mir bei der Ausführung des Guten, das ich tun will, zu helfen. Ich treffe eine Entscheidung, und Gott gibt mir die Gnade (Kraft), sie in die Tat umzusetzen. Ich musste viele Male versagen, um zu lernen, dass ich es aus eigener Kraft nicht schaffe. Gott möchte, dass wir auf ihn angewiesen und nicht unabhängig von ihm sind.

Er gibt uns den freien Willen und wir können richtige oder falsche Entscheidungen treffen. Jede Entscheidung zieht eine Ernte nach sich, die wir einbringen werden, denn die Bibel sagt deutlich, dass wir ernten werden, was wir säen. Doch selbst wenn wir uns für Gottes Willen entscheiden, brauchen wir immer noch seine Hilfe bei der Ausführung. Es ist leicht, am Sonntagabend nach dem Essen zu entscheiden, am Montagmorgen mit einer Diät anzufangen. Aber können Sie das auch noch am Montagabend durchziehen, wenn Sie im Restaurant sitzen und die Nachtischkarte kommt? Dann brauchen wir Gottes Hilfe!

In Jesus sind Gnade und Wahrheit zu uns gekommen (siehe Johannes 1,14-17). Er offenbart uns Wahrheit und schenkt uns dann Gnade, in dieser Wahrheit zu leben, wenn wir uns dazu entscheiden.

Gottes Souveränität

Vielen Menschen fällt es sehr schwer, Gottes Souveränität und den freien Willen des Menschen miteinander in Einklang zu bringen. Doch eigentlich braucht uns das gar nicht zu verwirren. Einfach ausgedrückt: Wir sind Gottes Partner. Er wirkt in und durch uns und hilft uns so, seinen Willen zu tun. Wenn er jemanden findet, der sich für seinen Willen entscheidet und ihn durch sich wirken lässt, dann wird dieser Mensch zu einem Licht in einer dunklen Welt oder zu einem Beispiel dafür, wie das Leben mit Gott sein kann. Dieser Mensch kann von Gott gebraucht werden, andere zu ermutigen, sich auch für Gott und seine Wege zu entscheiden.

Wenn wir keine Wahlfreiheit haben, dann sind wir nur Marionetten und Gott der »Strippenzieher«. Unsere Liebe zu Gott ist bedeutungslos, wenn wir sie nicht freiwillig geben.

Andrew Murray sagte Folgendes über den menschlichen Willen:[3]

Der menschliche Wille ist die Kraft, durch die ein Mensch sein Handeln bestimmt und entscheidet, was er tut oder unterlässt. Sein verborgenes inneres Sein, das seine Wünsche und Neigungen aufweist – seien sie töricht oder weise, gut oder böse –, manifestiert sich in diesem Willen. Der Wille ist die Offenbarung von Charakter und Leben. Was ein Mensch wirklich will, das will er unweigerlich erreichen, entweder selbst oder durch andere.

Nicht mein, sondern dein Wille geschehe

Als Jesus im Garten Gethsemane litt und betete: »*Vater, willst du, so nimm diesen Kelch von mir; doch nicht mein, sondern dein Wille geschehe!*« (Lukas 22,42), war dies ein eindeutiger Ausdruck seines freien Willens. Jesus entschied sich, ans Kreuz zu gehen und für unsere Sünden zu sterben. Jesus litt in dem Garten so sehr, dass er Blutstropfen schwitzte. Er kannte den Willen seines Vaters und entschied sich, ihn zu tun, obwohl es offensichtlich sehr schwer war. Und Gott, der uns immer gerade zur rechten Zeit Hilfe schickt, sandte einen Engel vom Himmel, um ihn mitten in seiner Todesangst zu stärken (siehe Lukas 22,42-44).

Dies ist ein gutes Beispiel, das uns helfen kann, den Preis zu verstehen, den man manchmal zahlen muss, um den Willen Gottes zu tun. Jesus zahlte einen hohen Preis für unsere Freiheit, aber damit machte er für alle Menschen den Weg zur Erlösung und zu einer ungestörten Beziehung mit Gott frei. Der Preis war hoch, aber er war es wert!

Was werden wir im Leben alles verpassen, wenn wir falsche Entscheidungen treffen? Ich bete, dass wir es nie herausfinden. Was haben wir davon, wenn wir unserem Eigensinn folgen, ohne nach Gottes Willen zu fragen? Wir erleben vielleicht kurzfristig etwas Genuss, aber sobald der Moment vorüber ist, zahlen wir immer einen hohen Preis. Ein Mann begeht in einem Moment der Leidenschaft Ehebruch – und zahlt sein Leben lang den Preis der Reue, wenn er seine Frau, seine Familie und den Respekt aller seiner Freunde verliert. Ein junger Mann schließt sich einer Gang an, damit er das Gefühl hat dazuzugehören – aber dann verbringt er sein Leben im Gefängnis, weil in einem Augenblick erhitzter Emotionen ein Verbrechen begangen wurde. Jemand, der sein Leben lang nicht das tut, was ihm hilft, um stark und gesund zu bleiben, bedauert später seine Entscheidungen, wenn eine Krankheit ihn schwach und gebrechlich macht. Wir sollten uns von vornherein entscheiden, das zu tun, was richtig ist! Warten wir nicht, bis widrige Umstände uns zwingen, uns zu ändern.

Solange wir den Wert des freien Willens nicht erkennen und ihn für richtige Entscheidungen einsetzen, werden wir immer nur ein Opfer der Lebensumstände und der schlechten Entscheidungen unserer Umgebung sein. Als ich Kind war und nicht selbst entscheiden konnte, weil ich der Autorität meiner Eltern unterstand, war ich ein Opfer der schlechten Entscheidungen meiner Mutter und meines Vaters. Aber als ich von zu Hause auszog und meine eigenen Entscheidungen treffen konnte, hätte ich mein Leben ändern können. Leider wusste ich das nicht. Und so traf ich weitere achtzehn Jahre lang schlechte Entscheidungen, indem ich mich meinem falsch geprägten Denken und meinen verletzten Gefühlen entsprechend verhielt. Im Alter von sechsunddreißig Jahren flehte ich Gott dann um Hilfe an und begann sein Wort zu studieren. Dabei entdeckte ich, dass ich Entscheidungen treffen konnte, die Gottes Willen entsprachen, und wurde so ein Überwinder statt ein Opfer.

Ich sage Ihnen: Sie brauchen kein Opfer zu sein! Ganz gleich wie schlimm Ihre Vergangenheit war: Gott hat eine gute Zukunft für Sie geplant. Ganz gleich wie alt Sie sind: Es ist nicht zu spät für einen Neuanfang. Ihr Start ins Leben mag schlecht gewesen sein, aber das Finale kann trotzdem wunderbar werden. Sie müssen dazu nichts weiter tun, als den Willen Gottes herauszufinden und mit Ihrem freien Willen seinen Willen zu wählen. Stützen Sie sich auf ihn, verlassen Sie sich auf seine Gnade, durch die er Ihnen Kraft gibt. Halten Sie außerdem an Ihren guten Entscheidungen fest – und dann entspannen Sie sich und sehen Sie, wie Gott in Ihrem Leben Wunder wirkt.

Ihr Start ins Leben mag schlecht
gewesen sein, aber das Finale
kann trotzdem wunderbar werden.

Ein anderer Vers im Johannesevangelium zeigt uns deutlich, wie der freie Wille des Menschen sowie Gottes Wille und seine Gnade zusammenwirken:

Doch ich tue nichts, ohne den Vater zu fragen, sondern richte [entscheide], wie er mir rät. Und mein Urteil ist vollkommen gerecht, weil es nicht meinem, sondern dem Willen des Vaters entspricht, der mich gesandt hat; ich richte nicht aus mir selbst heraus.

Johannes 5,30

Jesus sagt zunächst, dass er völlig abhängig ist von Gott und ohne ihn nichts tun kann. Er bezieht sich in diesem Vers auf sein Menschsein, nicht auf seine Göttlichkeit. Jesus achtet auf die Wegweisung und den Willen Gottes, und dann entscheidet er dementsprechend. *Er setzt seinen eigenen Willen ein, um Gottes Willen zu wählen!* Jesus hatte von Anfang an entschieden, dass er nur den Willen Gottes tun wollte; deshalb standen die täglichen Entscheidungen, die dafür nötig waren, schon von vornherein fest und waren nicht ganz so schwierig.

Wenn wir uns entscheiden, für Gott und gemäß seinem Willen zu leben, haben wir bereits die wichtigste Entscheidung unseres Lebens getroffen. Diese eine Entscheidung wird die Richtung für alle anderen vorgeben. Haben Sie Ihre Entscheidung gefällt? Für wen und wofür leben Sie? Haben Sie Jesus als Ihren Retter angenommen, sich ihm aber noch nicht ganz und gar ausgeliefert? Diesen wichtigen Fragen sollten Sie sich stellen.

Treffen Sie Ihre eigene Entscheidung

Für viele Entscheidungen gibt Gott uns konkrete Anweisungen, aber bei anderen lässt er uns die Freiheit. Wir sollten weise sein, dem Frieden folgen und tun, womit Gott einverstanden ist, so gut wir es eben verstehen. Ich halte es im Allgemeinen so: Wenn ich keine konkrete Anweisung von Gott beim Bibellesen oder durch seinen Geist erhalte, tue ich das, wovon ich glaube, dass es dem Herzen Gottes entspricht (seinem Wunsch und Willen).

Gott wird uns entscheiden lassen, wofür wir unser Geld ausgeben, wen wir uns als Freunde aussuchen, was und wann wir essen, wen wir heiraten, wo wir arbeiten wollen und viele andere Dinge. Doch wenn unser zugrunde liegender Wunsch ist, Gottes Willen zu tun, werden wir innerlich immer darauf hören, ob Gott mit irgendetwas nicht einverstanden ist – und sind dann bereit, etwas zu ändern.

Vor einiger Zeit erlebte ich eine Situation, die hier als Beispiel dienen soll. Wir wollten umziehen und zwischen den Häusern von zweien unserer Kinder bauen, nur knapp drei Kilometer von unserem jetzigen Haus entfernt. Die Idee klang verlockend und wir dachten, es wäre eine gute Entscheidung für die Zukunft, aber ich wollte ganz sicher sein. Ich betete fleißig und wartete auf einen eindeutigen Hinweis von Gott. Das zog sich über mindestens sechs Monate hin. Ich wusste, wir würden mit dem Umzug nichts falsch machen, aber ich wollte wirklich die beste Entscheidung treffen – eine Entscheidung, mit der ich sehr, sehr lange glücklich sein konnte.

Die ganze Sache würde natürlich viel Arbeit bedeuten und

außerdem Geld kosten, das wir eigentlich nicht ausgeben wollten, deshalb konnte ich mich nicht recht entscheiden. Ich wollte wirklich ein eindeutiges Ja oder Nein von Gott, aber er gab mir weder das eine noch das andere. Offenbar sagte er: *Ihr habt die Wahl*, und so entschieden wir uns schließlich für die einfachere Lösung und blieben in unserem alten Haus wohnen. Ich fühlte mich sofort erleichtert und wusste, dass ich für den Moment die richtige Entscheidung getroffen hatte.

Sehr oft leitet Gott uns durch Frieden, Weisheit und den gesunden Menschenverstand. Ich muss keine Stimme hören, um zu kapieren, dass ich nicht mehr Geld ausgeben darf, als ich verdiene, denn das sagt mir schon der gesunde Menschenverstand! Ich brauche kein Wort von Gott, ob ich mehr Verantwortung übernehmen soll oder nicht, wenn ich ohnehin schon sehr gestresst bin. Das würde keinen Frieden mit sich bringen!

Ich will also deutlich machen, dass wir viele unserer Entscheidungen selbst treffen können. Aber es ist weise, zu Veränderungen bereit zu sein und Gott zu folgen, falls er uns doch anders führt. Gottes Wort sagt: *Des Menschen Herz erdenkt sich seinen Weg; aber der Herr allein lenkt seinen Schritt* (Sprüche 16,9). Ich empfehle sehr, vernünftig und sorgfältig zu planen. Aber es ist auch ganz wichtig, in allem, was wir tun, Gott anzuerkennen und ihm die Gelegenheit zu geben, uns anders zu führen, wenn unsere Entscheidung nicht gut war.

Nicht immer treffen wir richtige Entscheidungen, aber nach falschen Entscheidungen können wir immer wieder auf den rechten Weg kommen.

Nicht immer treffen wir richtige Entscheidungen, aber nach falschen Entscheidungen können wir immer wieder auf den rechten Weg kommen. Jesus sagte, dass David ein Mann nach dem Herzen Gottes war, der Gottes Willen folgte (siehe Apostelgeschichte 13,22). Doch wir wissen auch, dass David Uria, einen seiner engen Gefährten, umbringen ließ. Damit wollte er vertuschen, dass er mit Batseba, Urias Ehefrau, Ehebruch begangen (und sie geschwängert) hatte.

Davids freier Wille führte ihn in dieser Situation eindeutig zu einer falschen Entscheidung, und dennoch betrachtete Gott ihn als einen Mann nach seinem Herzen, weil er Buße tat. David wünschte sich Vergebung und Wiederherstellung und war bereit, alles zu tun, was dazu notwendig war. Wir müssen nicht perfekt sein, um von Gott angenommen zu werden, aber wir müssen ein Herz haben, das immer wieder zum Willen Gottes zurückfinden will.

Zusammenfassung

- Gott schuf den Menschen mit einem freien Willen, und sein Wunsch war (und ist) es, dass der Mensch diesen freien Willen gebraucht, um *seinen* (Gottes) Willen zu wählen.
- Jeder Tag kann von Bedeutung sein, wenn wir lernen, zielgerichtet zu leben, statt passiv durch den Tag zu trudeln und unsere Entscheidungen den jeweiligen Umständen und Ablenkungen zu überlassen.
- Wir können uns unsere Umstände nicht immer aussuchen, aber wir haben die Wahl, wie wir auf sie reagieren. Wenn wir unsere Freiheit nutzen, um den Willen Gottes zu tun, wird er geehrt und verherrlicht.
- Entscheiden wir uns für den Willen Gottes, ist unsere Absicht richtig, aber wir brauchen dennoch Hilfe, um unser Vorhaben umzusetzen und wirklich das zu tun, wozu wir uns entschieden haben. Dazu hilft uns Gottes Gnade durch den Heiligen Geist.
- Unabhängig von unserer Vergangenheit können wir nach vorn sehen und Entscheidungen treffen, die Gottes Willen entsprechen. Wir müssen kein Opfer unserer Vergangenheit bleiben, sondern können sie überwinden.

KAPITEL 2

Gottes Wille für Ihr Leben

*Ich will deinen Willen gerne tun, mein Gott,
denn dein Gesetz ist tief in mein Herz geschrieben.*

Psalm 40,9

David sagte, er tue Gottes Willen gern, und die meisten von uns würden das ebenfalls sagen. Wir sind bereit, Gottes Willen zu tun, aber wir wissen nicht immer genau, was das konkret bedeutet. »Was ist denn Gottes Wille für mein Leben?« ist eine Frage, die sehr häufig gestellt wird.

Wenn wir Gottes Willen nicht kennen, liegt das möglicherweise daran, dass wir die falschen Fragen stellen. Vielleicht wollen wir von Gott hören, welchen Beruf wir ergreifen, wo wir arbeiten, wen wir heiraten sollen, ob wir das neue Auto, das wir so gern hätten, anschaffen, ein Haus kaufen oder verkaufen, in der Gemeinde aktiv werden oder vielleicht sogar Missionar werden sollen. Solche Fragen beziehen sich auf unsere Lebensumstände und es ist nicht falsch, sie zu stellen. Es sind aber nicht die ersten oder wichtigsten Fragen, die es zu stellen gilt. Jesus hat uns gesagt, was wir fragen und wonach wir suchen sollten:

> *Wenn ihr für ihn lebt und das Reich Gottes zu eurem wichtigsten Anliegen macht, wird er euch jeden Tag geben, was ihr braucht.*
>
> Matthäus 6,33

Was Gott von uns will

Die Frage nach Gottes Willen dreht sich nicht in erster Linie um unsere Umstände, unsere Arbeitsstelle oder unseren zukünftigen Lebenspartner. Gewiss, Gott kümmert sich auch um diese Dinge, aber wenn wir nur dafür Antworten suchen, werden wir das Wichtigste in Bezug auf Gottes Willen nicht herausfinden.

Es gibt grundlegendere Dinge, die wir von Gott erfragen sollten, und dabei werden wir merken, dass die Antworten auf Alltagsfragen sich dann auch zeigen werden. Im Folgenden möchte ich auf einige dieser grundlegenderen Dinge eingehen.

1. Gott will, dass alle Menschen Jesus Christus als ihren Retter erkennen und dadurch eine persönliche und enge Beziehung mit ihm haben.
Wenn wir Gott sehr gut kennen, ist es viel einfacher, die Antworten auf Fragen zu finden, die den Arbeitsplatz, Ehepartner, Autokauf usw. betreffen. Je enger wir mit jemandem vertraut sind, desto besser wissen wir, was er in einer bestimmten Situation wohl möchte oder nicht. Dasselbe gilt, wenn wir eine tiefe Beziehung mit Gott entwickeln.

Wir sollten nicht zulassen, dass uns
Dinge wichtiger werden als Gott.

Der Apostel Paulus sagte, dass es sein erklärtes Ziel war, Gott noch tiefer und vertrauter zu kennen (siehe Philipper 3,10). Man sollte doch meinen, dass Paulus Gott kannte – immerhin wurde er vom Heiligen Geist dazu inspiriert, zwei Drittel des Neuen Testaments zu schreiben! Dennoch wollte Paulus Gott immer besser kennenlernen. Ist das auch Ihr Herzenswunsch?

Ich war schon viele Jahre Christ, als ich endlich erkannte, dass meine Beziehung zu Gott sehr oberflächlich war. Ich hatte Gott um viele *Dinge* gebeten, aber nie um tiefere Erkenntnis seiner selbst! Wir sollten nicht zulassen, dass uns Dinge wichtiger werden als Gott.

2. Gott will, dass wir in allem wie Jesus werden und mit dem Heiligen Geist auf geistliche Reife und einen Charakter hinarbeiten, der Gott entspricht (siehe Römer 8,29).
Das ist eine Lebensaufgabe, eine, die ich persönlich aufregend und begeisternd finde. Wenn wir Gott wirklich lieben, werden wir alles tun wollen, was er von uns möchte, und nichts, was ihm nicht gefällt. Unser Wunsch wird es sein, ihm immer ähnlicher zu werden.

Das Streben nach geistlicher Reife und die Bemühung, Jesus ähnlicher zu werden, ist möglicherweise der Aspekt von Gottes Willen, der am meisten vernachlässigt wird. Es herrscht ein gravierender Mangel an Jüngerschaft unter Christen; dabei sollte sie eine hohe Priorität haben. Gottes Wille ist, dass wir ihn verherrlichen – das können wir nicht tun, wenn wir ein Leben lang geistliche Babys bleiben.

3. Gott will, dass wir mit seinem Wort – der Bibel – vertraut sind, denn nur so können wir ihn *richtig* kennenlernen. Sein Wort hat die Kraft, uns ihm immer ähnlicher zu machen und seine Herrlichkeit zunehmend widerzuspiegeln (siehe 2. Korinther 3,18). Aus der Bibel erfahren wir, was Gott in jedem unserer Lebensbereiche von uns will.
Wissen erfordert fleißiges Studieren und Lernbereitschaft. Viele Menschen behaupten, sie könnten die Bibel nicht verstehen, aber ich halte es für wahrscheinlicher, dass sie nicht bereit sind, sich die zum Lernen erforderliche Mühe zu machen. Der Heilige Geist wird jedem die Bedeutung von Gottes Wort aufschließen, der bereit ist, es ernstlich zu studieren.

Wenn wir uns mit der Bibel beschäftigen, werden wir viele Antworten auf unsere Alltagsfragen finden. Eine der wichtigsten Arten, wie Gott uns anleitet, ist durch sein Wort. Machen

Sie das Lesen und Studieren der Bibel zu einem festen Bestandteil Ihres Lebens.

4. Gott will, dass wir lernen, ihn, unsere Mitmenschen und uns selbst zu lieben (siehe Matthäus 22,37-39).
Auf die Frage nach dem wichtigsten Gebot (Gottes Willen) antwortete Jesus:

> *Du sollst den Herrn, deinen Gott, lieben, von ganzem Herzen, mit ganzer Seele und mit all deinen Gedanken! Das ist das erste und wichtigste Gebot. Ein weiteres ist genauso wichtig: Liebe deinen Nächsten wie dich selbst.*
> Matthäus 22,37-39

Da es das Wichtigste ist, die Liebe zu Gott, seinen Mitmenschen und sich selbst zu lernen, sollten wir viel Zeit investieren, um uns mit diesem Thema auseinanderzusetzen. Ich war jahrelang ein unglücklicher Christ. Ich bat Gott häufig um Hilfe und Wegweisung bei anstehenden Entscheidungen, aber ich fragte ihn nicht, wie er sich ein Leben in Liebe für mich vorstellte. Ich war ein sehr selbstsüchtiger Mensch und erkannte nicht, wie wichtig es war, so lieben zu lernen, wie Gott es von mir wollte. Dann begann ich, mich mit dem Thema Liebe und all ihren Aspekten auseinanderzusetzen. Je mehr ich das Gelernte auch umsetzte, desto glücklicher wurde ich.

Wenn Zweifel an Ihre Tür klopft,
dann antworten Sie mit Glauben.

5. Gott will, dass wir alles im Glauben tun, denn ohne Glauben ist es unmöglich, ihm zu gefallen (siehe Hebräer 11,6).
Der Apostel Paulus weist uns an, aus Glauben zu leben (siehe Römer 1,17). Mit anderen Worten, machen Sie es sich zum Ziel, immer glaubensvoll zu bleiben. Wenn Zweifel an Ihre Tür klopft, dann antworten Sie mit Glauben.

6. Gott will, dass wir niemandem gegenüber aus irgendeinem Grund unversöhnlich bleiben (siehe Epheser 4,31-32).
Viele Christen wenden sich täglich an Gott, damit er sie in Bezug auf ihre Umstände leitet. Gleichzeitig hegen sie jedoch Groll anderen Menschen gegenüber und weigern sich, ihnen zu vergeben. Ich habe gemerkt, dass ich Gottes Stimme viel deutlicher höre, wenn ich mich bewusst darum bemühe, innerlich frei von Groll zu bleiben. Jesus sagte: Die ein reines Herz haben, werden Gott sehen (siehe Matthäus 5,8). Sie werden Gottes Willen für ihr Leben ohne größere Schwierigkeiten erkennen.

7. Gott will, dass wir ihm in allem danken!

Seid [Gott] dankbar in allen Dingen [unabhängig von den Umständen]; denn das ist der Wille Gottes in Christus Jesus für euch.

1. Thessalonicher 5,18

8. Dient dem Herrn mit Freuden!
Das letzte Mal, als ich Gott ernstlich fragte, was sein Wille für den Rest meines Lebens ist, sagte er: »Sei glücklich und freue dich am Leben!« Ich werde also weiterhin meinen Dienst tun und darauf achten, dass ich glücklich bin und meine Lebensreise genieße. Ich werde weiterhin Ehefrau und Mutter sein und darauf achten, dass ich mich daran erfreue. Lassen Sie uns Gott mit einem Lächeln auf den Lippen dienen und ihm zeigen, dass er uns froh macht! Der Psalmist David sagte, wir sollen dem Herrn mit Freuden dienen (siehe Psalm 100,2).

Haben Sie Gott nach seinem Willen für Ihr Leben gefragt? Überlegen Sie doch erst einmal, ob Sie ihm in den hier aufgeführten acht Bereichen folgen und Fortschritte machen. Wenn nicht, legen Sie Ihre anderen Fragen zur Seite und tun Sie das, wovon Gott uns bereits mitgeteilt hat, dass es ihm wichtig ist.

Gottes Willen tun

Gottes Willen zu kennen ist das eine, ihn zu tun ist etwas anderes. Auf das Wissen muss immer das Tun folgen, sonst ist das Wissen ohne Kraft. Jesus erklärte seinen Jüngern, was Dienen bedeutet, indem er ihnen die Füße wusch. Danach sagte er: *»Ihr wisst das alles – nun handelt auch danach. Das ist der Weg des Segens!«* (Johannes 13,17).

Wenn Sie nur annähernd so sind wie ich, dann wollen Sie Gottes Willen tun. Sie haben es fest vor, schaffen es aber einfach nicht. Der Apostel Paulus erlebte dasselbe Dilemma und beschreibt es sehr treffend im Römerbrief:

Denn das Gute, das ich will, das tue ich nicht; sondern das Böse, das ich nicht will, das tue ich.

Römer 7,19

Er erklärte, wie unglücklich und bedauernswert und elend und hilfsbedürftig er war. Doch dann, als sei ihm plötzlich ein Licht aufgegangen, rief er aus: *Gott sei Dank: Jesus Christus, unser Herr!* (Römer 7,24-25).

Das führt mich zurück zu dem, was ich vorhin sagte, nämlich: Gott möchte, dass wir mit unserem freien Willen das wählen, was er will, und uns dann darauf verlassen, dass er uns mit seiner Gnade auch dazu befähigt!

Ich möchte das sehr betonen, weil ich in diesem Zusammenhang zwei mögliche Fehler befürchte. Zunächst: Wir könnten versuchen, allein mit unserer Willensstärke Gottes Wünsche zu erfüllen, doch das führt nur zu Frustration und Enttäuschung, weil es uns nicht gelingen wird. Willenskraft ist hilfreich, doch sie ist begrenzt. Wir benötigen Gottes übernatürliche Kraft. Vergessen Sie nicht, was Jesus gesagt hat: *Ohne mich könnt ihr nichts tun* (Johannes 15,5). Das meinte er ernst. Natürlich gibt es Dinge, die wir mit reiner Zielstrebigkeit anpacken können, aber diese Versuche gehen oft mit Stress und Ängsten einher.

Indem wir völlig auf Jesus vertrauen, können wir durch seine Kraft (Gnade) tun, was Gott von uns will. Dadurch geben wir ihm die Ehre und erleben Frieden und Freude.

Zweitens wäre es töricht zu meinen, wir könnten Gottes Willen erfüllen, ohne uns bewusst dafür zu entscheiden. Passive Menschen sitzen untätig herum und hoffen auf etwas Gutes in ihrem Leben, aber sie tun nichts dafür. Vielleicht denken sie fälschlicherweise, wenn Gott etwas wolle, würde er es schon tun, ohne dass sie etwas dazu beitragen müssten. Zum Beispiel ist es Gottes Wille für Sie, eine Arbeitsstelle zu bekommen, wenn Sie eine brauchen, aber Sie müssen sich auf die Suche machen. Wir sind Gottes Partner. Wir müssen *unseren* Teil tun und er wird *seinen* Teil tun. Wir können seine Aufgabe nicht übernehmen und er wird unsere nicht übernehmen.

Unsere Aufgabe besteht in der Bereitschaft, Gottes Willen zu tun, und Gottes Aufgabe ist es, seinen Willen zu offenbaren und uns die Kraft zu geben, ihn umzusetzen. Wenn wir beten, Gott möge ein Problem für uns lösen, fordert er uns sehr oft auf etwas zu tun. Wir können jedoch sicher sein, dass er uns die Energie für das gibt, was er von uns verlangt.

Der Apostel Jakobus sagte, wenn wir das Wort Gottes hören, aber nicht danach handeln, betrügen wir uns selbst (siehe Jakobus 1,22). Auch hier sehen wir, dass Wissen ohne Tun nutzlos ist. Gehen wir das Tun allerdings nicht richtig an, wird am Ende immer Scheitern und Frustration stehen.

Bevor ich das, was ich hier schreibe, selbst lernte, hörte ich – ich erinnere mich genau – viele aufrüttelnde Predigten, in denen es darum ging, unsere Gedanken, unsere Redeweise und unsere Einstellungen zu verändern und zu erneuern. Dem stimmte ich auch zu und sah ein, dass ich mich bessern musste. Ich ging nach Hause und versuchte sofort, mich zu verändern. Natürlich schaffte ich es nie, weil ich Gott dabei außen vor ließ. Ich versuchte seinen Willen allein durch Willenskraft zu tun, ohne um seine Hilfe (Gnade) zu bitten.

Andererseits: Hätte ich Gott um seine Gnade gebeten, ohne

die Bereitschaft zu haben, selbst etwas beizutragen, hätte es auch nicht geklappt. Gott macht nicht alles für uns, aber er wirkt durch uns. Wir handeln, während wir uns gleichzeitig völlig auf ihn verlassen. Ich arbeite heute an diesem Buch. Ja, ich arbeite, aber nicht, ohne Gott um Hilfe für diese Aufgabe gebeten zu haben. Der Apostel Paulus sagte, dass er schwerer arbeite als alle anderen, doch tatsächlich war es Gottes Wirken in ihm und durch ihn, das die guten Ergebnisse hervorbrachte:

Doch was immer ich jetzt bin, das bin ich durch die Gnade Gottes – und seine Gnade blieb in mir nicht ohne Wirkung. Denn ich habe härter gearbeitet als alle anderen Apostel, doch nicht ich habe gearbeitet, sondern Gott, der durch seine Gnade durch mich wirkte.

1. Korinther 15,10

Es ist ein Trugschluss zu glauben, wir könnten alles allein schaffen, und es ist ebenso ein Trugschluss zu glauben, Gott würde alles für uns tun. Die Bibel lehrt, dass Gott normalerweise in und durch Menschen wirkt, um zu erreichen, was er will.

Was wollen Sie?

Was ein Mensch will, offenbart mehr über ihn als alles andere. Wenn wir vor allem Geld haben wollen, sind wir habgierig. Wenn wir vor allem Karriere, Berühmtheit und Applaus anstreben, sind wir unsicher und erhoffen uns von diesen Dingen ein gutes Selbstwertgefühl. Wenn wir lieber von unseren Problemen erlöst werden wollen, als in ihnen stark zu sein, dann wünschen wir uns vielleicht ein leichtes Leben ohne Schwierigkeiten. Aber wenn es uns mehr als alles andere um den Willen Gottes geht, dann haben wir die richtige Herzenshaltung und werden schlussendlich an den richtigen Platz gelangen und das richtige Leben führen. Was wollen Sie?

Gott sagt uns in seinem Wort, dass er uns wichtiger sein sollte als alles andere. Wenn wir zuerst *ihn* suchen, dann wird er uns alles andere geben, was wir im Leben brauchen (siehe Matthäus 6,33). Entdecke ich bei einer kritischen Überprüfung meines Lebens, dass sich meine Gebete hauptsächlich um Dinge drehen, die ich will, und um Umstände in meinem Leben, die sich ändern sollen, dann stelle ich vermutlich meine eigenen und nicht Gottes Wünsche an die erste Stelle.

Vor etwa zwanzig Jahren betete ich eines Morgens für all das, was ich wollte und was Gott meiner Meinung nach für mich tun müsste, als er mich plötzlich unterbrach. Sind Sie schon einmal von Gott unterbrochen worden, während Sie Ihrer Auffassung nach doch gerade zu ihm beteten? Ich bete für das, was mir wichtig erschien, aber ich bete nicht Gottes Willen entsprechend. Als Erstes spürte ich, dass ich mein Gebetsleben einmal mit dem von Jesus oder vielleicht Paulus vergleichen sollte. Als ich das tat, schämte ich mich dafür, wie ich gebetet hatte, weil alle meine Gebete um etwas an der Oberfläche kreisten (Dinge, die ich haben wollte, die Weiterentwicklung meiner Arbeit, dass sich Menschen änderten, die mich ärgerten, usw.). Bei den Gebeten von Jesus und Paulus ging es immer um tiefere und wichtigere Dinge. Jesus betete für die Einheit unter den Gläubigen. Er betete, dass Gott uns vor dem Bösen bewahre. Er betete, dass wir Fortschritte im Heiligungsprozess machen würden (siehe Johannes 17,15-23). Er betete, dass nicht sein eigener, sondern Gottes Wille geschehe.

> *»Vater, wenn du willst, dann lass diesen Kelch des Leides an mir vorübergehen. Doch ich will deinen Willen tun, nicht meinen.«*
>
> Lukas 22,42

Auch Paulus hatte ein bewundernswertes Gebetsleben, und doch sehe ich in all seinen Gebeten für die Gläubigen nirgendwo, dass er für ihre Befreiung aus schwierigen Umständen betete oder dass sie mehr Geld oder bessere Lebensbedingungen haben würden. Stattdessen war sein Gebet, dass die Gläubigen sowohl Gott als auch ihr Erbe in ihm und die Kraft erkennen, die ihnen als Kinder Gottes zur Verfügung steht. Er betete dafür, dass sie durch den Heiligen Geist innerlich gestärkt werden, dass sie die Liebe Gottes erfahren und dass sie von Gott erfüllte Gefäße sein mögen (siehe Epheser 3,16-19).

In seinem Brief an die Kolosser betete Paulus dafür, dass Gott seine Kinder mit der Erkenntnis seines Willens erfüllt und ihnen geistliche Weisheit schenkt; dass sie so leben und handeln, wie es Gott gefällt; dass sie Gott immer mehr erkennen und die Kraft und Fähigkeit bekommen, voller Freude geduldig und langmütig zu sein (durchzuhalten und nachsichtig zu sein) und Gott immer zu danken (siehe Kolosser 1,9-12).

In seinem Brief an die Philipper betete Paulus um überfließende Liebe für die Christen. Er bat Gott ihnen beizubringen, das zu erkennen und zu schätzen, was ausgezeichnet und von echtem Wert ist, und er betete, dass sie mit den Früchten der Gerechtigkeit erfüllt werden (siehe Philipper 1,9-11). Wir sehen also, dass Paulus' Gebete ebenso wie die von Jesus nicht nur Bitten um die Veränderung von Umständen waren, sondern geistlichen Tiefgang hatten.

Vergleichen Sie Ihr Gebetsleben doch einmal mit diesen herausragenden biblischen Beispielen: Sind sie auch der Meinung, Sie müssten anders beten als bisher? Wenn nicht, wunderbar. Aber wenn doch, dann brauchen Sie sich nicht verurteilt zu fühlen; freuen Sie sich einfach, dass Gott Ihnen hilft, die Wahrheit zu sehen, die Sie frei machen wird.

Als ich erkannte, wie substanzlos meine Gebete waren, forderte Gott mich heraus: Ich sollte so lange nicht für eine einzige »Sache« beten und stattdessen für mehr von ihm, bis er mir etwas anderes sagte. Diese sechs Monate gehörten zu den besten

Zeiten auf meinem Weg mit Gott und veränderten mein Leben. Ich lernte, mit Gott um seiner selbst willen zu reden, statt nur wegen der Dinge, die er für mich tun konnte. Ich möchte noch einmal betonen, dass Gott durchaus »Dinge« für uns tun will. Wir dürfen ihn um das bitten, was wir wollen und brauchen, aber wir sollten das Pferd gewissermaßen nicht von hinten aufzäumen. Achten Sie darauf, dass die Hauptsache die Hauptsache bleibt; dann ergibt sich der Rest wie von selbst.

Der Wert unserer Lebenszeit hängt ganz wesentlich von einer reichen und lebendigen Beziehung zu Gott ab. Unsere Gebete sind wichtig. Sie sollten allerdings nicht egoistisch und selbstbezogen sein. Beten wir dafür, dass Gottes Wille geschieht, und richten wir unsere Pläne dementsprechend aus – an jedem einzelnen Tag unseres Lebens.

Zusammenfassung

- Gottes Willen erkennen: Dabei geht es nicht in erster Linie um unsere Umstände, sondern darum, ihn besser kennenzulernen.
- Je mehr Sie die Bibel studieren, desto mehr Antworten werden Sie auf Ihre Alltagsfragen finden.
- Gott möchte, dass wir unseren freien Willen gebrauchen, um seinen Willen zu wählen, und uns dann auf ihn und seine Gnade verlassen. Er wird uns befähigen, seinen Willen zu tun.
- Indem wir uns ganz auf Jesus verlassen statt auf unsere eigene Willensstärke, können wir mit seiner Kraft (Gnade) tun, was Gott von uns will.
- Jesus sagte, das wichtigste Gebot sei, ihn zu lieben und andere Menschen wie uns selbst zu lieben.

KAPITEL 3

Für die Ewigkeit leben

Denn Gott hat die Welt so sehr geliebt, dass er seinen einzigen Sohn hingab, damit jeder, der an ihn glaubt, nicht verloren geht, sondern das ewige Leben hat.

Johannes 3,16

Johannes 3,16 ist wohl der bekannteste Bibelvers überhaupt, aber ist uns eigentlich klar, was es mit dem ewigen Leben auf sich hat, und sind wir darauf vorbereitet? »Ewig« bedeutet »ohne Ende«, das heißt also, dass wir kein Ende haben; wir werden immer und immer und immer weiter existieren. Aber wohin gehen wir, wenn wir diese Erde verlassen (was jeder früher oder später tun wird)? Die Bibel nennt nur zwei Möglichkeiten: 1. in den Himmel, um in alle Ewigkeit bei Gott zu wohnen, oder 2. in die Hölle, wo es Heulen und Zähneknirschen geben wird. Jeder, der logisch denkt, würde sich für den Himmel entscheiden, und dennoch leben viele, als ob es ihnen herzlich egal wäre.

Ich glaube, man kann mit Sicherheit sagen, dass unser Leben *hier* vor allem dazu dient, unser Leben *dort* vorzubereiten. Wir können unsere Zeit weise nutzen, indem wir sie dem Willen Gottes unterstellen. Nie sollten wir so tun, als hätten wir unendlich viel Zeit zur Verfügung. Tatsächlich ist ja genau das Gegenteil der Fall. Wir werden keinen Augenblick jemals zurückbekommen, deshalb ist es wichtig, weise damit umzugehen. Viele Menschen verschieben es auf später, sich um eine Beziehung mit Gott zu bemühen, normalerweise deshalb, weil sie Dinge tun wollen, von denen sie wissen, dass sie Gott nicht gefallen. Also möchten sie den Zeitpunkt für eine Auseinandersetzung mit diesem Thema lieber selbst aussuchen. Aber was ist, wenn ihnen die Zeit ausgeht? Das ist eine ernüchternde Frage, die uns dazu bringen sollte, mehr für die Menschen zu beten, die noch keine persönliche Beziehung zu Jesus haben.

Wir können unsere Zeit weise nutzen, indem wir sie dem Willen Gottes unterstellen.

Wie viele Menschen leben wirklich für die Ewigkeit und nicht nur für den Augenblick? Vermutlich sind es nicht sehr viele. Oft leben wir, als gäbe es kein Morgen, doch es wird immer ein Morgen geben. Ich wünsche mir, dass dieses Buch Ihnen hilft, das Beste aus jedem Tag zu machen und sich aus freiem Willen für Gottes Willen zu entscheiden. Gebrauchen Sie den Tag, um ein guter Botschafter Gottes zu sein, und bereiten Sie sich darauf vor, ewig in seiner Gegenwart zu leben.

Oft leben wir, als gäbe es kein Morgen, doch es wird immer ein Morgen geben.

Den Himmel können wir uns nicht mit guten Taten verdienen. Doch die himmlischen Belohnungen erhalten oder verlieren wir durch unsere Entscheidungen und unser Handeln hier auf der Erde. Deshalb sagte Jesus in Offenbarung 22,12:

> *Siehe, ich komme bald und mein Lohn mit mir, um allen zu vergelten, was sie getan haben.*

Wenn wir diese Bibelstelle ernst nehmen und glauben, was da steht, dann wären wir ja dumm, unser Leben nicht als eine Investition in die Ewigkeit zu leben. Eine Möglichkeit, wie wir in die Ewigkeit investieren können, ist zum Beispiel, andere Menschen finanziell zu unterstützen.

Von den Dingen, die ich hier anschaffe, wird nichts ewig halten. Nichts davon werde ich mitnehmen können. Aber was ich für andere tue, wird ewig bleiben. In Matthäus 6,20 wird das ganz deutlich:

Sammelt eure Reichtümer im Himmel, wo sie weder von Motten noch von Rost zerfressen werden und vor Dieben sicher sind.

Es ist nicht falsch und nicht einmal eine schlechte Entscheidung, materielle Dinge zu haben. Wir dürfen alles genießen, was Gott geschaffen hat, aber wir sollten den ewigen Wert dieser Dinge erkennen und sie nicht für wichtiger halten, als sie im Licht der Ewigkeit sind. Wie sehr würde sich unser Leben wohl ändern, wenn wir alle Entscheidungen aus der Perspektive der Ewigkeit treffen würden? Wahrscheinlich sehr drastisch.

Mit der Ewigkeit im Blick zu leben wird uns helfen, unsere Zeit besser einzuteilen. Alles, was wir tun, kann einen geistlichen Wert haben, wenn wir es zur Ehre Gottes tun. Aber wir können nicht nur Geistliches tun. Es gibt viele Alltagsaufgaben zu erledigen, die oft recht banal wirken. Nehmen Sie sich Zeit für alles, was getan werden muss, aber verschwenden Sie Ihre Zeit nicht! Zeit ist wertvoll, und wir tun gut daran, entsprechend mit ihr umzugehen.

Die Welt ist nicht unsere Heimat

Nur ein Gast bin ich auf dieser Erde …
Psalm 119,19

Ein Freund von mir sang früher auf unseren Konferenzen, und eines seiner Lieder, das die Menschen mehr als alle anderen berührte, handelte davon, dass diese Welt nicht unsere Heimat ist, sondern nur eine Durchgangsstation. Wir alle wollen und müssen wissen, dass etwas Besseres auf uns wartet. Es gibt uns den nötigen Glauben, um die Schwierigkeiten zu ertragen, die wir auf der Erde erleben.

In dem Blockbuster *Gladiator* mit Russell Crowe, der im Jahr 2000 in die Kinos kam, feuert der Feldherr Maximus Meridius seine Truppen an: »Was wir im Leben tun, hallt in der Ewigkeit wider.« Diese Denkweise ermutigt uns, das Richtige zu tun, während wir auf der Erde sind, selbst wenn es bedeutet, dass wir dieses Leben dafür aufgeben müssen. Die Soldaten waren bereit, für das zu sterben, was richtig war, und vertrauten darauf, dass sie in der Ewigkeit dafür belohnt werden würden. Was wir in diesem Leben tun, hat ewige Auswirkungen und eine ewige Bedeutung!

Was wir in diesem Leben tun, hat ewige Auswirkungen und eine ewige Bedeutung!

Wie leicht verfängt man sich im Alltag und vergisst darüber die wichtigste Realität von allen: Diese Welt ist nicht unsere Heimat. In 1. Petrus 2,11 heißt es, dass wir in dieser Welt »ohne Bürgerrecht und Fremde« sind. Wir sind zwar vorübergehend Bürger der Erde, aber unser wahres Zuhause ist im Himmel, wo Jesus einen Ort für uns bereitet hat (siehe Johannes 14,2).

Mir ist aufgefallen, dass die ersten Christen fest glaubten, Jesus würde bald zurückkommen. Das war einer der Gründe, warum sie ihre Zeit bewusst für das einsetzten, was wirklich wichtig und von bleibendem Wert war. Die Erinnerung daran, dass Jesus bald kommen würde, half ihnen auch, gute Entscheidungen in Bezug auf ihr Verhalten zu treffen. Zum Beispiel forderte Paulus die Christen auf, selbstlos zu leben, und erinnerte sie daran, dass Jesus bald zurückkommen werde:

Lasst alle sehen, dass ihr herzlich und freundlich seid. Denkt daran, dass der Herr bald kommt.

Philipper 4,5

Für die Ewigkeit leben

Eines ist uns bestimmt allen klar: Wenn wir glaubten, Jesus werde im Lauf der kommenden Woche zurückkommen, würden wir vieles in unserem Leben ändern. Warum nicht so leben, als wäre das der Fall? Es weiß ja keiner, wann Jesus wiederkommt (siehe Matthäus 24,36).

Die Wiederkunft unseres Herrn braucht uns niemals Angst oder Sorge zu bereiten, solange wir darauf vorbereitet sind. Viele Menschen interessieren sich sehr dafür, wann Jesus wiederkommen wird und welche Ereignisse wir erwarten können, wenn die Zeit auf dieser Erde zu Ende geht. Jesus sprach über die Zeichen der Endzeit und über seine Rückkehr, und er fordert uns auf, bereit zu sein. Ich werde oft gefragt, was ich über die Endzeit denke. Meine Antwort lautet: »Ich weiß nicht genau, wann Jesus wiederkommen wird, aber ich denke, wir sollten alle so leben, als ob er sehr bald wiederkäme.«

Unser gegenwärtiges Leben ist nicht das letzte Kapitel; es ist lediglich das erste. Wir bereiten uns einfach auf das wunderbare Leben in der Zukunft vor. Genießen Sie das Leben auf dieser Erde, aber seien Sie auch bereit für das nächste, das ewig ist. Manche Menschen glauben, dass sie wiedergeboren werden und dann als etwas anderes oder jemand anderer für ein weiteres Erdenleben zurückkommen und dieser Prozess sich fortsetzt, bis sie vollkommen sind. In meinen Augen sucht man sich damit einen bequemen Glauben aus, der einem erlaubt, sich nicht allzu viele Gedanken darüber machen zu müssen, wie man jetzt lebt. In der Bibel finden wir keine derartige Aussage, im Gegenteil – der Autor des Hebräerbriefs schreibt, es ist festgelegt, dass jeder Mensch nur einmal stirbt, worauf das Gericht folgt (siehe Hebräer 9,27).

> Unser gegenwärtiges Leben ist nicht das letzte Kapitel; es ist lediglich das erste.

Wenn ein Mensch wirklich an Jesus glaubt, wird es für ihn am Tag des Gerichts nicht um seine Errettung gehen, wohl aber um das, was er getan oder auch nicht getan hat (siehe 1. Korinther 3,11-15). Was wir aus reinen Beweggründen tun, wird bleiben, und was wir aus anderen Gründen tun, wird im Feuer vergehen. Mit anderen Worten, wenn unser Handeln Ewigkeitswert hat, werden wir dafür belohnt, aber wenn nicht, entgeht uns der Lohn (obwohl wir trotzdem in den Himmel kommen). Das Wissen um diese Dinge lässt mich umso mehr wünschen, dass jeder meiner Tage zählt!

Ich möchte nicht einfach nur in den Himmel kommen; ich will, dass mein voller Lohn auf mich wartet, und deshalb muss ich darauf achten, wie ich jetzt lebe. Paulus schrieb dazu an die Epheser:

Achtet sorgfältig darauf, wie ihr lebt; handelt nicht unklug, sondern bemüht euch, weise zu sein.

Epheser 5,15

Leben Sie gewissenhaft? Lebe ich gewissenhaft? Dies ist eine gute Frage und für eine ehrliche Antwort sollten wir uns Zeit nehmen. Welche inneren Haltungen und Charakterzüge, die Gott nicht gefallen, wollen wir nicht aufgeben? Wie viel Zeit verschwenden wir mit Egoismus, statt zu lieben und anderen zu dienen und Gott zu vertrauen, dass er für uns sorgt?

Himmlischer Lohn

In seinem Buch *Making Today Count for Eternity*[4] bittet der Autor Kent Crockett den Leser, sich einen Soldaten im Zweiten Weltkrieg vorzustellen, der bei der selbstlosen Rettung seiner Kameraden verwundet wurde. Nach seiner Rückkehr in die Vereinigten Staaten wurde ihm der Ehrenorden für diesen patriotischen Einsatz verliehen. Was hatte ihn motiviert, sein Leben aufs Spiel zu setzen? Bei dem gefährlichen Einsatz in der Schlacht dachte er nicht: *Ich werde mein Leben riskieren, um einen glänzenden Orden zu bekommen.* Diese Belohnung war einfach nur eine Anerkennung seines Landes für seine Heldentat. Er hatte sein Leben riskiert, um seine Freunde zu retten und die Freiheit seines Landes zu verteidigen.

In ähnlicher Weise dienen auch wir Gott nicht um einer Belohnung willen. Wir dienen ihm, weil wir ihn und unsere Mitmenschen lieben. Der Apostel Paulus sagte: *Unser Ziel ist es deshalb, immer zu tun, was ihm gefällt ...* (2. Korinther 5,9). Belohnungen zeigen uns einfach nur, dass Gott sich über unser Leben freut und dass er jeden schätzt, der sich entscheidet zu tun, was richtig ist.

Um das Beste aus jedem Tag machen und zielgerichtet leben zu können, ist es wichtig, eine »Ewigkeitsmentalität« zu haben. Wenn unsere Taten, inneren Haltungen und Ambitionen nicht nur auf den Moment ausgerichtet sind, sondern von einer Ewigkeitsmentalität geprägt werden, erreichen wir sicherlich Größeres und Besseres für Gott und ein Wachstum seines Reiches. Das bedeutet, dass Menschen hinzukommen. Die Erlösung von verlorenen Menschen ist das, was bei Gott an erster Stelle steht, und wir haben das Vorrecht, hier auf der Erde seine persönlichen Botschafter zu sein. Durch uns spricht Gott die Menschen an, die noch keine persönliche Beziehung zu ihm haben (siehe 2. Korinther 5,20).

Es gibt eine lustige Anekdote von einem Mann, der auf einer verkehrsreichen, großen Straße unterwegs war, als plötzlich die Ampel vor ihm auf Gelb sprang. Er machte es richtig und hielt vor dem Fußgängerüberweg an, obwohl er, wenn er Gas gegeben hätte, es auch noch bei Gelb über die Kreuzung geschafft hätte.

Die gestresste Frau hinter ihm, die die ganze Zeit schon gedrängelt hatte, war wütend, weil sie jetzt auch nicht mehr über die Kreuzung kam. Sie hupte und schimpfte lauthals, wobei ihr Handy und Make-up herunterfielen.

Noch mitten in der Schimpftirade hörte sie plötzlich ein Klopfen am Fenster und blickte hoch – direkt in das sehr strenge Gesicht eines Polizisten. Der Polizist ließ sie mit erhobenen Händen aussteigen. Er brachte sie zur Polizeistation, wo man sie durchsuchte, fotografierte, ihre Fingerabdrücke nahm und sie in eine Gefängniszelle sperrte. Nach ein paar Stunden kam ein Polizist zur Zelle und öffnete die Tür. Sie wurde zum Tresen zurückgeführt, wo der festnehmende Beamte schon mit den persönlichen Gegenständen wartete, die er ihr abgenommen hatte.

Er sagte: »Es tut mir sehr leid, ich habe einen Fehler gemacht. Wissen Sie, ich kam mit meinem Wagen hinter Ihnen zum Stehen, gerade als Sie hupten und den Fahrer vor Ihnen wüst beschimpften. Mir fielen der »Was würde Jesus tun?«-Aufkleber ins Auge, der »Wähle das Leben!«-Nummernschildrahmen, der Aufkleber »Komm mit mir zur Sonntagsschule« und das chromblitzende Fischsymbol an Ihrem Kofferraum. Da dachte ich natürlich, dass Sie das Auto gestohlen haben!«

Ich hoffe, diese nette Geschichte hilft uns zu verstehen: Auch wenn wir sagen, dass wir an Jesus glauben und Christen sind – die Menschen um uns herum sehen nur unser Verhalten. Unsere christlichen Überzeugungen müssen im Alltag vor den Menschen und zu Hause hinter verschlossenen Türen umgesetzt werden, damit sie zum Bau von Gottes Reich beitragen.

Wir sind nicht lange hier auf der Erde; unser Leben wird in Jakobus 4,14 als Nebel bezeichnet, der kurze Zeit sichtbar ist und dann verschwindet. Obwohl unser Leben auf der Erde nur kurz ist, hat es doch ewige Bedeutung für uns und für alle, die mit uns in Kontakt kommen. C. S. Lewis sagte einmal: »Strecke dich nach dem Himmel aus und du bekommst die Erde noch dazu. Strecke dich nach der Erde aus und du bekommst weder das eine noch das andere.«

Ewigkeit in unserem Herzen

Ganz gleich was ich hier auf der Erde besitze, ich bin nie hundertprozentig zufrieden. Diese Tatsache störte mich, bis der Heilige Geist mich auf folgende Bibelstelle aufmerksam machte: *Gott ... hat sogar die Ewigkeit in die Herzen der Menschen gelegt* (Prediger 3,11).

Das erklärt alles! Gott hat ein Ewigkeitsempfinden und ein Verlangen nach dem Leben in seiner Gegenwart in unser Herz gelegt. Nichts außer Gott selbst kann dieses Verlangen je stillen. Die Erde ist nicht unsere Heimat, und obwohl wir unsere Zeit hier genießen können und sollen, ist das nicht unser letztes Ziel.

Wenn wir mit dem Leben hier auf der Erde völlig zufrieden sein könnten, würden wir Gott vielleicht nicht so suchen, wie wir es sollten. Ich glaube, aus dem Grund hat Gott uns die Ewigkeit ins Herz gelegt. Wir spüren, dass es mehr im Leben geben muss als das, was wir Tag für Tag erfahren. Menschen ohne eine Beziehung zu Gott fragen oft: »Ist das alles?« Gott sei Dank glauben diejenigen, die ihn kennen, dass es mehr gibt – ja, viel mehr! Wir sind darüber begeistert und verbringen gerne unsere Zeit in der Vorbereitung und dem Warten darauf. Dieses Wissen gibt uns das Gespür dafür, dass unser Leben einen Sinn hat, aber Menschen, die keine Beziehung zu Gott haben, bringen oft zum Ausdruck, dass sie sich leer und nutzlos fühlen. Das Leben scheint für sie keine echte Bedeutung zu haben.

Gott gibt dem Leben Sinn! Nur er ist wichtig, und ich verbringe voller Begeisterung meine Zeit damit, mich auf die Begegnung von Angesicht zu Angesicht vorzubereiten und ewig in seiner Gegenwart zu leben. Gott und seinem Willen zu folgen, ist wirklich der beste Weg, den man gehen kann.

Zusammenfassung

- Wir brauchen eine Ewigkeitsmentalität, um das Beste aus jedem Tag machen und zielgerichtet leben zu können.
- Man kann sich leicht im Alltag verfangen, sodass man die wichtigste Realität aus den Augen verliert: Diese Welt ist nicht unsere Heimat.
- Wir können uns den Himmel nicht mit guten Taten verdienen, aber dennoch erhalten wir einen ewigen Lohn entsprechend der Entscheidungen, die wir auf der Erde getroffen haben.
- Unser Leben auf der Erde ist zwar kurz, doch es hat ewige Bedeutung für uns und für alle, die mit uns in Kontakt kommen.
- Gott hat uns ein Gespür für die Ewigkeit ins Herz gelegt. Das Leben ist nicht nur die Zeit, die wir hier haben – es ist die Vorbereitung auf die Ewigkeit im Himmel.

KAPITEL 4

Der Lohn richtiger Entscheidungen

Heute stelle ich euch vor die Wahl zwischen Leben und Tod, zwischen Segen und Fluch. ... Wählt doch das Leben, damit ihr und eure Nachkommen am Leben bleiben!

5. Mose 30,19

Entscheidungen sind Teil unseres Alltags. Alle Entscheidungen führen zu einem bestimmten Ergebnis. Jeden Tag legen wir aufgrund unserer Entscheidungen selbst fest, wie sich unser Leben entwickeln wird.

Neulich hörte ich, dass wir täglich über siebzig Entscheidungen zu treffen haben. Oft lassen wir uns von unseren Emotionen, anderen Menschen, Umständen oder der Kultur lenken, in der wir leben. Doch auf diese Weise werden wir nicht zu dem Leben kommen, das wir eigentlich gerne führen würden. Wir müssen also lernen, wie man Entscheidungen trifft, die die gewünschten Ergebnisse hervorbringen. Wie die Bibel deutlich macht, hat Gott sich für uns ein Leben voller Frieden und Freude gedacht, das gute Früchte trägt. Das wird aber nur geschehen, wenn wir weise Entscheidungen treffen.

Ich definiere Weisheit als »jetzt das tun, womit wir später zufrieden sein werden«. Leider tun viele Menschen, was sich im Moment gut anfühlt oder leicht ist und denken nicht über später nach. Wenn es dann so weit ist, gefallen ihnen ihre Umstände nicht. Treffen wir hingegen heute weise Entscheidungen, ist das eine Investition und eine Garantie für eine gute Zukunft. Rick Warren sagte einmal: »Viele unserer Schwierigkeiten rühren daher, dass unsere Entscheidungen auf unzuverlässigen Autoritäten beruhen: der Gesellschaft (›alle machen es‹), der Tradition (›wir haben das schon immer so gemacht‹), dem Verstand (›es hört sich doch logisch an‹) und unseren Gefühlen (›es fühlt sich gut an‹).«[5]

Gott hat uns Autorität übertragen. Diese setzen wir am besten ein, indem wir unsere Entscheidungsfreiheit so nutzen, dass wir am Ende ein uns zufriedenstellendes Resultat erhalten. Wenn wir nicht selbst entscheiden, wird es ein anderer oder etwas anderes für uns tun.

> Wenn wir nicht selbst entscheiden, wird es ein anderer oder etwas anderes für uns tun.

Der ehemalige Präsident Ronald Reagan wurde als Kind einmal von seiner Tante zum Schuhmacher mitgenommen, der ihm ein Paar Schuhe anfertigen sollte. »Möchtest du die Schuhe vorn eckig oder rund haben?«, fragte der Schuhmacher den kleinen Ronald. Dieser konnte sich nicht entscheiden und blieb die Antwort schuldig. So gab der Schuhmacher ihm ein paar Tage, um es sich zu überlegen. Kurze Zeit später sah der Schuhmacher Ronald auf der Straße und fragte ihn wieder, welche Art von Schuhspitze er wolle. Er konnte sich immer noch nicht entscheiden. Daraufhin meinte der Schuhmacher: »Komm einfach in zwei Tagen vorbei. Dann sind deine Schuhe fertig.«

Als der zukünftige Präsident zwei Tage später in der Werkstatt war, bekam er einen Schuh mit einer eckigen Spitze und einen mit einer runden! »Das wird dich lehren, deine Entscheidungen niemals anderen Menschen zu überlassen«, meinte der Schuhmacher zu seinem unentschlossenen jungen Kunden. »Damals lernte ich«, sagte Reagan später: »Wenn du nicht selbst entscheidest, macht es jemand anders für dich.«[6]

Der Lohn richtiger Entscheidungen

Was fangen Sie mit Ihrer Zeit an?

Alle unsere Entscheidungen sind wichtig und wirken sich positiv oder negativ auf unser Leben aus, aber in diesem Buch möchte ich mich hauptsächlich mit den Entscheidungen in Bezug auf unsere Zeiteinteilung befassen. Wie viel Zeit verschwenden wir und wie viel Zeit setzen wir klug ein? Investieren wir unsere Zeit in das, was uns hilft, der Mensch zu werden, der wir sein wollen? Oder werden wir eines Tages bitter und enttäuscht sein, weil »das Leben« nicht so verlaufen ist, wie wir es uns erhofft hatten? Doch »das Leben« entwickelt sich nicht unabhängig von uns in irgendeine Richtung. Natürlich können wir nicht alle Umstände und alles, was im Leben geschieht, beeinflussen. Dennoch sind wir in der Lage, vieles zu lenken, indem wir uns bewusst entscheiden, Gottes Willen für unser Leben herauszufinden, und dann entsprechende Entscheidungen zu treffen.

Die Welt ist voller Menschen, die verbittert und zornig sind, weil ihr Leben nicht so verläuft, wie sie es gerne hätten. Wenn wir uns genauer mit ihrer Geschichte beschäftigen könnten, würden wir vermutlich feststellen, dass ihre Unzufriedenheit auf schlechte Entscheidungen zurückzuführen ist, die sie im Lauf ihres Lebens getroffen haben. Das Problem dabei ist: Solange die Menschen diesen Zusammenhang nicht erkennen, und weder Verantwortung übernehmen noch sich positiv verändern, stecken sie in einer Situation fest, die sich nicht ändern wird.

Nick Vujicic wurde ohne Arme und Beine geboren und er sagte einmal Folgendes: »Oft werde ich gefragt, wie ich es schaffe, glücklich zu sein, obwohl ich keine Arme und Beine habe. Die schnelle Antwort darauf ist: Ich habe die Wahl. Ich kann mich ärgern, dass ich diese Körperteile nicht besitze, oder dankbar dafür sein, dass mein Leben einen Sinn hat. Ich entscheide mich für die Dankbarkeit.«[7]

Nicks Entscheidungen hatten nichts mit dem Fehlen von Armen und Beinen zu tun, aber sie bestimmten, wie sich sein Leben entwickelte. Wir alle haben Dinge in unserem Leben, die wir nicht leiden können und uns nicht ausgesucht hätten, wenn man uns gefragt hätte – doch wir alle haben die Wahl, wie wir darauf reagieren. Mein Bruder und ich wuchsen beide in sehr widrigen Umständen auf; ich führe ein gutes, wunderbares Leben, er aber starb im Alter von neunundfünfzig Jahren in einer verlassenen Bauruine. Der Unterschied zwischen dem Leben, das wir beide führen, ist das Resultat der von uns selbst gewählten Einstellung gegenüber unserer Vergangenheit und der Entscheidung, was wir mit der Zeit anfangen wollten, die uns im Leben noch bleibt.

Ich verschwendete mehrere Jahre damit, zornig, verbittert, entmutigt und depressiv zu sein. Gott sei Dank entschied ich mich schließlich, mit der verbleibenden Lebenszeit etwas Gutes zu tun. Wenn Sie heute anfangen wollen, die Zeit zu nutzen, die Ihnen auf dieser Erde noch bleibt, dann treffen Sie als Erstes die Entscheidung, jeden Tag mit einem Ziel vor Augen zu leben. Es muss nicht jeder Augenblick straff organisiert und fest verplant sein; andererseits verschwenden wir viel Zeit, wenn wir nicht einen großen Teil davon in etwas Sinn- und Bedeutungsvolles investieren.

Wir müssen uns von der Vorstellung befreien, dass alles, was uns zustößt, nach irgendeinem kosmischen Plan geschieht, der sich unserer Kontrolle entzieht. Gott hat uns einen freien Willen gegeben. Seine Weisheit hilft uns, Entscheidungen zu treffen, die zu einem Leben führen, auf das wir stolz sein und das wir genießen können. In Psalm 119,109 sagte David: *Mein Leben ist ständig in Gefahr, doch dein Gesetz vergesse ich nicht.* Damit meinte er im Grunde: »Ich kann tun, was ich will, aber ich entscheide mich, nach deinem Wort zu leben.« Jedes »Ich will« oder »Ich tue«, das wir in der Bibel lesen, verkündet das Menschenrecht auf eine freie Entscheidung.

Einen Tag nach dem anderen

Gott schenkt uns die Gnade, immer nur den heutigen Tag in Angriff zu nehmen. Er sagt, wir sollen uns um morgen keine Sorgen machen und ihm an jedem neuen Tag vertrauen. Obwohl wir das Leben »einen Tag nach dem anderen« angehen sollen, ist es doch klug, einen Plan für die Zukunft zu haben. Wenn wir Ziele haben, die wir erreichen wollen, wird es uns helfen, unseren Tagesablauf so zu organisieren, dass wir sie auch erreichen können.

Es geht darum, jeden Tag so zu gestalten, dass am Ende etwas Wertvolles dabei herauskommt. Wie will ich mich fühlen, wenn ich heute Abend zu Bett gehe? Ich möchte zufrieden sein, weil ich die bestmöglichen Entscheidungen getroffen und meine Zeit so investiert habe, wie ich es wirklich wollte. Gestern war ich nicht zufrieden, als ich zu Bett ging, denn ich hatte einen zu großen Teil des Abends mit Fernsehen verbracht. Außerdem musste ich immer wieder umschalten, weil die Sendungen entweder völlig lächerlich waren oder ich mich mit ihrem Inhalt und ihrer Sprache nicht wohlfühlte. Mit meinen gestrigen Entscheidungen war ich nicht zufrieden, aber heute kann ich bessere treffen.

> Der einzige richtige Start in den Tag ist ein Start mit Gott

Ein guter Start in den Tag ist wichtig. Man ist mit dem Ergebnis eines Tages wahrscheinlich eher zufrieden, wenn man ihn richtig beginnt. Meine erste Entscheidung ist deshalb immer, meinen Tag mit Gott zu beginnen. Ob das eine lange oder kurze Zeit ist, spielt eine untergeordnete Rolle, doch der einzig richtige Start in den Tag ist ein Start mit Gott. Sprechen Sie mit ihm, bitten Sie ihn um Hilfe und Wegweisung bei allem, was Sie tun, und legen Sie ihm den Tag in die Hände. Beschäftigen Sie sich in irgendeiner Form mit Gottes Wort, indem Sie es studieren, lesen, hören oder entsprechende Sendungen im Fernsehen anschauen. Sei es ein einziger Bibelvers oder ein ganzes Kapitel, es wird Ihnen helfen.

David war fest entschlossen, sich gleich morgens an Gott zu wenden. Er sagte:

Herr, frühe wollest du meine Stimme hören, frühe will ich mich zu dir wenden und aufmerken.

Psalm 5,4

Wenn wir zuerst zu Gott gehen, ehren wir ihn und sagen mit unserem Verhalten: »Ohne dich kann ich nichts tun« (siehe Johannes 15,5). Vielleicht überlegen Sie einmal, ob Sie nach dem Aufwachen nicht noch fünf Minuten im Bett bleiben und in dieser Zeit mit Gott über Ihren Tag sprechen möchten. Das ist vor allem dann eine gute Idee, wenn Sie kleine Kinder oder eine besonders lebhafte Familie haben und sofort nach dem Aufstehen immer viel los ist.

David sagte, er würde sich an Gott wenden und aufmerken, das heißt, aufpassen und warten, dass Gott zu seinem Herzen spricht (siehe Psalm 5,4). Was können wir uns davon erhoffen? Heute begann ich meinen Tag mit Gott und bat ihn natürlich um Hilfe beim Schreiben. Ich habe keine konkrete Anweisung gehört, aber ich glaube, dass Gott mir Ideen gibt, wenn ich über das Manuskript nachdenke. Legen wir unseren Tag Gott in die Hände, statt einfach selber zu planen, dann kann er durch unsere Gedanken wirken, indem er sie in Übereinstimmung mit seinem Willen bringt. Wir meinen vielleicht, eine gute Idee zu haben, aber in Wirklichkeit ist sie so gut, weil Gott sie in uns hineingelegt hat.

Vertraue dein Vorhaben dem Herrn an, [übergib es ihm rückhaltlos, er wird dir Gedanken schenken, die seinem Willen entsprechen, und] dann werden deine Pläne gelingen.

Sprüche 16,3

Der Lohn richtiger Entscheidungen

Nachdem Sie Ihren Tag mit Gott begonnen haben, nehmen Sie sich jetzt etwas Zeit und überlegen Sie, was Sie heute erreichen möchten. Sie und ich, wir können jeden einzelnen Tag bewusst angehen. Hier ist ein Beispiel, wie ich meinen Tag geplant habe:

Nach dem Aufwachen sprach ich ein wenig mit Gott. Ich stand auf, kochte mir Kaffee, verbrachte Zeit mit Gott im Gebet und las in einem Buch zum Thema Gebet. Ich nahm mir vor, bis zum Mittag zu schreiben, dann im Fitnessstudio zu trainieren und einen Spaziergang zu machen. Als Nächstes werde ich duschen, die Haare waschen und mich anziehen. Wahrscheinlich werde ich eine Tasse Kaffee trinken und eine Kleinigkeit essen. Ich will dann entweder noch ein bisschen schreiben oder einige Anrufe erledigen. Zum Abendessen treffe ich mich mit Dave und freue mich an dem Zusammensein mit ihm und an dem Essen. Im Anschluss daran fahren wir nach Hause und ruhen uns den Rest des Abends aus – wahrscheinlich werden wir einen Film schauen.

Ich habe diesen Tag so arrangiert, dass ich Arbeit erledige, Sport treibe, an die frische Luft gehe, mir genügend Zeit für meine Körperpflege nehme sowie Zeit zum Genießen und Zeit zum Ausruhen habe. Ich werde den ganzen Tag über auch Gemeinschaft mit Gott haben, ihm für seine Gegenwart danken und ihn in den Dingen, die ich tue, um Hilfe bitten. Den Tag zu planen und die Zeit einzuteilen bedeutet nicht, dass man nur noch arbeitet; doch das, was man tut, sollte man bewusst tun! Selbst wenn ich beschließe, den ganzen Tag auf der Couch zu liegen und Filme anzusehen, sollte ich es tun, weil ich es so geplant habe, und nicht weil ich beim Hausputz die Couch sah, mich hinlegte, den Fernseher einschaltete und den ganzen Tag nicht wieder hochkam – immer mit dem Gedanken: *Eigentlich sollte ich das nicht tun.*

Obwohl ich meinen Tag geplant habe, bedeutet das nicht, dass sich alles genau so abspielen wird. Aber immerhin habe ich eine Ausrichtung und eine Absicht im Kopf. Zielstrebige

Menschen machen das Beste aus der Zeit und den Talenten, die Gott ihnen gegeben hat.

Die Tage unterscheiden sich voneinander – je nachdem welche Aufgaben und Herausforderungen uns erwarten. Deshalb müssen wir jeden einzelnen Tag entsprechend planen. Manchmal arbeite ich von morgens bis abends, manchmal bin ich vielleicht den ganzen Tag mit Verwandten und Freunden zusammen. Es ist sehr wichtig, Zeitpläne abwechslungsreich zu gestalten, damit uns unser Leben nicht langweilt.

Ich übe mich darin, diesen Denkprozess jeden Tag zu durchlaufen, weil ich meine Zeit in Dinge investieren möchte, die gute Früchte bringen. Ich bin nicht bereit, mein Leben zu verschwenden. Ich habe nur dieses eine Leben und bekomme kein zweites, wenn es vorbei ist. Aus dem Grund möchte ich, dass es etwas bewirkt.

Ich habe über die Woche, den Monat und das Jahr nachgedacht und weiß im Großen und Ganzen, was ich tun und fertigstellen muss, wo ich hin will und was nötig ist, um dorthin zu gelangen. Ich habe langfristige und kurzfristige Ziele, und ich hoffe, dass es bei Ihnen nicht anders ist. Dennoch müssen wir das Leben in Tagesportionen angehen, wenn wir es genießen und uns nicht überfordert fühlen wollen. Was wir heute entscheiden, ist bereits Teil dessen, was wir selbst in ferner Zukunft erleben möchten.

Vielleicht haben Sie schon einmal den Spruch gehört: »Der Mensch plant und Gott lacht.« An dieser witzigen Aussage ist bestimmt etwas Wahres dran, doch ich denke, dass der Mensch, der nicht plant, wahrscheinlich auch ohne Ausrichtung dasteht. Machen Sie einen Plan und orientieren Sie sich daran. Seien Sie aber gleichzeitig offen dafür, wenn Gott Ihren Plan verändert – für den Fall, dass er falsch ist.

Der Lohn richtiger Entscheidungen

Wenn die Dinge nicht nach Plan laufen

Ganz gleich wie gut wir planen: Selten verläuft alles so wie gedacht. Manche Unterbrechungen, die uns zu schaffen machen, ließen sich vermeiden, wenn wir fester zu unseren Entscheidungen stünden – andere aber auch nicht. Sich schuldig oder gar verurteilt zu fühlen, wenn Sie Ihr Ziel nicht erreichen, ist nicht nur nutzlos, sondern kontraproduktiv. Wenn ich nicht schaffe, was ich heute schaffen will, nehme ich mir das einfach für morgen vor. Doch gleichzeitig beobachte ich auch mein Leben und versuche zu lernen, wie ich besser »am Ball bleiben« kann. Ich möchte Unterbrechungen zulassen, die nicht zu vermeiden sind, aber ich will mich nicht unnötig von meinem Kurs abbringen lassen. Ich kann nicht erwarten, dass mich andere in der Spur halten; das muss ich schon selbst tun. Ich sollte den Menschen, die meinen Tagesablauf unterbrechen, nicht die Schuld geben, sondern die Verantwortung dafür übernehmen, dass ich mich von ihnen unterbrechen lasse. Vielleicht kann ich nicht verhindern, dass mich jemand zu einem ungünstigen Zeitpunkt anruft, aber ich muss ja nicht ans Telefon gehen! Oder vielleicht muss ich ans Telefon gehen, aber ich muss mich nicht auf ein langes Gespräch über ein Thema einlassen, für das keine Notwendigkeit besteht.

Manche Menschen sind von Natur aus begabter als andere, sich auf Dinge zu konzentrieren, doch jeder kann sich durch Übung verbessern. Ich bin normalerweise eine ziemlich zielorientierte Person, aber ich kenne mehrere Menschen, die damit ihre Schwierigkeiten haben. Einen Plan einzuhalten, fällt ihnen schwerer, doch es ist nicht unmöglich. Mein Rat ist dann immer: »Mach es so gut, wie du kannst, und höre nicht auf dich weiterzuentwickeln!« Unsere Beziehung zu Gott ist weder von unserem Tagesplan noch von unseren organisatorischen Fähigkeiten abhängig. Er liebt uns bedingungslos. Allerdings ist eine zielorientierte Lebensweise die Voraussetzung dafür, dass wir zu dem Menschen werden, der wir sein wollen und unser Leben auch wirklich genießen können.

Machen Sie es so gut, wie Sie können,
und hören Sie nicht auf sich weiterzuentwickeln!

In unserer heutigen Gesellschaft haben wir das Problem, dass die meisten von uns versuchen, zu viel zu tun. Ein Zuviel – selbst von guten Dingen – verkehrt sich in der Regel in etwas Schlechtes. Wir sollten nur das tun, wozu wir im Frieden in der Lage sind. Wenn uns der Friede abhandenkommt, müssen wir uns neu sammeln und tun, was nötig ist, um ihn wiederzubekommen.

Wir planen unsere Zeit und nur wir können etwas an diesem Plan ändern. Statt wie verrückt durchs Leben zu hetzen, um es allen immer recht zu machen, können wir lernen, zum richtigen Zeitpunkt Nein zu sagen. Wenn ich meine Zuhörer frage, wer meint, überlastet zu sein, heben fast alle die Hand. Es war nie Gottes Absicht, dass seine Kinder unter extremem Stress und Druck leben! Wir sollten das Leben in vollen Zügen genießen, und das ist nicht möglich, wenn wir uns ständig von einem übervollen Terminkalender unter Druck gesetzt fühlen und uns durch den Tag hetzen lassen.

Eine zielgerichtete Person kann man unter anderem dadurch werden, dass man die Fähigkeit entwickelt, sein Leben in allen Bereichen ausgewogen zu gestalten. Deshalb plane ich in meinen Tag neben der Arbeit fast immer auch Entspannungs- und Genusszeiten ein.

Sie werden Ihr Leben viel mehr genießen, wenn Sie sich auch mal Zeit für sich nehmen! Es ist nicht selbstsüchtig, für sich selbst zu sorgen, denn das Beste, was Sie Ihrer Familie und Ihren Freunden geben können, sind Sie selbst, und das bei guter Gesundheit.

Zusammenfassung

- Wir bestimmen täglich durch unsere Entscheidungen, welche Art von Leben wir zukünftig haben werden.
- Es ist weise, jetzt zu tun, womit wir später zufrieden sein werden.
- Die beste Entscheidung für jeden Tag ist, ihn mit Gott zu beginnen.
- Sie können jeden Tag zielorientiert angehen. Machen Sie einen Plan und halten Sie sich daran.

KAPITEL 5

Wo ist nur die Zeit geblieben?

Herr, erinnere mich daran, wie kurz mein Leben ist.
Und dass meine Tage gezählt sind, damit ich erkenne, wie vergänglich mein Leben ist.

Psalm 39,5

Gegen Jahresende sagt man häufig: »Ich fasse es nicht, dass das Jahr schon wieder vorbei ist« oder: »Ich kann kaum glauben, dass schon wieder Weihnachten ist.« Ständig hört man Menschen sagen: »Die Zeit verfliegt«, »Wo ist nur die Zeit geblieben?« und: »Meine Kinder sind erwachsen und ich erinnere mich kaum, wie sie groß geworden sind.« Es ist interessant, einmal bewusst auf diese Bemerkungen zu achten, die wir in Bezug auf die Zeit machen. Die meisten von uns bringen dadurch zum Ausdruck, dass sie nicht genug Zeit haben und dass die Zeit schneller vergeht, als nachvollziehbar ist.

Nun vergeht Zeit ja immer mit ein und derselben Geschwindigkeit; wie schnell uns das vorkommt, muss also an den Entscheidungen liegen, die wir treffen. Wir alle haben jeden Tag genau dieselbe Menge an Zeit zur Verfügung. Wir haben dieselbe Anzahl an Stunden, Minuten und Sekunden, doch manche von uns gehen sehr sparsam damit um und erreichen Großartiges, während andere – viel zu viele – ihre Zeit verschwenden. Sie setzen ihre Zeit für falsche Ziele ein oder gehen irrtümlicherweise davon aus, es gäbe einen unerschöpflichen Vorrat davon. Keiner von uns weiß genau, wann unsere Zeit auf der Erde zu Ende gehen wird. Jeder Tag, den Gott uns gibt, ist ein Geschenk. Wir sollten das Geschenk behutsam auspacken, es wertschätzen, gut und weise nutzen und in etwas investieren, auf das wir später stolz sein können.

Wenn Sie alt genug sind, um sich daran zu erinnern, können Sie herumsitzen und über die guten alten Zeiten reden, als das Leben noch viel entspannter war – doch das wird diese Zeiten auch nicht zurückbringen. Wir sollten mit unserer Zeit so umgehen, dass wir den meisten Nutzen daraus ziehen. Die folgende Bibelstelle, einer meiner Lieblingsabschnitte, bringt das gut auf den Punkt:

> *Gebt also sorgfältig darauf Acht, wie ihr lebt! Verhaltet euch nicht wie unverständige Leute, sondern verhaltet euch klug.*
>
> *Macht den bestmöglichen Gebrauch von eurer Zeit, gerade weil wir in einer schlimmen Zeit leben.*
>
> *Lasst es daher nicht an der nötigen Einsicht fehlen, sondern lernt zu verstehen, was der Herr von euch möchte.*
>
> Epheser 5,15-17

In diesen drei Versen fordert Gott uns auf,
1. mit unserer Zeit und unseren Entscheidungen sorgfältig umzugehen,
2. ein zielstrebiger Mensch zu sein,
3. ein lebenswertes Leben zu führen,
4. gründlich über unser Handeln nachzudenken und weise zu entscheiden, was wir tun wollen,
5. unsere Zeit bestmöglich auszunutzen,
6. Gelegenheiten nicht ungenutzt verstreichen zu lassen,
7. nicht passiv, uneinsichtig, gedankenlos und töricht zu sein,
8. den Willen Gottes zu erkennen.

Bitte stellen Sie sich beim Lesen dieses Buches einige Fragen. Ich bezweifle, dass es Ihnen auf Dauer viel bringt, wenn Sie es nur durchlesen, damit Sie etwas zu tun haben oder weil Sie Interesse an meinem neusten Buch haben. Fragen Sie sich selbst zum Beispiel: »Mache ich das Beste aus meiner Zeit?«, »Halte ich an Gottes Willen für mein Leben fest und lasse ich mir das von nichts und niemandem nehmen?«, »Lebe ich bewusst und zielgerichtet oder erlaube ich, dass mein Schicksal von Menschen und Umständen bestimmt wird?«, »Bin ich mit meinen Entscheidungen größtenteils zufrieden?«, »Wie oft sage ich: ›Wo ist nur die Zeit geblieben?‹?«, »Nutze ich jeden Tag, den Gott mir gibt, und mache ich das Beste daraus?«

Ich bin zu dem Schluss gekommen, dass es meine Verantwortung ist zu wissen, wo meine Zeit bleibt. Ich sollte lange genug innehalten, um eine »Zeitinventur« vorzunehmen, und darauf achten, dass ich wirklich das mit meiner Zeit tue, was ich beabsichtige. Ich sehe mir gerne prüfend meinen Kalender an, in dem die meisten meiner Aktivitäten eingetragen sind. Das bringt mir zweierlei: (1) die Erinnerung an etwas Geschafftes, worüber ich mich im Rückblick noch einmal freuen kann, und (2) zumindest die Möglichkeit, aus meinen Fehlern zu lernen, wenn ich meine Zeit vielleicht für Tätigkeiten eingesetzt habe, von denen ich mir jetzt wünsche, ich hätte sie sein gelassen. Wenn ich abends im Bett liege, überdenke ich auch regelmäßig noch einmal den vergangenen Tag. Ich erinnere mich an das, was ich seit dem Aufstehen gemacht habe.

Manchmal stelle ich fest, dass ich mehr geschafft habe als erwartet. Manchmal merke ich, dass ich zwar einen Plan hatte, Gott diesen aber durchkreuzt und mich in eine Richtung geführt hat, die *er* wollte. Das Überdenken meines Tages gibt mir auch die Gelegenheit festzustellen, ob ich den Tag klug genutzt oder verschwendet habe. Habe ich mich von etwas Nebensächlichem ablenken lassen? Habe ich meinen Blick für das wirklich Wichtige verloren und schließlich nichts von dem getan, was ich eigentlich tun wollte? Kann es sein, dass ich im Internet etwas nachsehen wollte und letzten Endes drei Stunden lang süße YouTube-Videos angeschaut habe? Das ist mir heute Morgen passiert – zum Glück nur eine halbe Stunde lang, und dann fragte mich Dave, ob ich Zeichentrickfilme ansehe! Sicher ist nichts falsch daran, süße YouTube-Videos anzusehen, wenn es einen nur nicht von Dingen ablenkt, die man wirklich schaffen muss.

Ich bezweifle, dass es je einen Tag geben wird, an dem ich von morgens bis abends zielgerichtet bleibe und überhaupt keine Zeit verschwende. Wir sind schwache Menschen, aber wir können uns verbessern und wachsen, wenn wir beten und Lebensbereiche in Angriff nehmen, die nicht in Ordnung sind.

Verschwenden Sie den heutigen Tag nicht mit Bedauern über den gestrigen

Eines sollten Sie allerdings nicht tun: aufstehen, sich erinnern, dass Sie gestern Ihre Zeit ziemlich vergeudet haben, und dann den heutigen Tag mit Schuldgefühlen über Ihre schlechten Entscheidungen verschwenden. Zig Ziglar sagte einmal: »Sorgen nehmen einem nicht die Schwierigkeiten von morgen, sondern den Frieden von heute.«

An einem Tag in dieser Woche betete ich morgens – so wie immer – und hatte die feste Absicht, den ganzen Tag über in enger Gemeinschaft mit Gott zu bleiben. Als jedoch der Abend kam, merkte ich, dass ich nach dem Beten aus dem Büro gegangen war und den Rest des Tages nicht *einmal* an Gott gedacht hatte, weil ich derart beschäftigt gewesen war! Ich begann mich schuldig oder vielleicht auch nur enttäuscht über mich selbst zu fühlen, bis Gott mich daran erinnerte, dass ich den heutigen Tag nicht mit dem Bedauern über gestern verschwenden sollte. Seine Gnade ist jeden Morgen neu und wir können immer wieder von vorn anfangen!

Am nächsten Abend staunte ich, wie oft Gott in meinen Gedanken gewesen war und welch eine schöne Gemeinschaft ich den ganzen Tag über mit ihm gehabt hatte. Ich bin allerdings davon überzeugt, dass ich das nicht so erlebt hätte, wenn ich weiterhin den Vortag bedauert hätte. Ich wurde daran erinnert, dass Gott auch dann bei mir ist, wenn mir das nicht bewusst ist.

Er weiß, dass ich noch im Wachsen begriffen bin, und er sieht mein Herz! Dasselbe gilt auch für Sie.

An den meisten Tagen habe ich mehr Ziele, als ich erreichen kann, und das macht mir nichts aus, wenn ich sehe, dass ich vorankomme. Ganz gleich was wir schaffen, es bleibt immer noch etwas zu tun übrig. Mein dringender Rat ist: Freuen Sie sich an dem, was Sie bewältigt haben, und stehen Sie am nächsten Morgen auf und wenden Sie sich den übrig gebliebenen Aufgaben zu. Falls Sie in dieser Hinsicht Hilfe brauchen, ist es vielleicht ein gutes Ziel für den Anfang, sich wenigstens eine Sache auszusuchen, die Sie pro Tag erreichen wollen, statt sich mit unrealistischen Erwartungen zu belasten und sich wie ein Versager vorzukommen.

> Suchen Sie sich wenigstens eine Sache aus, die Sie pro Tag erreichen wollen.

Wenn Sie versagen oder Fehler machen, ist es das Beste, sie zuzugeben und für die Zukunft daraus zu lernen. Fehler, aus denen wir lernen, können sehr wertvoll sein.

Zeit einsetzen

Einmal stand ich unter der Dusche und redete mit Gott. Ich drückte einfach meine Empfindungen aus und sagte: »Herr, es kommt mir so vor, als würde ich viel Zeit nur damit verbringen, mich um mich selbst zu kümmern.« Ich dachte an die Empfehlung des Zahnarztes, die Zähne jedes Mal drei Minuten lang zu putzen, immer Zahnseide zu benutzen, und die vielen Kronen, die ich im Mund habe, alle drei oder vier Monate reinigen zu lassen. Ich muss zu Ärzten und Untersuchungen, ich gebe mir Mühe mit der Hautpflege, ich lasse mir alle zwei Wochen die Haare schneiden, mache drei Mal pro Woche Sport mit einem Fitnesstrainer und gehe – wenn möglich – täglich sechs bis acht

Kilometer spazieren. Und natürlich muss ich mir die Fingernägel machen lassen! Ich nehme Nahrungsergänzungsmittel ein und bemühe mich, gut und gesund zu essen und viel Wasser zu trinken.

Ständig packe ich Kleidung ein und aus, die ich sorgfältig auswähle, damit ich bei meinen Konferenzen möglichst gut aussehe. Manchmal bin ich es leid, diese Dinge immer wieder zu tun, und dann erinnere ich mich, dass mir meine Ernte nicht gefallen wird, wenn ich keine gute Saat aussäe. Alles, was Sie haben wollen, müssen Sie von Gott erbitten und dann bereit sein, das zu tun, was er Ihnen aufträgt. Sie sorgen für die Saat, er sorgt für die Ernte! Die meisten Menschen wollen gesund, stark und möglichst gut aussehend sein, aber nicht jeder tut etwas dafür.

Ich dachte über diese und weitere Fragen zum Thema Zeit nach und mir wurde klar: Wir alle haben gleich viel Zeit und tatsächlich *machen* wir ja auch etwas damit. Ich nehme mir Zeit für die eben erwähnten Tätigkeiten, ebenso wie für vieles andere. Zeit lässt sich nicht für später aufheben. Jeden Tag geben wir unsere Zeit quasi aus, und wenn sie einmal für irgendetwas aufgebraucht wurde, können wir sie nicht zurückholen. Wenn wir etwas kaufen und dann doch nicht zufrieden sind, können wir es normalerweise zum Geschäft zurückbringen und bekommen unser Geld wieder oder einen Ersatz dafür, aber mit der Zeit verhält es sich nicht so. Wenn sie erst einmal um ist, kann sie nie zurückgeholt werden. Deshalb *müssen* wir unsere Zeit klug einsetzen! Wir wollen unsere Zeit investieren, nicht vergeuden.

> Jeden Tag geben wir unsere Zeit quasi aus, und wenn sie einmal für irgendetwas aufgebraucht wurde, können wir sie nicht zurückholen.

Es ist weise, sich Zeit zum Ausruhen, Anbeten und Beten zu nehmen, zum Bibellesen, Entspannen, Lachen, für persönliche Beziehungen und um das Leben zu genießen, ebenso wie für die

Erfüllung beruflicher und finanzieller Ziele. Ich glaube auch, es ist weise, wenn wir uns Zeit für uns selbst nehmen. Als ich zu Gott sagte: »Ich habe den Eindruck, ich verbringe viel Zeit damit, mich um mich selbst zu kümmern«, hatte ich überhaupt nicht das Gefühl, dass Gott mich dafür kritisierte. Ich fühlte mich auch nicht selbstsüchtig oder ichbezogen, weil ich weiß, wenn ich nicht auf mich achte, dann werde ich die Vollendung meines Weges mit Gott hier nicht mehr erleben. Ich habe die Absicht, das zu Ende zu bringen, was Gott mir aufgetragen hat. Ich empfinde es so, dass ich einen Teil des Tages in meine von Gott bestimmte Zukunft investiere, und das ist keine Verschwendung.

Darf ich mit allem Respekt sagen, dass Sie sehr davon profitieren könnten, wenn Sie mehr Zeit auf die Fürsorge Ihrer eigenen Person verwenden? Sie würden länger leben, sich besser fühlen, weniger Zeit beim Arzt verbringen und weniger Geld für Medikamente ausgeben. Ob Sie Ihre Zeit nun dafür nutzen, gesünder zu werden, oder dafür, Ihre körperlichen Probleme zu behandeln: Zeit wird beides kosten.

Ich habe gerade eine neue Hüfte bekommen, und der Arzt sagte, die Operation sei ein Kinderspiel gewesen, weil ich gut in Form sei und eine hohe Knochendichte hätte. Die Wunde verheilte schnell, ich sparte also eine Menge Zeit, weil ich zuvor regelmäßig Sport getrieben hatte! Auf der anderen Seite habe ich nur sechs Zähne im Mund, die nicht überkront sind, da ich in jüngeren Jahren nicht oft zum Zahnarzt gegangen bin. Ich ließ meine Zähne nicht regelmäßig professionell reinigen und benutzte auch keine Zahnseide. Ja, ich habe immer die Zähne geputzt, aber offensichtlich nicht gut genug. Ich hatte zu tun und wollte mir für derartige Dinge keine Zeit nehmen, und so muss ich heute viel Zeit und Geld investieren, um das Ergebnis meiner schlechten Entscheidungen zu korrigieren!

Setzen Sie Ihre Zeit für wertvolle Dinge ein, die Ihnen jetzt und später nützlich sind? Wenn nicht, dann können Sie etwas daran ändern. Bedenken Sie dabei die folgenden drei Punkte:

1. Es ist *Ihr* Leben und Sie können die Verantwortung dafür übernehmen.
2. Es ist *Ihre* Zeit, und Sie können sie investieren, um Gottes Willen für Ihr Leben zu tun.
3. Es ist *Ihr* Zeitplan; wenn er Ihnen nicht gefällt, vergessen Sie nicht, dass Sie ihn selbst gemacht haben und dass nur Sie allein ihn ändern können.

> Es ist Ihre Zeit, und Sie können sie investieren, um Gottes Willen für Ihr Leben zu tun.

Dies sind Dinge, die Gott mir im Lauf der Jahre beigebracht hat, und ich hoffe, dass sie auch Ihnen bei Ihrer Zeiteinteilung helfen.

Oft dauert es, Veränderungen in unserem Leben vorzunehmen. Wenn ein Ozeanriese in die falsche Richtung fährt, ist strategisches Überlegen und Zeit nötig, um ihn herumzudrehen. Genauso ist es mit einem Leben, das in die falsche Richtung läuft. Seien Sie nicht ungeduldig; seien Sie vielmehr entschlossen, den Willen Gottes für Ihr Leben herauszufinden und sich daran zu halten.

Was Sie auswählen sollten, wenn Sie nicht alles schaffen

Wenn wir unsere Zeit nicht gut nutzen, liegt das immer an schlechten Entscheidungen. Es ist allerdings möglich, dass unsere innere Ausrichtung völlig in Ordnung ist und wir einfach versuchen, all das zu tun, was vermeintlich von uns erwartet wird. In den Jahren, in denen ich »zu viel« tat und »zu viel« auf Reisen war und »zu häufig« versuchte, es anderen Menschen recht zu machen, merkte ich nicht, dass ich eigentlich alles andere als das Richtige tat. Ich brauchte mehrere Jahre und einige stressbedingte Krankheiten, bis ich erkannte: Wenn ich das täte, was wirklich richtig ist, würde das Ergebnis besser aussehen.

Gott hat uns nicht dazu berufen, krank, ausgelaugt und unglücklich zu sein. Tatsächlich verspricht er genau das Gegenteil:

> *Kommt alle her zu mir, die ihr müde seid und schwere Lasten tragt, ich will euch Ruhe schenken. [Ich werde eurer Seele Leichtigkeit und Erleichterung und Erfrischung geben.]*
> *Nehmt mein Joch auf euch. Ich will euch lehren, denn ich bin demütig und freundlich, und eure Seele wird bei mir zur Ruhe [Erleichterung und Leichtigkeit und Erfrischung und Erholung und gesegneten Ruhe] kommen.*
>
> Matthäus 11,28-29

Folgen wir Jesus und seiner Art zu handeln, werden wir Kraft bekommen, statt müde und ausgelaugt zu sein. Wir werden in Frieden leben und zufrieden sein. Er führt uns zum stillen und ruhigen Wasser und dort erfrischt er unsere Seele (siehe Psalm 23).

Jesus und die Jünger dienten Menschen in großer Not. So viele kamen zu ihnen, dass sie keine Zeit zum Essen oder Ausruhen fanden. Und was tat Jesus? Er sagte: »*Kommt, wir ziehen uns an einen einsamen Ort zurück, wo ihr euch ausruhen könnt*« (Markus 6,31). Toll! Jesus entzog sich zeitweilig den durchaus realen Nöten der Menschen, um für sich selbst zu sorgen, damit er zu Ende bringen konnte, wozu Gott ihn gesandt hatte.

Wenn Sie nicht alles schaffen, sollten Sie das auswählen, was im Moment das Beste ist. Jesus wusste, dass es besser ist, die Nöte der Menschen vorübergehend zurückzustellen, damit er und seine Jünger sich ausruhen und essen konnten. Das befähigte Jesus, den Nöten zur rechten Zeit zu begegnen.

Heute hatte ich zu viele Pläne und zu wenig Zeit. Deshalb musste ich ein paar Entscheidungen treffen. Ich beschloss, meinen Spaziergang ausfallen zu lassen und stattdessen an diesem Buch zu arbeiten. Ich wusste, wenn ich mit dem Manuskript nicht vorankäme, wäre ich mit mir selbst nicht zufrieden. Ich werde stattdessen morgen spazieren gehen. Heute war es wichtiger, mich an das Buch zu setzen. Allzu oft war ich am Ende des Tages nicht zufrieden mit meinen Entscheidungen, und das will ich in Zukunft vermeiden.

Sollten Sie nicht alles schaffen können, denken Sie daran: Alles hat seine Zeit – alles ist schön zu seiner Zeit (siehe Prediger 3). Dem Zeitplan Gottes zu folgen ist gleichbedeutend damit, seinem Willen zu folgen. Wenn Sie etwas nach Gottes Zeitplan tun, wird es in jeder Hinsicht schön und erfüllend sein.

Zusammenfassung

- Zeit ist ein Geschenk, das wir behutsam auspacken, wertschätzen, gut und weise nutzen und in etwas investieren sollten, auf das wir später stolz sein können.
- Es steht in unserer Verantwortung zu wissen, was mit unserer Zeit geschieht, und lange genug innezuhalten, um eine »Zeitinventur« vorzunehmen.
- Ganz gleich wie viel Sie schaffen, es bleibt immer noch etwas übrig. Freuen Sie sich also an dem, was Sie geschafft haben, und stehen Sie am nächsten Morgen auf und wenden sich den übrig gebliebenen Aufgaben zu.
- Zeit lässt sich nicht für später aufheben. Machen Sie das Beste aus der Zeit, die Gott Ihnen heute gegeben hat.

KAPITEL 6

Wie man Zeitverschwendung vermeidet

Nutzt jede Gelegenheit, in diesen üblen Zeiten Gutes zu tun.

Epheser 5,16

Ich bezweifle, dass Sie Ihre Zeit verschwenden wollen (ich jedenfalls will das nicht), und doch tun wir es alle in einem gewissen Maß. Wie geschieht das? Sehen wir uns einige Möglichkeiten an:

1. Wenn Sie sich häufig über Ihren vollen Terminkalender beschweren, ist das ein deutliches Zeichen, dass Sie etwas ändern müssen.
2. Wir können nicht alles tun und dabei alles gut machen.
3. Wovon lassen Sie sich Ihre Zeit rauben?
4. Sind Sie nur beschäftigt oder sind Sie tatsächlich produktiv?
5. Schaffen Sie es, sich wirklich auf das zu konzentrieren, was Sie tun wollen?
6. Verbringen Sie mehr Zeit damit, über anstehende Aufgaben zu reden als sie zu erledigen?
7. Gewinnen Sie Zeit, indem Sie weniger schlafen, nur um Zeit zu verlieren, weil Sie müde sind?
8. Wie oft machen Sie Fehler, weil Sie es eilig haben?
9. Wie oft müssen Sie etwas reparieren, weil Sie das Geld nicht investieren wollten, um es gleich richtig zu machen?
10. Kümmern Sie sich um kleine Probleme, damit sie nicht zu großen werden?

Um die Zeit, die Gott uns gibt, bestmöglich zu nutzen, wollen wir uns einige dieser Themen etwas genauer ansehen.

Jammern

Jammern ist eine schlechte Angewohnheit. Menschen, denen ihre Lebensumstände nicht gefallen und die nichts daran ändern *können* oder *wollen*, jammern besonders häufig. In jedem Fall aber ist es nutzlos und ändert nichts. Beten und Gottes Wegweisung gemäß handeln ist die einzige Antwort auf all unsere Probleme. Die Bibel sagt, wir sollen uns nicht sorgen, sondern unsere Last auf Gott werfen, aber es heißt nirgends, dass wir unsere *Verantwortung* auf ihn werfen sollen.

> Jammern ist nutzlos und ändert nichts.

Ziemlich oft beschweren sich die Menschen am lautesten, die absolut nichts tun, um unerfreuliche Umstände zu verändern.
Verschwenden Sie Ihre Zeit nicht, indem Sie unnötige Unterbrechungen zulassen oder undiszipliniert sind – und sich dann darüber beschweren, wie wenig Zeit Sie haben. Wenn wir uns beklagen, bleiben wir in derselben Situation, aber wenn wir bereit sind, Verantwortung zu übernehmen und positive Veränderungen herbeizuführen, wird Gott uns zeigen, was wir tun sollen.

Es ist letztendlich viel hilfreicher für uns, positive Maßnahmen zu ergreifen, um etwas zu verändern, das uns nicht gefällt, als passiv darüber zu jammern. Gott hat uns zum Aktivsein geschaffen, und wir funktionieren viel besser, wenn wir lösungsorientiert denken, anstatt zu nörgeln und unglücklich zu sein. Gott wird uns auf jeden Fall zeigen, was zu tun ist, wenn wir bereit sind, es zu tun!

Die Bibel fordert uns auf, Gott in allem zu danken, während

wir auf eine Veränderung warten! Ersetzen Sie alles Nörgeln mit Dankbarkeit und Sie werden bald Lösungen für Ihre Probleme finden.

> *Dankt Gott in jeder Lage! Das ist es, was er von euch will und was er euch durch Jesus Christus möglich gemacht hat.*
>
> 1. Thessalonicher 5,18

Prioritäten

Eine Priorität ist etwas, das uns wichtiger ist als alles andere. Wenn wir sagen: »Ich habe keine Zeit dafür«, dann meinen wir eigentlich: »Es ist nicht meine Priorität.« Hoffentlich sind wir davon überzeugt, dass das, was wir tun, wichtig ist – andernfalls würden wir sicher keine Zeit darauf verwenden. Doch gewisse Dinge sollten immer wichtiger sein als andere. Wir müssen erkennen können, was für uns in unserem Leben das Wichtigste ist, und uns dann Zeit dafür nehmen. Andernfalls werden wir unser Leben damit zubringen, *Dringendes* statt *Wichtiges* zu tun. Obwohl wir es selten zugeben, machen wir normalerweise das, was wir wirklich wollen. Tun wir nicht das, wovon wir im Grunde unseres Herzens wissen, dass wir es tun sollten, reden wir uns oft mit Zeitmangel heraus. Ich habe bisher nur von einem einzigen Menschen den Satz gehört: »Ich treibe keinen Sport, weil ich es nicht will«, aber hundert Mal »Ich habe keine Zeit«. Unsere Zeit gehört uns, und wir können kluge Prioritäten setzen, wenn wir das wirklich wollen.

> Unsere Zeit gehört uns, und wir können kluge Prioritäten setzen, wenn wir das wirklich wollen.

Der Apostel Paulus betete dafür, dass die Christen in der Lage sein würden, das wirklich Wichtige zu erkennen und schätzen zu lernen, was wahren Wert hat (siehe Philipper 1,9-10). Was wir tun, mag durchaus gut sein, es ist aber vielleicht doch nicht das Beste.

Ich werde oft gefragt, wie ich es schaffe, meine Prioritäten einzuhalten, da in meinem Leben so viel los ist. Meine Antwort lautet, dass ich meine Prioritäten immer wieder neu ausrichte. Ich merke, dass ich mein Leben regelmäßig überprüfen muss, damit es nicht aus dem Gleichgewicht gerät. Meine Beziehung mit Gott ist mir am allerwichtigsten, also muss ich ihr die meiste Zeit und Aufmerksamkeit einräumen.

Meine Familie steht an zweiter Stelle, deshalb nehme ich mir immer Zeit für sie. Ich habe erst heute früh jemandem erzählt, dass ich die Anrufe meiner Kinder, wenn irgend möglich, immer entgegennehme, ganz gleich womit ich gerade beschäftigt bin. Ich will ihnen nie das Gefühl vermitteln, dass mir der Dienst wichtiger wäre als sie.

Meine Gesundheit ist auch wichtig, und ich nehme mir Zeit, um sie zu erhalten. Natürlich ist die Arbeit, die Gott mir anvertraut hat, ebenfalls sehr wichtig und erfordert einen Großteil meiner Zeit.

Ich muss zugeben, dass verschiedene meiner Lebensbereiche in den frühen Jahren des Dienstes oft unausgewogen waren. Ich hatte sehr viel zu tun und wusste manches, was ich heute weiß, noch nicht. Hin und wieder gab ich nebensächlicheren Dingen den Vorrang vor anderen, die wichtiger hätten sein sollen. Wie gut, dass Gott manche unserer Fehler zudeckt, wenn es uns an Erkenntnis fehlt! Doch sobald wir uns der Dinge bewusst sind, erwartet er, dass wir die richtigen Entscheidungen treffen.

Werden Sie kein Experte für Unbedeutendes

Kennen Sie die Sprüche »Don't major in minors« (»Werde kein Experte für Unbedeutendes«) oder »Wir wollen doch nicht Mücken seihen und Kamele verschlucken«? Beide Aussagen betonen, dass man Dingen, die auf lange Sicht eigentlich unwichtig sind, nicht zu viel Bedeutung zumessen darf.

Mein Freund John Maxwell sagte einmal, wir sollten 80 Prozent der Zeit in die 20 Prozent unserer größten Stärken investieren. Die meisten Menschen verschwenden ihre Zeit damit, an Schwachpunkten zu arbeiten, obwohl sie vermutlich nur ein bisschen vorankommen, ganz gleich wie viel Mühe sie sich geben. Gleichzeitig vernachlässigen sie aber die Entwicklung ihrer Stärken, in denen sie andernfalls herausragend gut sein könnten.

Wenn für uns alles Priorität hat, dann hat nichts Priorität und wir führen ein verwirrtes und frustriertes Leben. Manche Menschen versuchen alles Mögliche zu machen, sodass sie am Ende nichts wirklich gut machen. Sind Sie in der Lage, sich auf das zu konzentrieren, was wirklich wichtig ist, und diesen Dingen immer die verdiente Aufmerksamkeit zu widmen? Wenn nicht, dann könnten Sie an dieser Stelle anfangen, Ihre Zeit bewusst zu nutzen! In unserer Organisation sagen wir oft: »Achtet darauf, dass die Zeit, die in ein Projekt investiert wird, auch seinem Nutzen entspricht.«

> Manche Menschen versuchen alles Mögliche zu machen, sodass sie am Ende nichts wirklich gut machen.

Zeiträuber

Wir alle haben Dinge, die uns Zeit rauben. Nicht immer ist uns aber bewusst, welche das sind. Wenn jemand in seiner Vergangenheit Flugzeuge entführt hat, steht er hundertprozentig auf einer Flugverbotsliste. Die Zeiträuber, die uns bekannt sind, gehören ebenso auf eine »schwarze Liste«. Mit anderen Worten: Selbst wenn sie an unsere Tür klopfen und Zeit beanspruchen wollen, lassen wir sie nicht herein. Angenommen, Sie wissen nicht, was Ihnen die Zeit raubt, beobachten Sie einfach eine Woche lang Ihr Leben – dann werden Sie es schon herausfinden.

Die modernen Kommunikationsmittel wie Mobiltelefon, E-Mail, Facebook, Twitter, Facetime und viele andere mehr können Zeiträuber sein. Wenn wir sie nutzen, dürfen wir ihnen nicht vorwerfen, dass sie uns »anpiepen«, denn sie tun einfach das, wozu sie gemacht wurden. Es ist unsere Verantwortung, sie zu ignorieren, außer wir wollen wirklich wissen, welche Nachricht uns gerade erreicht hat. Diese modernen Hilfsmittel sind praktisch, aber wir müssen uns von ihnen nicht beherrschen lassen.

Wir sollten lernen, erst einmal zu schauen, wer uns kontaktieren möchte, und – wenn wir gerade mit etwas Wichtigerem beschäftigt sind – zu überlegen, ob es möglicherweise warten kann. Nach jeder Unterbrechung kostet es Zeit und Anstrengung, den Faden wieder aufzunehmen, und manchmal gelingt uns das dann nicht mehr. Gut möglich, dass diese modernen Hilfsmittel die größte Mitschuld an der wachsenden Unfähigkeit der Menschen tragen, sich auf das zu konzentrieren, was sie gerade tun.

Auch Menschen können Zeiträuber sein. Manche von ihnen setzen die Unterhaltung einfach fort, selbst nachdem man ihnen gesagt hat, dass man keine Zeit zum Reden hat! Sie denken, ihr Notfall übertrumpft alles, was man möglicherweise geplant hatte. Wenn Sie wissen, wer zu lange reden oder etwas ansprechen wird, was nur Zeitverschwendung ist, sollten Sie lieber nicht ans Telefon gehen. Schreiben Sie vielleicht eine kurze SMS mit dem Hinweis, dass Sie momentan anderweitig beschäftigt sind.

Es ist oft auch das Unerwartete, das uns die Zeit stiehlt. Wir begegnen zufällig einer Freundin, die gekränkt wäre, wenn wir uns keine Zeit für eine Unterhaltung nehmen würden. So verlieren wir dreißig Minuten, die wir für etwas anderes eingeplant hatten. Wir müssen ein Gerät unerwartet reparieren lassen und das kostet Zeit. Die Internetverbindung funktioniert nicht, obwohl wir sie dringend für ein Projekt bräuchten. Der Hund wird krank und muss zum Tierarzt. Solche Dinge lassen sich nicht vermeiden – sie gehören einfach zum Leben –, aber wenn wir etwas steuern können, dann haben wir auch die Verantwortung, es zu tun. Um Frust vorzubeugen, plane ich normalerweise Zeit für solche fast unvermeidlichen Unterbrechungen in meinen Tagesablauf ein. Tritt dann keine Störung ein, fühle ich mich, als hätte ich unerwartet Zeit geschenkt bekommen.

Häufig sind wir selbst unser ärgster Feind, wenn es um Zeitverschwendung geht. Ein Beispiel: Ich bin gerade dabei, mich auf einen meiner Seminarvorträge vorzubereiten. Während ich kurz aus dem Fenster sehe, bekomme ich mit, dass der Briefträger die Post bringt. Sofort gehe ich zur Tür und hole sie und verbringe dann die nächsten anderthalb Stunden damit, Briefe zu lesen und mich mit einer Rechnung auseinanderzusetzen, die ich schon bezahlt hatte. Musste ich sofort die Post holen? »Nein« lautet die ehrliche Antwort. Ich ging sie holen, weil ich neugierig war. Es wäre jedoch besser gewesen, wenn ich gewartet hätte, bis ich mit meinem Vortrag fertig war.

Um ein zielstrebiger Mensch zu sein, müssen wir rigoros gegen Dinge vorgehen, die uns aus der Spur bringen, auf der wir vorankommen wollen. Je mehr wir das einüben, desto leichter wird es. Ich möchte allerdings deutlich sagen, dass Sie fest entschlossen sein müssen, um Ihr Leben so führen zu können, wie Sie es wirklich wollen. Nicht jeder versteht vielleicht Ihre Entschlossenheit, aber Sie werden die Person sein, die Großes vollbringt, statt immer nur zu bedauern, dass Sie nicht das tun, was Sie in Ihrem Leben gerne tun würden.

Methoden zum Zeiteinsparen

Gewinnen Sie Zeit, indem Sie weniger schlafen, und verschwenden dann Zeit, weil Sie sich am nächsten Tag müde und schlecht fühlen? Das ist eine Versuchung für viele. Man hat mir gesagt, dass die Hälfte aller Amerikaner weniger Schlaf bekommt, als empfohlen wird, nämlich sieben bis acht Stunden pro Nacht. Es gibt nicht viele Menschen, die tatsächlich mit weniger Schlaf auskommen. Die meisten von uns sind auf einen guten Schlaf angewiesen, um voller Energie und freundlich statt launisch zu sein. Wir brauchen Erholung, um kreativ und konzentriert sein zu können. Wenn ich müde bin, fällt es mir schwerer, mich auf das zu konzentrieren, was ich erreichen will.

Mir ist mittlerweile klar, dass ich nichts so dringend brauche wie Energie! Bin ich müde oder fühle ich mich nicht gut, dann hat das auf jeden Lebensbereich negative Auswirkungen. Ich versuche heute nicht mehr Zeit zu gewinnen, indem ich auf Schlaf verzichte oder alles in Eile tue. Ich habe es auf die harte Tour gelernt, dass ich damit letztlich nur Zeit verliere – vielleicht durch Arztbesuche oder durch unnötige Fehler, weil ich müde war. Letzten Endes kommt mich dieser Lebensstil immer teurer zu stehen.

Versuchen Sie Zeit zu gewinnen, indem Sie Ihre Projekte hektisch abarbeiten? Wenn wir etwas nicht schon beim ersten Mal ordentlich erledigen, werden wir vermutlich die Gelegenheit bekommen, es noch einmal zu machen. Was nicht gut gemacht wird, raubt später Zeit – vielleicht unsere Zeit oder die anderer Menschen. Wir hatten neulich ein Problem mit einem Schornstein und dem Dach. Das kostete viel Zeit mit dem Fachmann, der die Reparatur durchführte, und auch viel Geld. Das Problem lag allerdings daran, dass die Arbeiten nicht von Anfang an gut ausgeführt worden waren.

Es dauert immer länger, etwas gut oder besonders gut zu machen, als es nur mal eben schnell zu erledigen, um es von der Liste abhaken zu können. Manche Persönlichkeitstypen wollen alles immer sofort von ihrer Liste streichen, und sie beurteilen die Dinge oft falsch, weil sie keine Geduld haben, sich mit dem Problem auseinanderzusetzen. Ich treffe schnelle Entscheidungen und manchmal kostet mich das Zeit, weil ich etwas nicht zu Ende gedacht habe.

Wie man Zeitverschwendung vermeidet

Sparsam, aber nicht töricht sein

Ich verschwendete früher Zeit und Benzin auf der Suche nach Sonderangeboten für alles, was ich kaufen musste. Wenn ich etwas nicht als Sonderangebot finden konnte, dann kaufte ich es eben gar nicht – da war ich eisern. Aber meine Einstellung war falsch. Sie hatte sich in den Jahren entwickelt, in denen ich kaum genug Geld für meinen Lebensunterhalt hatte. Gott zeigte mir, dass ich bei dem Versuch zu sparen oft mehr Geld ausgab, als ich ausgegeben hätte, wenn ich das, was ich brauchte, einfach gekauft hätte und nach Hause gegangen wäre.

Ich bin tatsächlich schon für ein Paar Schuhe, die ich in der Sonderangebotswerbung gesehen hatte, quer durch die Stadt gefahren, nur um feststellen zu müssen, dass sie ausverkauft waren und nicht wieder hereinkommen würden. Die gleichen Schuhe gab es auch bei mir um die Ecke, aber da waren sie fünf Dollar teurer, und ich wollte Geld sparen. Deshalb investierte ich Benzin im Wert von vier Dollar und verlor zwei Stunden. Heute ist es interessant für mich, im Rückblick zu sehen, was mich meine unausgewogene Einstellung gekostet hat! Manche Menschen sind stolz darauf, wie wenig sie für irgendetwas bezahlen. Sie fühlen sich, als würden sie das System besiegen. Aber tun sie das wirklich?

Angenommen, Sie bauen ein Haus und bekommen zwei Angebote für die Wärmedämmung. Eines ist gut, aber nicht so gut wie das andere. Das bessere kostet zweitausend Dollar mehr, aber Sie wollen das Geld nicht ausgeben und beschließen deshalb, mit der weniger teuren Variante zufrieden zu sein. Nach dem Einzug stellen Sie fest, dass Ihre Rechnungen für Heizung und Klimaanlage recht hoch sind im Vergleich zur Größe des Hauses. Sie ziehen einen teuren Experten zurate, der Sie informiert, dass das Haus nicht besonders gut isoliert ist und Sie deshalb immer höhere Energiekosten haben werden. Nun bleiben Ihnen zwei Möglichkeiten: Sie können das Haus nachträglich besser isolieren, aber das wird sehr teuer, weil es ja bereits fertig gebaut ist, oder Sie können die teuren Energierechnungen bezahlen.

Bei einem Kauf kann es sich sehr wohl lohnen, quer durch die Stadt zu fahren, wenn man einen beträchtlichen Betrag spart, aber rufen Sie wenigstens vorher an und erkundigen Sie sich, ob die Ware vorrätig ist, bevor Sie sich auf den Weg machen. Die zusätzlichen Kosten für die Isolierung lohnen sich vielleicht nicht, aber Sie sollten alle Optionen bedenken und Ihre Entscheidung, wenn irgend möglich, nicht einzig und allein auf Grundlage der Kosten treffen.

Ich bin vernünftig, aber ich versuche, nicht töricht zu sein. Meine Zeit ist wertvoll. Man sagt ja: »Zeit ist Geld.« Wenn Sie bisher noch nicht gemerkt haben, dass Ihre Zeit wertvoll ist, dann schlage ich vor, dass Sie darüber nachdenken, denn Zeit könnte eines der wertvollsten Dinge in Ihrem Besitz sein.

Der Umgang mit kleinen Dingen

Die Bibel sagt, dass die kleinen Füchse den Weinberg verderben (siehe Hohelied 2,15). Das heißt, dass Kleinigkeiten zu großen Problemen werden können, wenn man sich nicht um sie kümmert. Stellen wir uns vor, ein Ehepaar will ein Haus kaufen und findet eins, das beiden Ehepartnern richtig gut gefällt. Bei der Besichtigung bemerkt der Mann in der Ecke eines Wandschranks etwas, das aussieht, als könne es Schimmel sein. Er weiß, seine Frau wäre enttäuscht, wenn er irgendeinen Grund fände, der gegen dieses Haus sprechen würde. Da er die Neigung hat, auf Fehler aufmerksam zu machen, und seiner Frau das nicht gefällt, denkt er: »Ach was, ich will nicht querschießen und wieder der Spielverderber sein. Und überhaupt – wahrscheinlich ist es ja auch gar kein Schimmel.«

Sie kaufen das hübsche Häuschen. Nach einiger Zeit werden sämtliche Familienmitglieder krank. Viel Geld und Zeit wird in Arztbesuche investiert, bis sich herausstellt: Es gibt tatsächlich

Schimmel in dem Haus. Er versteckt sich in den Wänden, wo man ihn nicht sehen kann. Das Problem wird behoben, aber es kostet eine Menge Geld, da der Schimmel sich schon ausgebreitet hat. Das Haus muss regelrecht auseinandergenommen werden, was viel Dreck und Unordnung sowie Frust verursacht.

> Auf lange Sicht kommen uns faule Kompromisse immer teuer zu stehen.

Wenn der Mann die Kleinigkeit, die ihm in der Schrankecke aufgefallen war, ernst genommen hätte – was wäre ihm nicht alles erspart geblieben!

Ich kenne eine Familie, der genau das passiert ist, und ich kann Ihnen versichern: Der Mann wünschte von ganzem Herzen, er hätte vor dem Hauskauf Maßnahmen ergriffen und sich die Zeit genommen, die »Kleinigkeit« zu überprüfen.

Oft nehmen wir es nicht so genau, damit wir bekommen, was wir wollen, und zwar sofort – oder damit wir keine Zeit für etwas aufwenden müssen, wofür wir keine Zeit aufwenden wollen. Doch auf lange Sicht kommen uns faule Kompromisse immer teuer zu stehen.

Manchmal unternehmen wir gar nichts, und zwar einzig und allein deshalb, weil wir es nicht wollen. Natürlich haben wir das Vorrecht der freien Entscheidung, doch dann sollten wir uns nicht beklagen, wenn aus unserem Nichtstun etwas entsteht, wofür wir am Ende mehr tun müssen.

> Tun Sie heute, womit Sie morgen glücklich sein werden, dann werden Sie morgen die Unterlassungen von heute nicht bedauern!

Diese wenigen Dinge, die ich hier erwähnt habe – und noch Tausende andere –, können uns Zeit rauben. Es ist klug herauszufinden, durch welche Zeiträuber wir persönlich Zeit vergeuden, und diese schonungslos aus unserem Leben zu entfernen.

Tun Sie heute, womit Sie morgen glücklich sein werden, dann werden Sie morgen die Unterlassungen von heute nicht bedauern!

Zusammenfassung

- Prioritäten zu setzen hilft, das Dringende zu bearbeiten, aber auf das Wichtige ausgerichtet zu bleiben.
- Beten – nicht Jammern – ist das Beste, was wir bei Problemen tun können.
- Zeit gehört zu den wertvollsten Besitztümern.
- Um den Tag gut zu nutzen, ist es wichtig, bei der Sache zu bleiben. Lassen Sie sich von unnötigen Unterbrechungen nicht die Zeit rauben.
- Nehmen Sie sich Zeit, Gott im Gebet zu fragen: »Ist das die beste Art und Weise, wie ich meine Zeit im Moment verbringen kann?«

KAPITEL 7

Man lebt nur einmal

Ich werde mein Leben nicht vergeuden! Ich werde meine Bahn bis zum Ende laufen, und zwar gut. Ich werde die Frohe Botschaft von der Gnade Gottes mit allem zeigen, was ich tue. Ich will mein Rennen zu Ende laufen!

Der Apostel Paulus in Apostelgeschichte 20,24;
Umschreibung von John Piper in: Don't Waste Your Life

Es ist gut, sich immer wieder vor Augen zu halten, dass wir nur ein Leben haben und dann vor Gott stehen werden, der uns dafür zur Rechenschaft ziehen wird. Deshalb sagte Paulus in Römer 14,12: *Ja, jeder von uns wird sich persönlich vor Gott verantworten müssen.*

Das soll uns keine Angst machen, sondern zu der Erkenntnis führen, dass die Zeit, die uns bleibt, begrenzt ist. Irgendwann müssen wir dann Rechenschaft darüber ablegen, was wir mit ihr angefangen haben. Dieser Vers ruft bei mir keine Angst hervor, sondern er motiviert mich, mein Leben zu überprüfen und es so einzusetzen, wie es Gott gefällt.

> Wer klug ist, lernt
> aus seinen Fehlern.

Jede Stunde, die vergeht, ist eine Stunde, die wir nie zurückbekommen werden und die wir deshalb nutzen sollten. Das ist ein ernüchternder Gedanke. Verschwenden Sie Ihre Zeit also nicht! Ich habe in meinem Leben viel Zeit vergeudet und vielleicht denken Sie von sich das Gleiche. Wofür haben wir uns

Zeit genommen, das – wie uns im Rückblick klar wird – zu nichts Gutem führte? Wer klug ist, lernt aus seinen Fehlern.

Im vorigen Kapitel sprach ich darüber, wie wir Zeitverschwendung vermeiden können. In diesem Zusammenhang müssen wir noch andere, weniger offensichtliche Aspekte beachten. Sie sind eher versteckt, weil es sich um Herzensangelegenheiten handelt. Es handelt sich um quälende Emotionen, denen wir Raum in unserem Leben geben, manchmal jahrelang. Jeder Tag, an dem wir uns nicht mit ihnen auseinandersetzen, ist ein weiterer verschwendeter Tag.

Vielleicht haben wir uns vorgenommen, das Beste aus dem Tag zu machen, zielgerichtet zu leben und keine Zeit mehr zu vergeuden. Das wird uns aber nicht gelingen, solange wir nicht der Wahrheit ins Auge sehen und erkennen, wie viel Zeit wir auf Dinge wie Schuldgefühle, Angst, Sorge, Furcht, Eifersucht, Neid, Gier, Missgunst, Hass, Bitterkeit, mangelnde Vergebungsbereitschaft und Selbstmitleid verschwenden. Um den Tag nutzen zu können, müssen wir bereit sein, uns den negativen Emotionen zu stellen, die unseren Tag beeinträchtigen wollen. Gefühle, die uns missfallen, können uns plötzlich und ungebeten einen Besuch abstatten. Es braucht uns nur jemand im Einkaufszentrum die Parklücke vor der Nase wegzuschnappen, und schon bekommen wir Besuch von der Wut. Oder es muss nur ein Kollege die Beförderung bekommen, von der wir meinen, wir hätten sie verdient, und schon statten uns Eifersucht, Missgunst und Zorn einen Besuch ab.

Da wir nicht wissen, wie die Umstände sein werden, und weil wir das Verhalten anderer Menschen nicht steuern können, stehen wir jeden Tag in der Gefahr, Zeit für negative, nutzlose Emotionen zu vergeuden. Es ist gut möglich, dass es in diesem Moment mehr Menschen auf der Welt gibt, die einige der genannten Emotionen haben bzw. sich über etwas ärgern, als solche, die inneren Frieden erleben.

Jesus sagte, dass die Friedensstifter »Söhne und Töchter« Gottes genannt werden (siehe Matthäus 5,9), und das ist verständlich. Söhne haben einen gewissen Grad an Reife. Von Babys und Kleinkindern erwarten wir nichts anderes als ungezähmte Emotionen, aber von unseren erwachsenen Söhnen und Töchtern erwarten wir mehr, und so ist es auch bei Gott.

Allzu lange haben wir uns zu Opfern dieser kraftraubenden, zeitvergeudenden Emotionen machen lassen. Wir waren überzeugt davon, an diesen Gefühlen nichts ändern zu können. Die Wahrheit ist aber, dass wir unsere Emotionen sehr wohl kontrollieren können und nicht zulassen müssen, dass sie uns beherrschen. Das mag nicht einfach sein, besonders wenn man sehr lange gefühlsgesteuert gelebt hat, aber mit Gottes Hilfe ist es möglich.

Ein Mensch ohne Selbstbeherrschung ist so schutzlos wie eine Stadt mit eingerissenen Mauern.
Sprüche 25,28

Gott würde uns nicht zur Selbstbeherrschung anhalten, wenn wir dazu nicht in der Lage wären. Wir müssen nicht Opfer der Umstände sein, denn durch Gottes Gnade (Kraft) sind wir zum Herrschen geschaffen, zum Überwinden, zum Verwalten, zur Vollmacht.

Ich habe es als sehr hilfreich empfunden, mich gegen negative, unerwünschte Emotionen zu wehren, sobald sie aufkommen. Geschieht etwas, das in Ihnen ungewollte Emotionen aufsteigen lässt, dann überwinden Sie diese. Wenn Sie hingegen Ihren Gefühlen die Führung überlassen, dann geraten Sie bald in Schwierigkeiten. Benennen Sie die Emotion und sagen Sie: »Du bist nicht willkommen«, und dann fangen Sie ein »Selbstgespräch« an. Ein Beispiel: Ich höre von einem Freund, dass er als Sprecher zu einer ganz bestimmten Veranstaltung eingeladen wurde – genau das, wovon ich schon immer geträumt habe. Dann statten mir Eifersucht und Neid einen Besuch ab. Sobald ich das merke, sollte ich sagen: »Eifersucht und Neid, ihr seid hier nicht willkommen!« Dann kann ich mir selbst zureden: »Joyce, dir geht es so gut; Eifersucht wäre geradezu lächerlich. Gott hat einen einzigartigen Plan für jeden von uns. Du, Joyce, hast Dinge getan, die andere noch nie getan haben, und manche Menschen werden Dinge tun, die du nie tun wirst.« Wenn ich so vorgehe, stelle ich fest, dass sich meine Emotionen beruhigen und ich mich wieder angemessen verhalten kann.

Ja, ich musste häufig derartige oder ähnliche Selbstgespräche führen. Ich habe mir schon oft gesagt, dass ich nicht vorhabe, meinen Tag mit Zorn oder Selbstmitleid zu vergeuden. Vielleicht ist eine solche Vorgehensweise ein neuer Gedanke für Sie. Tatsächlich führen wir alle Selbstgespräche, wenn nicht laut, dann doch in unseren Gedanken. Warum sollten Sie sich also nicht etwas sagen, was Ihnen hilft, das Leben zu führen, das Sie wirklich führen wollen?

Wenn ein lebensmüder Mensch droht, von einem Hochhaus zu springen, wird jemand hingeschickt, der mit ihm redet und versucht ihn davon abzubringen. Diese Vorstellung verwende ich, wenn ich das Gefühl habe, ich springe gleich in einen Zustand wild gewordener Emotionen. Manchmal haben wir nur ein paar Sekunden für die Entscheidung, wie wir vorgehen wollen. Doch wenn wir lernen, tief durchzuatmen und mit uns selbst zu reden, kann uns das eine Menge Ärger ersparen.

Stellen wir uns einmal vor, dass mein Mann Dave etwas sagt, was ich anders sehe, und er noch nicht einmal bereit ist zuzugeben, dass er eventuell unrecht hat. Die meisten Ehefrauen wissen, wovon ich rede! Wenn das geschieht, kann ich spüren, wie der Ärger in mir aufsteigt und ich muss etwas unternehmen, bevor er meinen Mund erreicht. Das weiß ich aus vielen Jahren Erfahrung, in denen derartige Situationen nicht gut ausgingen und ich es später bereute.

Ich habe eine Menge Zeit mit Zorn auf Dave wegen unwichtiger und lächerlicher Kleinigkeiten vergeudet. Sobald ich erst einmal zornig bin und anfange zu reden oder vielleicht sogar zu schreien, kann man mich nicht mehr davon überzeugen, nicht zu »springen«, denn dann bin ich bereits gesprungen. Aber wenn ich mit mir selbst reden und mich schnell erinnern kann, dass es nicht mein Ziel im Leben sein sollte, Dave zu korrigieren und zu beweisen, dass ich recht habe, dann erspare ich mir eine Menge Elend. Nur wer vorhat, seine Zeit gut zu nutzen, wird seine Emotionen beherrschen.

Ich nehme an, wir werden es nie genau herausfinden, aber ich frage mich wirklich, wie viele Tage unseres Lebens wir unwiederbringlich vergeuden, weil wir an negativen Emotionen festhalten. Wahrscheinlich ist es besser, dass wir es nicht wissen, sonst verlieren wir vielleicht noch einen Tag, weil wir es bereuen!

Ich werde diese Emotionen im Folgenden in Gruppen zusammenfassen, denn oft greifen sie die Ziele Gottes für unser Leben gemeinsam an. Jesus gab uns das neue Gebot, dass wir einander lieben, wie er uns geliebt hat, damit die Welt sehen kann, dass wir seine Jünger sind (siehe Johannes 13,34-35). Da Gott Liebe ist, kann die Welt ihn nur durch Liebe in Aktion sehen. Durch uns möchte Gott die Welt lieben. Das ist unser Auftrag. Deshalb wollen wir uns die Emotionen ansehen, die Gottes Liebe daran hindern, durch uns hindurchzufließen, und die dazu führen, dass es uns außerdem schlecht geht.

> Da Gott Liebe ist, kann die Welt ihn nur durch Liebe in Aktion sehen. Durch uns möchte Gott die Welt lieben. Das ist unser Auftrag.

Eifersucht, Neid, Gier und Missgunst

Gott verurteilt alle diese Emotionen und deshalb sollten wir sie aktiv meiden. Jede von ihnen ist eine totale Zeitverschwendung, weil sie nichts an unseren Umständen ändert. Diese Gefühle helfen uns nicht zu bekommen, was wir wollen. Sie machen uns engherzig und griesgrämig.

Immer mehr zu wollen, ganz gleich wie viel man hat, weist auf eine habgierige Grundhaltung hin. Wir sollen nicht nur die Habgier, sondern auch habgierige Menschen meiden; somit muss das wirklich etwas Gefährliches sein. Gott will, dass wir mit dem zufrieden sind, was wir haben. Wir können ihn um das bitten, was wir wollen und brauchen, und dürfen darauf vertrauen, dass er es uns auf die richtige Weise und zur richtigen Zeit geben wird – wenn es das Richtige für uns ist.

Derartige Emotionen kennen wir sicherlich alle, und sie nur zu verspüren, ist keine Sünde. Füttern wir sie aber mit bösen Gedanken, folgt darauf meist eine Tat und diese wird dann zur Sünde. Bitten Sie Gott immer um Hilfe, damit sie dem Teufel widerstehen können, sobald irgendeine negative Emotion in Ihrem Leben auftaucht.

Sind Sie auf jemanden eifersüchtig? Herrscht Missgunst in Ihrem Herzen, weil Sie sich übergangen fühlen? Gehen Sie einen Schritt im Glauben und sagen Sie demjenigen, den Sie beneiden, dass Sie sich für ihn freuen. Sich so zu verhalten, wie es Gott gefällt, bricht immer die Macht des Teufels. Wir überwinden das Böse mit dem Guten (siehe Römer 12,21). Gehen Sie noch einen Schritt weiter und fangen Sie an, für die Person zu beten. Bitten Sie Gott, sie noch mehr zu segnen. Je mehr Sie andere segnen, desto mehr werden Sie gesegnet.

Vergeuden Sie keinen Tag, keine Stunde des einen Lebens, das Sie haben, mit Eifersucht, Neid, Habgier oder Missgunst!

Angst und Sorge

Diese Emotionen wird bestimmt jeder von uns zu unterschiedlichen Zeiten in seinem Leben erfahren. Aber wie die erste Gruppe, die wir besprochen haben, sind auch sie Zeitverschwendung, weil sie nichts Positives bewirken. Sie verhindern oder lösen unsere Probleme nicht. Sie helfen nicht, sondern sie fügen uns Schaden zu, denn sie rauben uns unseren Frieden und unsere Freude. Henry Ford hat gesagt: »Ich glaube, dass Gott die Dinge regelt und dass er von mir keine Ratschläge braucht. Wenn Gott zuständig ist, wird sich am Ende alles zum Guten wenden, das glaube ich. Worüber sollte ich mir also Sorgen machen?«[8]

Nur tiefes Gottvertrauen kann uns helfen, diese nutzlosen Emotionen zu vermeiden. Unser Vertrauen zu Gott wächst, wenn wir Erfahrungen mit ihm machen und seine Treue in unserem Leben sehen. Gott ist gut und er sorgt immer für uns. Er handelt vielleicht nicht genau so, wie wir es gerne hätten, und wir mögen seine Gründe nicht immer verstehen, aber er ist gut und er ist treu.

Warum sorgen wir uns? Das ist bestimmt schwer zuzugeben, aber ich glaube, wir sorgen uns deshalb, weil wir Angst haben, nicht das zu bekommen, was wir wollen. Wenn wir ehrlich sagen können: »Dein Wille geschehe, Herr, nicht meiner«, dann brauchen wir uns nie wieder zu sorgen. Alle Furcht entsteht, weil wir Gottes bedingungslose Liebe nicht völlig verstehen und nicht darauf vertrauen, dass er immer tun wird, was das Beste für uns ist, weil er uns liebt. *Die vollkommene Liebe treibt die Furcht aus* (1.Johannes 4,18).

> Ein Tag voller Sorgen ist anstrengender als eine Woche Arbeit.

Ich habe einmal gelesen, dass ein Tag voller Sorgen anstrengender ist als eine Woche Arbeit. Das ist ein weiterer guter Grund, sich nicht zu sorgen. Die meisten von uns haben keine Energie über, die sie großzügig verschwenden könnten. Sollten Sie also das nächste Mal Gefahr laufen, sich Sorgen zu machen, dann denken Sie einfach daran, dass Sie damit Zeit verschwenden. Corrie ten Boom hat gesagt: »Sich sorgen nimmt dem Morgen nichts von seinem Leid, aber es raubt dem Heute die Kraft.«[9]

Wut, mangelnde Vergebungsbereitschaft, Hass und Gekränktsein

Jesus hat oft gesagt, dass wir denen, die uns verletzen, vergeben sollen – und zwar schnell. Er nimmt unseren Schmerz nicht auf die leichte Schulter, aber er weiß, dass wir ihn durch negative Emotionen nur vergrößern. Wut, mangelnde Vergebungsbereitschaft, Hass und Bitterkeit sowie Gekränktsein sind nah miteinander verwandt. Wenn wir wütend werden, ist es gut möglich, dass wir uns weigern zu vergeben. Wir werden dann bitter und fangen vielleicht sogar an, diejenigen zu hassen, die Gott uns auffordert zu lieben.

Wir sollten uns mehr Gedanken machen um unsere Reaktion auf diejenigen, die uns wehtun, als darüber, was sie uns antun. Ihr Verhalten ist letztlich eine Sache zwischen ihnen und Gott und unsere Reaktion ist eine Sache zwischen Gott und uns. Wir werden bereit sein müssen, vielen Menschen zu vergeben, manchen sogar immer wieder. Wut auf andere bringt nichts. Sehr selten, wenn überhaupt, verändert sie andere, aber uns selbst schadet sie in vielerlei Hinsicht. Vergebungsbereitschaft ist ein Kennzeichen starker Menschen. Schwachen Menschen fällt es schwer zu vergeben. Ich habe einmal gehört, der Schlüssel zum Glück sei ein schlechtes Gedächtnis. Erinnern wir uns an das Gute, das Menschen tun, und vergessen wir das Schlechte.

Vergebungsbereitschaft ist ein
Kennzeichen starker Menschen.

Seien Sie nicht schnell beleidigt, es sei denn, Sie wollen Ihr Leben unglücklich verbringen. Jede Woche gibt es zahllose Gelegenheiten, beleidigt zu sein, aber wir müssen dieses Gefühl nicht zulassen, nur weil es sich uns anbietet. Geistig gesunde, denkende Menschen tun nichts, was sie unglücklich macht.

Schuldgefühle

Ich habe unglaublich viel Zeit mit Schuldgefühlen verschwendet. Bis ich über fünfzig war, litt ich, das kann ich ehrlich sagen, unter ständigen Schuldgefühlen. Ich hatte sogar Schuldgefühle wegen meiner Schuldgefühle, weil ich wusste, dass sie nicht in Gottes Sinn waren. Oft sage ich über diese Zeit: »Es ging mir nicht gut, wenn es mir nicht schlecht ging!«

Meine Schuldgefühle begannen in meiner frühen Kindheit, als mein Vater mich sexuell missbrauchte und mich warnte, es bloß niemandem zu erzählen. Mir war irgendwie bewusst: Was da vor sich ging, musste wohl falsch sein, wenn ich mit keiner Person darüber sprechen durfte. Ein Kreislauf aus unglaublich quälenden Schuldgefühlen begann in meinem Leben. Wer sich schuldig fühlt, kann eigentlich nichts genießen. Gott möchte, dass wir unser Leben genießen, aber das können wir nicht, wenn wir nicht wissen, wie wir *uns selbst* genießen sollen. Das wiederum ist unmöglich, wenn wir ständig an uns herumnörgeln. Gott hat uns durch Jesus völlige Vergebung und ein schuldfreies Leben geschenkt (siehe Jesaja 53,5-6). Unsere Schulden wurden beglichen. Gott nahm Sünde und Schuld von uns. Jegliches Schuldgefühl, unter dem wir leiden, ist also nur ein Betrug des Teufels, der uns so davon abhalten will, die Fülle der Liebe Gottes zu empfangen.

> Gott hat uns durch Jesus völlige Vergebung und ein schuldfreies Leben geschenkt.

Gott befreite mich von der Qual der Schuldgefühle. Das geschah, als ich mich eingehend damit beschäftigte, was die Bibel dazu zu sagen hat, und dann ihr mehr glaubte als meinen Gefühlen. Oft sagte ich laut oder leise zu mir selbst: »Joyce, dieses Schuldgefühl, das du empfindest, ist ein Lügner und ein Dieb. Dir wurde vollkommen vergeben, und so fern der Osten vom

Westen ist, hat Gott deine Verfehlungen von dir entfernt. Wenn es keine Sünde gibt, wie können dann Schuldgefühle da sein?« Ich lernte, mir die Argumente der Bibel vor Augen zu führen, und obwohl es einige Jahre dauerte, bis ich völlig frei war, kam ich doch stetig voran.

Selbstmitleid

Selbstmitleid ist auf jeden Fall Zeitverschwendung, denn es bewegt Gott nicht, uns zu geben, was wir wollen. Wir tun uns selbst leid, wenn etwas nicht nach unseren Vorstellungen läuft oder wir uns irgendwie beleidigt fühlen. Manchmal werden wir von Menschen übervorteilt und das ist natürlich nicht in Ordnung, aber Selbstmitleid wird daran nichts ändern. Es ist eine weitere negative Emotion, mit der ich viel Zeit verschwendet habe, bis Gott zu mir sagte: »Joyce, du kannst dich entweder bemitleiden oder stark sein, aber beides gleichzeitig geht nicht. Entscheide dich.«

Mit diesem Gedanken möchte ich zum nächsten Thema übergehen: Ihre Zeit ist wertvoll, also vergeuden Sie nichts davon auf negative, nutzlose Emotionen, die Sie nur unglücklich machen.

Zusammenfassung

- Ihr Leben muss nicht von Ihren Gefühlen beherrscht werden. Sie können sich entscheiden, Ihre Emotionen im Griff zu haben statt umgekehrt.
- Um das Leben zu genießen, ist es wichtig, Zufriedenheit zu lernen. Gott will, dass wir mit dem zufrieden sind, was wir haben. Wir können ihn um das bitten, was wir wollen und brauchen, und dürfen darauf vertrauen, dass er es uns zur richtigen Zeit geben wird.

- Angst und Sorge schaden uns, weil sie uns Frieden und Freude rauben.
- Nur tiefes Gottvertrauen hilft uns, nutzlose, zeitraubende Emotionen zu meiden.
- Gott schenkt uns durch Jesus völlige Vergebung und ein Leben ohne Schuldgefühle.

KAPITEL 8

Entschlossenheit

*Für Zweifel bin ich zu positiv,
für Ängste zu optimistisch,
für Niederlagen zu entschlossen.*
Unbekannt

Entschlossenheit ist die Eigenschaft, die dafür sorgt, dass wir ein schwieriges Unterfangen oder Bestreben nicht aufgeben. Entschlossenheit ist auch die Entscheidung, etwas zu tun. Leonardo da Vinci sagte einmal: »Ich habe schon vor langer Zeit erkannt, dass erfolgreiche Menschen sich selten zurücklehnen und Dinge mit sich geschehen lassen. Sie gehen hinaus und sind selbst das Geschehnis.«[10] Entschlossene Menschen sind dünn gesät, aber nichts in der Welt kann Entschlossenheit und Beharrlichkeit ersetzen: weder Talent oder Bildung noch das größte Genie. Die Welt ist voller gewöhnlicher Männer und Frauen, die ungewöhnliche Dinge tun – sie alle sind entschlossene Menschen. Ich bin der Meinung, dass nichts Gutes unbeabsichtigt geschieht.

Entschlossenheit triumphiert über jedes Defizit, das wir uns vorstellen können. Jeder, der sich Entschlossenheit wünscht, kann sie bekommen. Sie ist nicht nur für einige wenige Privilegierte da. Vielleicht sagen Sie jetzt: »Ich bin nun mal kein offensiver Typ«, aber im Leben voranzukommen erfordert nicht eine von Natur aus offensive Persönlichkeit. Es erfordert einfach nur die Entschlossenheit, das eigene Leben sinnvoll einzusetzen.

Das Leben ist schwierig, unberechenbar und ereignisreich. Es kann für unangenehme Überraschungen sorgen, sodass wir uns nach Kräften bemühen müssen, die Herausforderungen gut zu bewältigen. Wie leben wir also ein zielgerichtetes Leben in einer Welt voller Ablenkungen? Die Antwort ist, mit einem Wort: Entschlossenheit! Entschlossenheit lässt uns weitermachen, wenn es schwer wird. Sie hilft uns, unsere Augen auf den Siegespreis gerichtet zu halten und uns nicht so leicht von den Dingen ablenken zu lassen, die schmerzhaft und frustrierend sind. Sie hilft uns, gute Gewohnheiten einzuüben, bis sie uns in Fleisch und Blut übergegangen sind.

Entschlossenheit lässt uns weitermachen, wenn es schwer wird.

Als Menschen, die an Gott und seine guten Pläne glauben, wird unsere Entschlossenheit von etwas weit Größerem angetrieben als nur von unserem eigenen Willen. Wir brauchen die Hilfe des Heiligen Geistes und diese Hilfe ist immer und für alle da, die darum bitten und glauben. Sie ist unsere größte Kraftquelle, und durch sie sind wir in der Lage, die Hindernisse auf unserem Weg zu überwinden und ein zielgerichtetes Leben zu führen. Wenn Sie ein Mensch mit wenig Entschlusskraft sind, der schnell aufgibt, dann nehmen Sie einige Veränderungen vor: Beten Sie, dass Gott Sie entschlossener macht. Glauben Sie, dass er Ihr Gebet hört und erhört, und dann gehen Sie vertrauensvoll voran und erwarten Sie, dass sich die erbetenen Gefühle unterwegs einstellen werden. Dass Ihnen nicht danach zumute ist, das Richtige zu tun, ist eine jämmerliche Ausrede. Ich bezweifle stark, dass Jesus »danach zumute war«, ans Kreuz zu gehen und für die Sünden der Menschheit zu sterben. Er tat es jedoch im Vertrauen auf etwas viel Tieferes als seine Empfindungen. Er vertraute auf die Kraft Gottes, die ihn dazu befähigen würde, und sah auf die Freude, die hinter dem Schmerz auf ihn wartete.

Was glauben Sie?

Es ist mir oft unverständlich, warum manche Menschen so entschlossen sind und andere nicht, aber ich denke, ich habe zumindest einen Grund dafür herausgefunden: Manche Menschen glauben nicht an sich selbst! Sie haben keine Ahnung, wer sie sind und was sie mit Gott auf ihrer Seite erreichen können. Wer Christ ist und sehr wenig oder gar kein Selbstbewusstsein hat, begreift nicht, was Gott in ihm durch die Wiedergeburt getan hat. Wenn wir Jesus als unseren Retter empfangen, sind wir von Neuem geboren und bekommen eine neue Natur: *Gottes* Natur! Er legt seine Eigenschaften als Samen in uns hinein, die zu einer unvorstellbaren Ernte in unserem Leben führen können, wenn wir sie mit Gottes Wort begießen, sie in Zusammenarbeit mit dem Heiligen Geist nähren und sie nicht vom Unkraut der Weltlichkeit ersticken lassen.

Jeder von Neuem geborene Mensch ist ein ganz neues Geschöpf und nichts aus der Vergangenheit hat Macht über ihn, wenn er es nicht selber zulässt.

> *Darum: Ist jemand in Christus [eingepflanzt], so ist er eine neue Kreatur; das Alte [der frühere moralische und geistliche Zustand] ist vergangen, siehe, Neues ist geworden.*
>
> 2. Korinther 5,17

Unser neues Leben mit Gott kann nicht richtig beginnen, wenn wir diesen Bibelvers nicht verstehen. Ohne ihn werden wir uns selbst immer so sehen, wie wir früher waren. Wir haben eine »Erinnerungsakte« im Kopf, in der alle unsere Fehler aufgelistet sind und detaillierte Berichte über das, was man uns nie zugetraut hat. Wir sehen einfach nicht, was Gott sieht. Er glaubt an uns, aber wir tun das nicht unbedingt. Entweder wissen wir nicht oder wir glauben nicht, dass Gott durch den Heiligen

Geist in uns lebt. Deshalb sehen wir nicht, wozu wir durch ihn fähig sind.

Ich war viele Jahre lang ein regelmäßiger Kirchgänger, bevor ich diese Wahrheit begriff. Ich hatte eine traurige Vergangenheit und war auf dem Weg in eine noch traurigere Zukunft. Doch dann fing ich an, Gottes Wort ernsthaft zu studieren und beschloss, die Verheißungen, die ich darin fand, anzunehmen und auf mein Leben anzuwenden. Ab dem Zeitpunkt war ich nicht mehr zu halten! Mein Weg war lang und mitunter sehr schwer. Doch wenn wir Glauben haben, motiviert uns das zum Weitermachen. Der Glaube sieht im geistlichen Bereich, was das Auge im natürlichen Bereich nicht sehen kann. Der Glaube verlässt sich nicht auf Gefühle oder Emotionen, sondern er verlässt sich auf Gott, der treu und wahrhaftig ist.

> *Gott ist treu [verlässlich und vertrauenswürdig; deshalb gilt immer, was er verheißen hat]. Er hat euch berufen zur Gemeinschaft mit seinem Sohn Jesus Christus, unserem Herrn.*
>
> 1. Korinther 1,9

Wir können glauben, dass wir zu etwas fähig sind oder dass wir nicht dazu fähig sind – in beiden Fällen werden wir recht behalten. Ganz gleich wie viele wunderbare Dinge Gott für uns bereithält oder unsere Familie und Freunde sich für uns wünschen – wenn wir sie weder wollen noch auf sie hinarbeiten, werden sie an uns vorüberziehen. Wir werden dann durchs Leben treiben und auf Menschen eifersüchtig sein, die haben, was wir wollen, weil uns die Bereitschaft fehlt zu tun, was sie getan haben, um es zu bekommen.

Wir können glauben, dass wir zu etwas fähig sind oder dass wir nicht dazu fähig sind – in beiden Fällen werden wir recht behalten.

Entschlossenheit

Gott hat für alle Menschen unterschiedliche Pläne, aber sein Plan für jeden von uns ist gut! Wir können nicht alle dasselbe tun, aber wir können alle etwas Wunderbares tun. Wir können das für uns bestmögliche Leben haben. Glauben Sie es und empfangen Sie es! Das ist ein geistliches Gesetz in Gottes Reich. Wir glauben seinen Verheißungen, wir bitten um ihre Erfüllung und sind bereit, im Glauben auf Gottes Zeitpunkt zu warten – und dann werden wir sie empfangen. Wir nehmen sie im Glauben an, und wir werden sehen, wie sie sich zur rechten Zeit in unserem Leben erfüllen.

Hört auf meine Worte! Ihr könnt beten, worum ihr wollt – wenn ihr glaubt, werdet ihr es erhalten.

Markus 11,24

Es fällt uns schwer zu glauben, was wir nicht sehen oder fühlen können, doch glauben heißt, überzeugt sein von dem, was wir nicht sehen können. Wir nehmen die Verheißungen Gottes als Tatsache an und entscheiden uns, dementsprechend zu leben. Ich kann die Erdanziehungskraft nicht sehen, aber ich glaube daran, weil ich nicht durch die Luft schwebe. Ich sitze zu Hause und schaue aus dem Fenster: Ich kann den Wind nicht sehen und dennoch ist mir klar, dass er weht, weil ich sehe, wie sich die Bäume bewegen. Wir können Gott nicht sehen, aber wir können die Dinge sehen, die er in unserem Leben bewirkt, und selbst wenn es kleine Dinge sind, ermutigen sie uns, im Glauben noch Größeres zu erwarten. Sehen Sie das, was Gott in Ihrem Leben tut, oder schauen Sie ständig auf das, was er noch nicht getan hat? In diesem Fall werden Sie schnell entmutigt sein und aufgeben. Nehmen Sie sich jeden Tag Zeit, Gott für jede Kleinigkeit zu danken, die er Ihnen gibt. Ihr Glaube wird dadurch wachsen. Selbst inmitten großer Schwierigkeiten können wir Gott danken und glauben, dass er Gutes daraus machen kann und wird.

Mit Absicht mehr

In der Bibel lesen wir die Geschichte von einer Frau namens Rut. Anfangs betete sie Götzen an, aber sie beschloss, sich zu ändern und an den einen wahren Gott zu glauben. Rut steckte in einer Situation, die zum Verzweifeln war, doch Gott hatte einen guten Plan für sie. Außerdem gab es da einen Mann namens Boas, der sehr wohlhabend war und viel Ackerland besaß. Seine Feldarbeiter brachten die Ernte ein, und Rut war gekommen, um auf eben diesen Feldern die Nachlese zu halten. Sie war da, um aufzulesen, was die Erntearbeiter stehen gelassen hatten, und Boas bemerkte sie. Hatten Sie je das Gefühl, im Leben nichts weiter zu bekommen als Dinge »aus zweiter Hand« und Übriggebliebenes? Selbst dann wird Gott, wenn Sie ihm vertrauen, etwas Wunderbares in Ihrem Leben tun. Sollten Sie sich wie Rut fühlen, kann Gott auch einen Boas schicken, der Sie wahrnimmt. Mit anderen Worten, Gott kann Ihnen gnädig sein und Sie aus der Aschegrube des Lebens herausholen. Er schenkt Ihnen Schmuck statt Asche (siehe Jesaja 61,3) und holt Sie aus der Grube, in der Sie stecken (siehe Psalm 40,3).

Gott bewegte Boas dazu, den Erntearbeitern zu sagen, dass sie mit Absicht mehr Korn für Rut stehen lassen sollten. Was sie auf den Feldern fand, war vielleicht nicht viel, aber es war für den Moment genug. Schließlich wurde Rut Boas' Frau und führte plötzlich ein völlig anderes Leben. Gott wird auch für Sie »mit Absicht mehr« stehen lassen, doch Sie dürfen sich darüber nicht beklagen, als wäre es ohne Bedeutung. Vielleicht haben Sie nicht so viel wie ein Bekannter oder so viel, wie Sie wollen, aber Sie können dankbar und glücklich über das sein, was Sie haben.

Befasst man sich näher mit Ruts Leben, fällt ihre große Entschlossenheit auf: Sie beschloss, bei ihrer verwitweten Schwiegermutter zu bleiben, statt in ihr Heimatland zurückzukehren, wo sie genügend Besitz gehabt hätte. Sie wählte den schwierigeren Weg, weil sie glaubte, es sei der richtige. Zunächst schien sie einen hohen Preis dafür zahlen zu müssen, aber letzten Endes brachte es ihr eine gute Ernte ein. (Die ganze Geschichte können Sie in der Bibel im Buch Rut nachlesen.)

Wenn wir die Körner, die Gott uns »mit Absicht mehr« gibt, nicht verachten, werden *wir* es eines Tages sein, die anderen Menschen »Körner« übrig lassen. Gott wird Sie segnen und zum Segen machen!

Wann brauchen wir Entschlossenheit?

Ein gewisses Maß an Entschlossenheit brauchen wir immer – allein schon, um morgens aus dem Bett zu kommen. Doch es gibt Zeiten, in denen wir entschlossener sein müssen als sonst.

Wenn der Weg schwer ist

Wenn unser Lebensweg schwer ist, brauchen wir mehr Entschlossenheit zum Weitergehen, als wenn er leicht ist. Es ist einfach, etwas anzufangen, aber Gott wünscht sich Menschen, die die Dinge auch zu Ende bringen! Wer etwas Gutes bekommen, gut sein oder Gutes tun möchte, wird vom Teufel angegriffen werden. Wir sagen oft: »Wenn der Teufel dir nicht zu schaffen macht, liegt es vielleicht daran, dass du ihm nicht zu schaffen machst.« In der Bibel steht, er geht umher wie ein brüllender Löwe und sucht, wen er verschlingen kann.

> Wenn der Teufel Ihnen nicht zu schaffen macht, liegt es vielleicht daran, dass Sie ihm nicht zu schaffen machen.

Ihm sollt ihr durch euren festen Glauben widerstehen.
1. Petrus 5,9

Wir mögen Schwierigkeiten begegnen, aber nie solchen, die für Gott unmöglich sind. Er verspricht uns, nicht zuzulassen, dass unsere Lasten uns erdrücken. Er kennt jeden von uns ganz genau und macht uns unter anderem dadurch stark, dass er uns durch Schwierigkeiten gehen lässt. Ein Bodybuilder kann nur Muskeln aufbauen, indem er immer schwerere Gewichte hebt. Gott lässt uns in Situationen kommen, in denen unser Glaube herausgefordert wird.

Sagen Sie angesichts einer schwierigen Situation nicht: »Das ist zu schwer, ich kann es nicht ertragen.« Geben Sie stattdessen Gottes Wort recht und sagen Sie: »Durch Christus kann ich es. Ich bin fest entschlossen, Gottes Willen zu tun und den ganzen Weg zu gehen, durch jede Schwierigkeit hindurch und zum besten Leben, das Gott für mich hat.« Glauben Sie mir: Die Worte, die Sie aussprechen, sind wichtig für Ihren zukünftigen Erfolg. Gott ruft das, was nicht ist, ins Dasein (siehe Römer 4,17).

Gott nur dann zu vertrauen, wenn es leicht ist, bewirkt kein geistliches Wachstum. Wachstum geschieht durch Herausforderungen. Wenn sich Teenager zu jungen Erwachsenen entwickeln, stehen sie manchmal vor schier unüberwindbaren Herausforderungen. Eine Bekannte von mir hat einen Enkel, der seit Kurzem das College besucht. Er hat eine Freundin, die er sehr liebt. Es gibt auch eine Reihe von Freizeitbeschäftigungen, die er ausgesprochen gern macht. Es fällt ihm schwer, neben dem Studium zu arbeiten *und* alles andere unter einen Hut zu bringen. Ihm ist nicht klar, warum er etwas von dem, was er »mag«, aufgeben soll, um zu tun, was er »muss«. Seine Eltern sehen sehr deutlich, was er tun muss, aber für ihn ist das alles neu und schwierig. Für uns hört es sich einfach an, aber für ihn ist es schwer! Noch weiß er nicht, dass ihn derartige Entscheidungen sein Leben lang begleiten werden und dass sie ihn auf neue, größere Aufgaben vorbereiten.

Seine Eltern sind es leid, mit ihm zu streiten; deshalb sagen sie zu ihm: »Du musst nicht arbeiten, aber wir geben dir auch kein Geld.« Das tun sie nicht, weil sie gemein sind, sondern weil sie ihm etwas Wichtiges beibringen müssen: Er kann nicht sein Leben lang tun, wonach ihm gerade der Sinn steht, und *trotzdem* das Leben haben, das er sich wünscht.

Das hört sich eigentlich simpel und einleuchtend an, aber in der Welt gibt es Millionen Erwachsene, die diese Wahrheit noch nicht begriffen haben. Gott arbeitet immer an uns und versucht uns zur Reife zu verhelfen. Je früher wir kooperieren, desto schneller werden wir gute Ergebnisse erzielen.

Fakt ist: Wir werden Schwierigkeiten erleben, und wenn das der Fall ist, sollten wir uns entschließen, nicht aufzugeben, sondern durchzuhalten und dranzubleiben. Das können wir mit einem dankbaren Herzen und einer guten Einstellung tun und Gott bei jedem Schritt vertrauen.

Wenn Gott nicht schnell handelt

Nur selten richtet sich Gott nach unserem Zeitplan. Wir mögen sein Handeln als langsam empfinden, doch für ihn ist es das nicht (siehe 2. Petrus 3,9). Er ist vielmehr an Qualität als an Schnelligkeit interessiert. Er macht aus uns Persönlichkeiten, die ihn auf herausragende Weise repräsentieren können. Er möchte Gefäße, die ihm immer zur Verfügung stehen und stets bereit sind zu tun, was er von ihnen will. Daher dürfen wir es nicht eilig haben. Ein Meisterwerk erschafft man nie in Eile.

> Ein Meisterwerk
> erschafft man nie in Eile.

Geduld zu lernen ist eine der Voraussetzungen für geistliche Reife. Wenn wir ein minderwertiges Produkt akzeptieren, statt auf ein sehr gutes zu warten, ist das immer ein Fehler. Machen Sie langsamer, genießen Sie den Weg und hetzen Sie nicht. Das Leben ist kurz und Hetze macht es nur noch kürzer!

Warten wird schwer, wenn man nur auf das schaut, was man will. Wir sollten uns stattdessen auf Gott konzentrieren und die Wartezeit dazu nutzen, ihm ähnlicher zu werden. Gott ist gut und ohne einen guten Grund wird er uns nichts Gutes vorenthalten. Ich war jahrelang frustriert, weil meine Arbeit so furchtbar langsam wuchs. Manchmal hatte ich sogar das Gefühl, rückwärts zu gehen. Ich konnte nicht verstehen, warum Gott nicht tat, worum ich ihn bat. Was ich auch anstellte, Gott machte einfach nicht schneller.

Rückblickend verstehe ich natürlich sehr gut, dass ich etwas wollte, für das ich geistlich noch nicht reif war. Gott hielt es aus Barmherzigkeit zurück. Meine innere Haltung während der Wartezeit war schon Beweis genug, dass ich nicht bereit war für mehr. Warum sollte Gott uns mehr von etwas geben, wenn wir nicht dankbar für das sind, was wir schon empfangen haben – so klein es auch sein mag? Vergessen Sie nie, dass eine Verzögerung keine Verweigerung ist. Wenn Gott langsam zu sein scheint, dann treffen Sie bewusst die Entscheidung, beständig zu bleiben.

Wenn der Weg einsam ist

Ich habe festgestellt, dass es eine einsame Sache sein kann, Gott nachzufolgen. Die Menschen, auf deren Unterstützung und Ermutigung wir am meisten vertrauen, können uns enttäuschen. Sie missverstehen uns vielleicht und kritisieren uns sogar für den Weg, den wir gewählt haben. Doch selbst darin hat Gott eine Absicht. Es ist wichtig, dass wir auf Gott sehen und nicht auf Menschen. Wir alle wünschen uns Bestätigung, aber sie darf keine Voraussetzung sein, um Gott zu gehorchen. Sonst werden wir scheitern.

Jesus war sicher manchmal einsam. Als er am Kreuz litt, kam er sogar an einen Punkt, an dem er sich in seiner Menschlichkeit vom Vater verlassen fühlte. Doch selbst das ließ ihn nicht aufgeben. Er hatte bereits die Entscheidung getroffen, Gottes Willen zu tun, ganz gleich was es ihn kostete.

Der Schmerz, den wir in manchen Lebensphasen ertragen müssen, ist zeitlich begrenzt, und es ist sehr wichtig, das in der jeweiligen Situation nicht zu vergessen. »Auch das geht vorüber« gehört zu einer meiner Lieblingsaussagen. Nach jedem Sturm scheint wieder die Sonne!

Ganz gleich aus welchem Grund uns vielleicht nach Aufgeben zumute ist: Wir können den Entschluss fassen dranzubleiben. Wenn wir aufgeben, heißt das nur, dass wir zu einem anderen Zeitpunkt wieder von vorn anfangen müssen. Die Auseinandersetzung mit dem, wovor wir nun erst einmal weggelaufen sind, steht uns dann noch bevor!

Zusammenfassung

- Nichts in der Welt kann Entschlossenheit und Beharrlichkeit ersetzen.
- Entschlossenheit hilft uns, gute Gewohnheiten einzuüben, bis sie uns in Fleisch und Blut übergegangen sind.
- Selbstvertrauen und Entschlossenheit kommen aus dem Wissen, wer wir durch Jesus Christus sind, und aus dem neuen Leben, das Gott uns gegeben hat.
- Glaube ist das Überzeugtsein von dem, was wir nicht sehen können. Er stärkt unsere Entschlossenheit, uns auf Gottes Verheißungen zu stellen und seinem Plan für unser Leben bis zum Ende zu folgen.
- Entscheiden Sie sich, nicht aufzugeben, selbst wenn Sie auf Schwierigkeiten stoßen. Bei Gott ist nichts unmöglich.

KAPITEL 9

Nutze den Tag

Gestern ist vorbei. Morgen ist noch nicht da.
Wir haben nur heute. Fangen wir an.

Mutter Teresa

Nach dem, was ich über die Jahre gelernt habe, umfasst das englische Wort *seize* (im Englischen heißt die Kapitelüberschrift ebenso wie der Buchtitel *Seize the Day*, Anm. d. Ü.) folgende Bedeutungen: gewaltsam und plötzlich festhalten, packen, ergreifen, die Kontrolle übernehmen oder wieder in Besitz nehmen. Ein solches Ergreifen ist auch ein Unterwerfen, und genau das, sagte Gott, sollte Adam mit der Erde tun.

Und Gott segnete sie und sprach zu ihnen: Seid fruchtbar und mehret euch und füllet die Erde und machet sie euch untertan.

1. Mose 1,28

Wer wissen möchte, wie der Mensch nach Gottes Willen leben sollte, kann zum Anfang der Zeit, wie wir sie kennen, zurückblicken – und zwar am besten ins erste Kapitel des ersten Buchs Mose. Gott schuf Adam und Eva und übergab ihnen Autorität und Herrschaft über die übrige Schöpfung. Er trug ihnen auf, sie sich untertan zu machen, mit anderen Worten: sie zu ergreifen, einzunehmen, zu nutzen und für den Dienst an Gott und Mensch zu gebrauchen.

Viel zu viele Menschen sind passiv. Sie warten darauf, dass ihnen etwas in den Schoß fällt – und sie warten, bis es schließlich zu spät ist. Sie führen ein unbefriedigendes und unproduktives Leben, weil sie nicht jeden Tag aufwachen und bereit sind, den Tag zu nutzen und das Beste aus ihm zu machen.

Gottes Wille für den Menschen ist leicht zu erkennen. Leider entschieden sich Adam und Eva für ihren eigenen Willen, statt sich mit ihrem freien Willen und ihrer Entscheidungsfreiheit auf Gottes Willen einzulassen. Sie taten, was Gott ihnen verboten hatte. Sie sündigten und Gottes Plan für den Menschen erlitt Schaden – doch völlig verloren war er nicht. Der Teufel verführte Adam und Eva zu denken, dass die Befriedigung ihres selbstsüchtigen Verlangens sie glücklich machen würde. Für eine kurze Zeit dachte er, er hätte alles ruiniert, was Gott für die Menschheit geplant hatte. Aber Gott hatte einen wunderbaren und mächtigen Erlösungsplan, ein Plan, der den Menschen all das wiedergeben würde, was der Teufel gestohlen hatte – wenn sie ihn befolgten.

Im Johannesevangelium wird der Teufel »Dieb« genannt. Er kam, um zu stehlen, zu töten und zu zerstören, doch Jesus kam, um zu erlosen und wiederherzustellen (siehe Johannes 10,10). Was hat der Teufel Ihnen gestohlen? Vielleicht haben Sie darüber noch nie nachgedacht. Hat er Ihr Selbstvertrauen gestohlen, Ihren Mut, Ihre Identität, Ihre Energie, Ihren Eifer, Ihre Lebensfreude? Hat er Ihnen Frieden und Freude genommen? Oder Ihre Stellung vor Gott als sein Kind? Wissen Sie, wer Sie durch Jesus sind, und kennen Sie die Privilegien, die Sie als Erbe Christi haben?

Mir hat der Teufel durch sexuellen, emotionalen und geistigen Missbrauch meine Kindheit gestohlen. Die Angst raubte mir die ersten zweiunddreißig Jahre meines Lebens, aber Jesus hat sie mir doppelt zurückerstattet. Gott verspricht nicht nur Wiederherstellung, sondern er verspricht auch, doppelt zurückzugeben, was der Feind uns gestohlen hat (siehe Sacharja 9,12; Jesaja 61,7). In einem Bibelvers verspricht er sogar siebenfache Rückerstattung dessen, was ein Dieb gestohlen hat (siehe Sprüche 6,31)!

Wenn wir mit der Wahrheit nicht vertraut sind, nutzt der Teufel das aus. Kennen wir die Wahrheit aus Gottes Wort jedoch, macht sie uns frei. Das heißt allerdings nicht, dass sich die Freiheit wie von Zauberhand einstellt, ohne dass wir irgendetwas dazutun müssten. Nur die Wahrheit, die wir auf unser Leben anwenden, wird uns freimachen. Allein schon das Bewusstsein, dass wir nicht als Opfer leben müssen, sondern tatsächlich jeder Tag uns gehört und wir ihn nutzen können, bedeutet Freiheit!

Opfermentalität

Ein Opfer ist eine Person, der man Schaden zugefügt hat. Sie ist in eine unglückliche Situation geraten, zum Beispiel in einen Autounfall, Brand, Raubüberfall oder Missbrauch. Dem Opfer wurde Schaden zugefügt und es war nicht in der Lage, diesen Schaden abzuwenden. Viele Menschen sind Opfer unglücklicher Situationen, aber mit Gottes Hilfe können sie sich davon erholen – es sei denn, sie entwickeln eine »Opfermentalität« und weigern sich, diese wieder aufzugeben.

Ich war Opfer von sexuellem Missbrauch und viele Jahre lang lebte ich als Opfer. Ich tat mir selbst leid und entschuldigte meine negative Einstellung und mein schlechtes Benehmen mit meiner Vergangenheit. Ich war reizbar und hatte das Gefühl, die Welt schuldete mir eine Vorzugsbehandlung, weil ich ja ein Opfer war. Diese falsche Haltung machte mein Leben kein Stück besser, sie hielt mich einfach nur im Schmerz meiner Vergangenheit gefangen.

Die Bibel sagt, wir sollen die Vergangenheit loslassen und Gott vertrauen, dass er unser Rächer ist. Das ist natürlich nicht leicht, aber es ist leichter, als weiterhin Opfer zu bleiben. Gott möchte uns den Sieg geben, aber wir brauchen eine Siegermentalität. Der Mensch folgt dem Weg, den sein Denken vorgibt (siehe Sprüche 23,7). Stimmt unser Denken mit der Wahrheit von Gottes Wort überein, wird unser Leben letztendlich auch so aussehen, wie Gott es für uns vorgesehen hat.

Wenn Sie ein Opfer sind und spüren, dass das Erlittene Sie noch beeinträchtigt, versuchen Sie Folgendes. Bleiben Sie nach dem Aufwachen noch ein paar Minuten im Bett liegen und denken Sie bewusst: *Dies ist der Tag, den Gott gemacht hat und mir schenkt. Ich will ihn nicht vergeuden! Meine Vergangenheit liegt hinter mir, und nichts aus der Vergangenheit kann sich auf mich auswirken, wenn ich es nicht zulasse. Gott ist auf meiner Seite, und ich entscheide mich, diesen Tag voller Energie, Begeisterung und Leidenschaft zu leben. Durch Gottes Gnade werde ich aufstehen und meine Zeit in Dinge investieren, die sinnvoll sind. Ich widerstehe dem Teufel und er wird mir heute nicht meine Zeit stehlen!*

Seien Sie bereit, Tag für Tag so vorzugehen, und Sie werden merken, wie sich nach und nach etwas tut. Es braucht natürlich Zeit, das Denken zu erneuern, deshalb seien Sie nicht enttäuscht, wenn Sie nicht sofort Veränderungen sehen. Freuen Sie sich einerseits über das, was sich verändert, aber geben sie andererseits nicht auf, wenn die Veränderungen auf sich warten lassen. Seien Sie entschlossen, immer weiter das Richtige zu tun. Diese Einstellung wird Ihnen zu einem richtigen Start in den Tag verhelfen.

Möglicherweise liegen jeden Tag Millionen Menschen im Bett und denken: *Ich will nicht aufstehen. Mein Leben ist furchtbar. Ich werde nie etwas Gutes erleben. Ich wurde schon immer von anderen ausgenutzt. Ich hasse mein Leben und ich fürchte mich davor, mich einem weiteren Tag zu stellen.* Jahrelang wachte ich mit ähnlichen Gedanken auf. Es ging mir schlecht und mit meinen Gedanken und Haltungen machte ich alles noch schlimmer. Mir war nicht klar, dass ich etwas an meinem Leben ändern konnte, und deshalb blieb ich ein Opfer. Aber Gott sei Dank: Er hat mir durch Jesus Christus den Sieg gegeben! Denselben Sieg möchte er jedem schenken, der ein Opfer ist und Erlösung braucht.

Gott aber sei Dank, der uns den Sieg gibt durch unsern Herrn Jesus Christus!

1. Korinther 15,57

Bewusst und zielgerichtet leben

Den Tag nutzen bedeutet, bewusst und zielgerichtet zu leben. Wir warten nicht darauf, dass Dinge mit uns geschehen, sondern wir sind selbst das »Geschehnis«! Wir leben offensiv, wir handeln, wir denken, wir planen und wir zielen auf das Beste ab. Wir sind mit einem Temperament geboren, das Gott ausgewählt hat, obwohl wir zugegebenermaßen nicht alle gleich sind. Manche Menschen sind von Natur aus ehrgeiziger als andere, aber Gottes Idee war es nicht, dass irgendwer passiv, inaktiv, apathisch und ohne ein Ziel leben soll. Ganz gleich wie Gott Sie gemacht hat, es ist wichtig, dass Sie ganz Sie selbst werden und mit Ihrem Leben Gott verherrlichen.

> Wir warten nicht darauf, dass Dinge mit uns geschehen, sondern wir sind selbst das »Geschehnis«!

Wenn ich sage, wir sollten bewusst und zielgerichtet leben, dann heißt das nicht, dass wir alle ein weltbewegendes Ziel anstreben müssen. Unsere Lebensziele variieren in unterschiedlichen Phasen. Als ich achtzehn war, waren meine vorrangigsten Ziele, von meinem Vater wegzukommen, der mich missbrauchte, eine Arbeit zu finden und für mich selbst sorgen zu können. Im Alter von dreiundzwanzig war ich geschieden, alleinerziehende Mutter und einsam. Da war es mein Ziel zu überleben, meine Rechnungen zu bezahlen, eine gute Betreuung für mein Kind zu finden und hoffentlich eines Tages wirklich geliebt zu werden. Als ich dreißig war, hatte ich das Ziel, meine inzwischen drei Kinder zu erziehen, zu lernen, eine gute Ehefrau zu sein, mein Haus sauber zu halten, täglich drei Mahlzeiten zuzubereiten und mit einem sehr knappen Budget klarzukommen.

Seit meinem neunten Lebensjahr war Gott Teil meines Lebens, allerdings nur sehr begrenzt. Er saß auf der »Reservebank« meines Lebens, nur für Notfälle. Obwohl ich Christ war, hatte ich keine Ahnung, was mir als Mensch, der an Jesus glaubte, alles zur Verfügung stand. Ich kämpfte mich nach wie vor mürrisch durch jeden Tag und versuchte, mein Leben zu bewältigen, so gut es ging.

Mit vierzig war meine Beziehung zu Gott sehr viel intensiver. Ich studierte sein Wort, war Mitarbeiterin einer Kirchengemeinde und leitete einen Bibelkreis. Langsam heilten meine emotionalen Wunden und ich begann zu begreifen, dass ich kein Opfer mehr sein musste. Jetzt bin ich über siebzig und lebe schon viele, viele Jahre lang bewusst und zielgerichtet. Aus eigener Erfahrung kenne ich die Resultate eines Lebens als Opfer und eines Lebens im Sieg Gottes. Dieser Sieg ist für jeden da, aber er muss ergriffen werden. Er wird uns nicht einfach von allein überkommen. Er ist ein Geschenk Gottes, das er uns aus Gnade macht. Doch der Teufel lungert immer in der Nähe herum und will stehlen, was Gott uns anbietet. Wir müssen deshalb bewusst, zielgerichtet und mit einer Grundhaltung leben, die sagt: »Ich will das bekommen, was mir als Kind Gottes zusteht! Ich lasse mich nicht betrügen! Ich werde das Beste aus jedem Tag machen!«

Der Apostel Paulus hatte diese Haltung, das können wir deutlich in seinem Brief an die Philipper sehen. Er schrieb von seiner Absicht, das zu ergreifen, wofür Jesus Christus ihn ergriffen hatte:

Nicht dass ich es schon erreicht hätte oder dass ich schon vollendet wäre. Aber ich strebe danach, es zu ergreifen, weil auch ich von Christus Jesus ergriffen worden bin.

Philipper 3,12

Im selben Kapitel gibt Paulus eine weitere deutliche »Absichtserklärung« ab. Er sagte, er sei entschlossen, schon zu Lebzeiten Christus und die Macht seiner Auferstehung zu erkennen (siehe Philipper 3,10-11). Beeindruckend! Das zeigt, wie entschlossen Paulus war. Er wusste, was Gott für ihn wollte, und er würde es ergreifen, unterwerfen und alles zurücknehmen, was der Teufel ihm durch Verführung gestohlen hatte.

Allein diese Dinge aufzuschreiben stärkt in mir den tiefen Wunsch, das Leben in Gottes Fülle zu erleben, und ich hoffe, Ihnen geht es beim Lesen ebenso.

Das Reich Gottes ergreifen

Der Teufel ist sehr aktiv, und er hört nicht auf, Böses zu tun. Der folgende Vers beschreibt ihn gut:

Er lauert im Verborgenen wie ein Löwe im Dickicht, er lauert, dass er den Elenden fange; er fängt ihn und zieht ihn in sein Netz.

Psalm 10,9

Mit den Elenden, von denen hier die Rede ist, sind nicht nur finanziell Bedürftige gemeint, sondern auch solche, denen es an Liebe in ihrem Leben, an Erkenntnis der Wahrheit oder an geistlicher Erkenntnis mangelt. Die Elenden sind die, auf denen herumgetrampelt wird und die in irgendeiner Weise benachteiligt werden.

Der Teufel wartet darauf, uns auszunutzen, aber Gott steht bereit, um zu retten und wiederherzustellen. Die Wahl liegt bei uns. Wem wollen wir glauben? Werden wir in unserem Schmerz versinken und uns darin suhlen oder werden wir entschlossen aufstehen und das Leben ergreifen, das Jesus uns ermöglicht hat?

Die Bibel macht deutlich, dass wir das Reich Gottes *ergreifen* müssen, weil wir einen Feind haben, der daran arbeitet, es uns zu stehlen:

> *Aber von den Tagen Johannes des Täufers bis heute leidet das Himmelreich Gewalt, und die Gewalt tun, reißen es an sich [ergreifen es gewaltsam als einen kostbaren Preis – wollen mit glühendstem Eifer und intensiver Anstrengung einen Anteil am himmlischen Reich erlangen].*
>
> Matthäus 11,12

Ein Blick auf diesen Bibelvers in seiner Ursprungssprache offenbart, dass Jesus sagt, das Reich Gottes habe Angriffe erlitten – aber die »Energischen« nähmen es mit Gewalt ein. Dem Reich Gottes wurde Gewalt angetan, das heißt es wurde angegriffen. Satan greift Gottes Reich und Gottes Absichten auf der Erde unerbittlich an. Es gibt jedoch eine Antwort auf diese Situation. Die Ungestümen (die Energischen) ergreifen es mit Gewalt. Sie nehmen zurück, was der Teufel gestohlen hat. Sie sind entschlossen und sie nutzen jeden Tag für Gottes Absichten. Ich mag die Sprache der Amplified Bibel in diesem Vers: ... *wollen mit glühendstem Eifer und intensiver Anstrengung einen Anteil am himmlischen Reich erlangen.*

Wenn Sie das Gefühl haben, dass Ihnen diese Art von Antrieb und Energie fehlt, dann fangen Sie an, darum zu bitten. Ich bete oft: »Bitte schenk mir Energie, Eifer, Enthusiasmus und Leidenschaft, um diesen Tag anzupacken. Lass mich ein zielstrebiger Mensch sein, der den Tag bestmöglich nutzt.«

Ich bin nicht faul, aber ich bin auch nicht der Typ, der morgens voller Energie aus dem Bett springt und den Tag mit Feuereifer beginnt. Allerdings bin ich sehr entschlossen, und das übertrumpft jeglichen Mangel an Eifer und Energie. Neulich fiel mir ein, dass ich für solche Gefühle eigentlich beten könnte. Schließlich sagt die Bibel, wir haben nicht, weil wir nicht bitten (siehe Jakobus 4,2). Wie es so oft der Fall ist, zeigte Gott mir nach dem Beten einige Dinge, die ich tun könnte. In diesem Fall war es, mehr Proteine und einige Lebensmittel zu mir zu nehmen, die bislang nicht auf meinem Speiseplan standen. Gott erhört unsere Gebete unter anderem dadurch, dass er uns zeigt, was wir tun müssen. Ihr Gebet für mehr Energie wird nicht viel bringen, wenn Sie zwar beten, dann aber nicht genug schlafen, sich von nährstoffarmem Fast Food ernähren, keinen Sport treiben und eine negative Einstellung haben. Mit Gott ist zwar alles möglich, aber nicht automatisch. Wir müssen mit ihm zusammenarbeiten und gehorsam sein. Als Jesu Mutter um ein Wunder von ihm bat, wandte sie sich an die umstehenden Personen und sagte:

Tut, was immer er euch befiehlt.

Johannes 2,5

Sie taten, was er ihnen sagte, und sie erlebten ein Wunder. Oft ist es genau so einfach! Es gibt allerdings auch Situationen, in denen sich nichts verändert, ganz gleich was wir unternehmen. Dann müssen wir geduldig warten, dass Gott tut, was kein Mensch tun kann. Wenn er uns aber auffordert, aktiv zu werden, müssen wir auf jeden Fall darauf eingehen.

Ich betete weiter, tat, was Gott mir zeigte, und bekam tatsächlich spürbar mehr körperliche Energie. Ein gutes Gefühl! Energie zu haben, macht jeden Tag besser. Deshalb ermutige ich Sie, über diesen Bereich Ihres Lebens nachzudenken, zu beten und dann gut für sich zu sorgen, sodass Sie so gesund werden, wie Sie nur irgend sein können.

Der Apostel Markus gibt uns in seinem Evangelium noch etwas anderes zu bedenken:

Man kann nicht in das Haus eines starken Mannes eindringen und ihn berauben, ohne ihn zuerst zu fesseln. Erst dann kann man sein Haus ausrauben!

Markus 3,27

Im gleichen Kapitel lesen wir kurz zuvor, dass sich eine Menschenmenge gegen Jesus zusammengerottet und ihn beschuldigt hatte, seine Werke mithilfe des Beelzebul (des Teufels) zu tun. Sie sagten, er treibe Dämonen mithilfe des obersten Dämonen aus (siehe Markus 3,21-26).

Als Reaktion darauf erzählte ihnen Jesus ein Gleichnis. Er sagte, keiner könne in das Haus eines Starken eindringen und ihn ausrauben, wenn er den Starken nicht vorher gefesselt habe. Damit wollte er sagen, dass er die Menschen befreite und die Wunder wirkte, weil er zuerst den Starken (den Teufel), der ihre Probleme verursachte, handlungsunfähig machte. Die Lektion für uns ist, dass wir den Teufel auch binden und davon abhalten können, unser Leben zu bestehlen – doch das erfordert Aktion.

Manchmal hält allein schon die einfache Entscheidung, aktiv zu werden, den Feind in Schach. Er wirkt durch Passivität, Faulheit und Inaktivität. Tun wir jedoch bewusst das, was Gott uns aufträgt, findet der Feind keine offene Tür in unserem Leben.

Was können Sie tun, wenn Sie wissen, was richtig ist, Sie es aber nicht genügend wollen, um aktiv zu werden? Ich denke, das ist eine berechtigte Frage, mit der wir uns befassen sollten. Ich kann hundert Bücher darüber schreiben, was zu tun ist, doch meine Leser werden es nicht umsetzen, wenn sie nicht dieses »Wollen« im Geist haben, das jeglichen Widerstand der menschlichen Natur überwindet.

Ich empfehle Ihnen, sich auf Jesus auszurichten, darauf, wie sehr er Sie liebt und was er für Sie getan hat. Wenn Sie seine Liebe empfangen und darüber staunen, werden Sie auf einmal merken, dass Sie alles tun wollen, worum er Sie bittet. Die Entwicklung Ihrer persönlichen Beziehung mit Gott ist sehr wichtig, denn sie ist die Grundlage für allen Gehorsam. Jesus sagte: *Wenn ihr mich liebt, werdet ihr meine Gebote halten* (Johannes 14,15). Der Apostel Johannes schrieb, dass wir Gott lieben, weil er uns zuerst geliebt hat (siehe 1. Johannes 4,19). Das heißt, das

Empfangen der Liebe Gottes wird Sie dazu veranlassen, ihn auch zu lieben, und aus dieser Liebe heraus werden Sie ihm gehorchen.

> Was können Sie tun, wenn Sie wissen, was richtig ist, Sie es aber einfach nicht tun wollen?

Sich mit reiner Willenskraft alle Mühe zu geben, das Richtige zu tun, wird nur wenig bringen. Wenn die eigene Kraft ausgeht, was uns allen passiert, brauchen wir die Kraft Gottes (seine Gnade), um uns bis zum Ende durchzutragen. Weil dieses Buch voller Aufforderungen ist, offensiv, aktiv, enthusiastisch, leidenschaftlich und voller Eifer zu sein, ist es auch wichtig, dass ich Sie vor den Gefahren der »menschlichen Werke« warne. Das sind Dinge, die wir aus eigener Kraft tun wollen, die aber nur mit Gottes Hilfe getan werden können. »Gott, hilf mir« ist eines der wichtigsten Gebete für jeden Tag.

Das, wozu ich Sie in diesem Buch auffordere, ist keine Voraussetzung, um gerettet oder von Gott geliebt zu werden. Gottes Rettung und Liebe sind Geschenke! Ich wünsche Ihnen einfach das beste Leben, das Gott für Sie hat, und deshalb möchte ich Sie ermutigen, jeden Tag zu ergreifen und Ihre Zeit weise zu nutzen.

Wir brauchen immer wieder eine riesige Dosis von Gottes Gnade, um zu tun, was richtig ist. Seine Gnade ist jeden Tag verfügbar, und zwar in überreichem und überfließendem Maß. Gott bietet uns Gnade und noch mehr Gnade an! Alle Hilfe, die wir brauchen, ist verfügbar, wenn wir darum bitten und sie annehmen. Jesus sagte, wir sollten bitten und nicht nachlassen zu bitten (siehe Matthäus 7,7). Sollten Sie sich in puncto Entschlossenheit, Leidenschaft, Eifer oder Enthusiasmus schwach fühlen, dann denken Sie nicht, dass dieses Buch nichts für Sie wäre. Es ist ganz besonders für Sie bestimmt, denn Gott hat eine Absicht und einen Plan und Sie sind ein großer Teil davon.

Lesen Sie weiter, beten Sie weiter und glauben Sie, dass heute Ihr Tag ist, um etwas sehr Gutes zu erleben. Vergessen Sie nicht:

> *Gestern ist vorbei. Morgen ist noch nicht da. Wir haben nur heute. Fangen wir an.*
>
> Mutter Teresa[11]

Zusammenfassung

- Die Wahrheit der Bibel befreit.
- Für einen Sieg ist eine Siegermentalität notwendig, nicht eine Opfermentalität.
- Den Tag zu nutzen bedeutet, bewusst und zielorientiert zu leben.
- Sie können sich für eine Einstellung entscheiden, die besagt: »Ich will das bekommen, was mir als Kind Gottes zusteht! Ich lasse mich nicht betrügen! Ich werde das Beste aus jedem Tag machen!«
- Tun wir aktiv das, was Gott uns aufträgt, findet der Feind keine offene Tür in unserem Leben.

KAPITEL 10

Ablauf-, Zeit- und andere Pläne

Lass mich schon am Morgen deine Gnade erfahren, denn ich vertraue auf dich. Zeige mir einen Weg, den ich gehen soll, denn ich habe dich darum gebeten.

Psalm 143,8

Wie der obige Bibelvers vorschlägt, ist es weise, jeden Morgen mit der Bitte an Gott zu beginnen, uns den Weg zu zeigen, den wir gehen sollen, und uns zu helfen, darauf zu bleiben. Erst beten, dann planen! Wenn wir bei allem, was wir tun, an ihn denken, verspricht er, uns den richtigen Weg zu zeigen (siehe Sprüche 3,5-6). Gott will ganz einfach gefragt werden, ob er unseren Plan gut findet, und hören, dass wir bereit sind, ihn gegebenenfalls zu ändern. Die Bibel fordert uns auf:

Vertraue dein Vorhaben dem Herrn an, dann werden deine Pläne gelingen.

Sprüche 16,3

Unsere Pläne werden nur gelingen, wenn Gott sie segnet. Sehr oft tut er genau das, wenn wir sie ihm unterstellen. Die meisten Details des Alltags überlässt Gott uns, aber er möchte bei allem bedacht werden.

Zeitplanung ist die Kunst, Aktivitäten so zu planen, dass man seine Ziele in der verfügbaren Zeit erreichen kann. Zeitplanung kann Effektivität steigern und Stress reduzieren.

Andererseits mindert fehlende Zeitplanung die Produktivität und führt zu Zeitverschwendung. Wir können dann die Belohnungen eines fruchtbaren Lebens und das Beste, was Gott für uns hat, nicht genießen. Deshalb ist es so wichtig, proaktiv statt reaktiv zu handeln – das heißt, wir müssen die Initiative ergreifen. Reagieren wir immer nur, leben wir in Unfreiheit. Entscheiden Sie, was Sie jeden Tag tun wollen, bevor andere Dinge und Menschen die Entscheidungen für Sie treffen. Ebenso wie wir ein finanzielles Budget haben, müssen wir auch unsere Zeit einteilen. Ein Zeitbudget hilft uns, Stress zu vermeiden und unsere Zeit nicht für weniger wichtige Aufgaben zu verschwenden, während uns für die wichtigen dann keine Zeit mehr bleibt.

Versuchen Sie das allerdings nicht aus eigener Kraft, sondern vertrauen Sie zuerst sich und Ihren Tag Gott an. Legen Sie ihm alles in die Hände, was Sie sind und haben, einschließlich Ihrer Zeit, und bitten Sie um seine Hilfe bei der Tagesplanung.

Wenn wir Gott um Wegweisung bitten, wird er uns wahrscheinlich keine konkrete Ausarbeitung zukommen lassen, wie wir den Tag gestalten sollen. Wir können uns aber darauf verlassen, dass er uns bei unserer Planung leiten wird. Gott hat uns einen gesunden Menschenverstand und Weisheit gegeben und erwartet, dass wir diese Dinge mit unserem freien Willen bei unserer Tagesplanung einsetzen. Planen ist einfach klug denken. Wir stellen fest, wie viel Zeit wir zur Verfügung haben, und entscheiden, was wir damit machen wollen oder müssen.

Wie viel können wir realistisch gesehen an einem Tag schaffen? Was können wir ohne Frust und Stress bewältigen? Was sind die dringendsten Dinge, um die wir uns zuerst kümmern müssen? Was lässt sich gut auf morgen verschieben, falls nötig? Ermöglicht uns unsere Planung ein ausgewogenes Leben, zu dem auch Gebet, Ausruhen und Lachen gehören, nicht nur Leistung?

Als »trockener« Workaholic muss ich gestehen, dass ich die Prinzipien, die ich Ihnen ans Herz lege, nicht immer selbst angewendet habe. Ich lernte aus meinen Fehlern, aber vielleicht können Sie lernen, ohne dieselben Fehler zu machen.

Welche unerledigten Projekte haben Sie, die Sie am meisten

stören, wenn Sie daran denken? Es könnte Sie sehr entlasten und Ihnen mehr Energie geben, wenn Sie einfach systematisch mit diesen Projekten beginnen und den Stress, den sie verursachen, aus der Welt schaffen würden. Ein Projekt aufzuschieben macht es später nicht leichter. Packen Sie es an und bringen Sie es hinter sich!

Allein der Gedanke an Planung und besonders Zeitplanung lässt in manchen Lesern vielleicht den Wunsch entstehen, dieses Buch zuzuklappen und nie wieder zu öffnen. Unser Temperament bestimmt, wie sehr wir bereit oder fähig sind, Dinge wie Zeitplanung anzugehen. Meine Assistentin ist organisierter als organisiert! In ihrem Kalender und in der Kopie von meinem, den sie bei sich hat und verwaltet, setzt sie unterschiedlich farbige Haftnotizen für jeden Monat ein. Jeder Notizzettel enthält eine winzige, sehr ordentliche Nachricht. Sie kann diese Kalender vor sich aufbauen und sich daran freuen, sie zu lesen und wieder zu lesen und sie auf jede erdenkliche Weise zu verbessern – stundenlang. Wenn ich beschließe, einen Termin zu ändern, was recht häufig vorkommt, hat das normalerweise einen Dominoeffekt, und sie muss mehrere andere Termine ebenfalls verschieben. Das scheint ihr überhaupt nichts auszumachen. Wenn ich an ihrer Stelle wäre, würde ich mich ansehen und sagen: »Joyce, das meinst du doch wohl nicht ernst. Ich habe das gerade organisiert und jetzt willst du es wieder ändern?«

Ich erinnere mich, wie ich sie einmal fragte, was sie in ihrer Freizeit gerne unternimmt, und sie sagte doch tatsächlich: »Organisieren!« Ich dachte, sie macht einen Witz, aber dem war nicht so. Es ist offensichtlich, dass ihre Fähigkeiten eine Gabe sind, die Gott ihr gegeben hat. Es ist auch offensichtlich, dass ich diese Fähigkeiten nicht habe – und deshalb bin ich wirklich froh über sie!

Gott schenkt uns unterschiedliche Begabungen und er möchte, dass wir sie zum Nutzen anderer Menschen einsetzen. Wir brauchen nie wie jemand anderes zu sein! Auch wenn unsere organisatorischen Fähigkeiten vergleichsweise gering ausgeprägt sind, können wir alle genügend organisiert sein, um unser Leben nicht zu vergeuden. Wenn Sie meinen, dass Sie in diesem Bereich Defizite haben, dann gehen Sie nicht einfach davon aus, dass Sie gar kein Organisationstalent haben. Seien Sie bereit zu lernen und zu wachsen. Ich empfehle auch sehr, dass Sie nicht ständig sagen: »Ich bin einfach total unorganisiert.« Unsere Worte haben Macht, und negative Worte können uns in einer Schwäche gefangen halten, die wir gerne überwinden würden.

Meine Tochter Laura ist zugegebenermaßen nicht besonders organisiert. Sie vergisst auch oft etwas, aber interessanterweise führt sie einen Haushalt, der aus ihrem Mann und drei Kindern besteht. Darüber hinaus hilft sie, sich um meine verwitwete Tante im Pflegeheim zu kümmern, und arbeitet in Teilzeit bei mir. Ich interviewte sie kurz für dieses Buch und fragte, wie jemand, der nicht gut organisieren kann, all das hinbekommt. Sie erzählte, dass es ihr am meisten hilft, jeden Tag zu notieren, welche Aufgaben anstehen. »Aber selbst dann vergesse ich manchmal, meine Notizen zu lesen«, sagte sie und fügte hinzu: »Du hast keine Ahnung, Mama, wie oft Gott mich in letzter Minute an etwas erinnert, und so erspart er mir viele Schwierigkeiten.«

Wir sehen also an diesem Beispiel, dass Gott uns in unseren Schwächen hilft. Tatsächlich wird seine Kraft durch sie sichtbar. Beten Sie, machen Sie einen Plan und vertrauen Sie, dass Gott Ihnen hilft, Ihren Plan auch umzusetzen!

Der Spontane

Manche Menschen haben eine Aversion gegen Planung. Sie sind spontan und sie wollen frei sein zu tun, wonach ihnen zumute ist – und zwar zu dem von ihnen gewünschten Zeitpunkt. Das ist natürlich ihr gutes Recht, aber ich bezweifle stark, dass sie mit ihrer Zeit so viel Gutes bewirken, wie sie es könnten, wenn sie wenigstens ein bisschen planen würden.

Wir brauchen ein gewisses Maß an Spontaneität, damit wir nicht derart rigide werden, dass kein Raum mehr für irgendetwas oder irgendjemanden sonst bleibt. Hin und wieder tut es jedem gut, spontan zu sein. Aber der Schwerpunkt liegt auf *hin und wieder*, sodass dieser Lebensstil nicht außer Kontrolle gerät. Ich bin in gewissem Maße spontan (die meisten, die mich kennen, würden eher sagen, in geringem Maße), doch bevor ich alles stehen und liegen lasse und etwas tue, weil eine Freundin oder eins meiner Kinder mich darum bittet, muss ich über das nachdenken, wofür ich verantwortlich bin. Ich frage mich dann, ob es unaufschiebbare Dinge gibt, die ich vorher unbedingt erledigen muss.

Verantwortung mag nicht immer das Spannendste sein, doch sie ist eine wichtige Priorität. Winston Churchill sagte einmal: »Verantwortung ist der Preis der Größe.«[12]

Spontane Menschen sind wunderbar und man kann sich darauf verlassen, dass sie »zu allen Schandtaten« bereit sind, aber gehorchen sie Gottes ursprünglichem Traum für die Menschheit und bringen sie Frucht? Sollten Sie ein spontaner Mensch sein, nehmen Sie mir meine Worte bitte nicht übel, ich möchte Sie nicht beleidigen. Ich bin froh, dass Sie Sie sind, aber wenn Sie ein bisschen Ausgleich oder eine kleine Verlagerung Ihrer Prioritäten brauchen, dann lesen Sie doch einfach weiter. Unabhängig von Ihrer Persönlichkeit können Sie Ihre Prioritäten nur in Ordnung halten, indem Sie bereit sind, sie regelmäßig zu korrigieren.

Wir alle haben unterschiedlich viel Verantwortung in unserem Leben, und wenn wir das Privileg akzeptiert haben, eine Sache zu tun, dann müssen wir auch die damit einhergehende Verantwortung übernehmen. Ein Arzt besitzt nicht nur eine wunderbare Gabe, sondern mit dieser Gabe geht die Verantwortung einher, manchmal auf Abruf bereitzustehen. Vielleicht muss er wegen eines medizinischen Notfalls mitten in der

Nacht aus dem Bett. Wenn Sie der Chef einer Firma sein wollen, werden Sie mehr Verantwortung tragen als Ihre Angestellten.

Ich hatte das Privileg, vier großartige Kinder zu bekommen, aber ich hatte auch die Verantwortung, die mit der Kindererziehung einhergeht. Es gibt kein Vorrecht ohne Verantwortung, und das eine ohne das andere zu erwarten, wäre einfach nur töricht.

Einen Plan machen

Wir alle brauchen jeden Tag einen Plan. Selbst wenn der Plan lautet, an dem Tag nichts zu tun, kann man das immer noch planen und bewusst tun. Was ich auf keinen Fall will, ist, von Umständen, meinen eigenen Emotionen oder anderen Menschen manipuliert und beherrscht zu werden. Wenn ich etwas tue, dann sollte es deshalb sein, weil ich mich dazu entschieden habe. Ich hoffe, es geht Ihnen ähnlich. Es ist mir sehr wichtig geworden, mein Leben bewusst und zielgerichtet zu führen. Das Resultat ist, dass ich heute weniger Dinge bereue als je zuvor.

Meiner Meinung nach brauchen wir für jeden Tag einen Plan, aber wie wir ihn erstellen, ist ganz uns überlassen und wird sich natürlich nach unserem jeweiligen Temperament richten. Ich habe viele Pläne, weil mir diese Art zu leben sehr entspricht. Ich habe bereits geplant, was ich heute Abend im Restaurant essen möchte. Ein paar Freunde ziehen mich immer damit auf, dass ich plane, wo, wann und was ich essen werde, aber sie kommen gerne mit, weil das Essen fast immer gut ist! Den heutigen Restaurantbesuch habe ich schon vor einer Woche geplant und den Tisch reserviert, um mir meinen Platz zu sichern. So werde ich nicht enttäuscht.

Ich habe mir überlegt, wie viele Stunden ich heute arbeiten und welche Anrufe ich machen will. Ich plane meinen Tag jeden Morgen durch, aber das meiste lässt sich bei Bedarf anpassen. Ohne Pläne haben wir keine Richtung und machen am Ende gar nichts oder im besten Fall sehr wenig. Wir lassen uns von allem umstimmen, das uns über den Weg läuft. Ich bin gerade sehr zufrieden, weil es spät am Nachmittag ist und ich viel geschafft habe; trotzdem bleibt mir Zeit zum Entspannen und für etwas, das mir Spaß macht.

So zu planen erfordert keine komplizierten Vorbereitungen, sondern nur ein wenig Überlegung, was man mit seiner Zeit anfangen möchte. Wenn Sie einen Plan machen und ihn anpassen müssen, dann seien Sie flexibel, aber machen Sie zumindest irgendeinen Plan.

Es gibt kaum einen Tag, der sich genau wie vorgesehen entwickelt oder an dem ich nicht auch irgendetwas Außerplanmäßiges tue. Also plane ich das Unerwartete bereits mit ein. Lassen Sie in Ihrem Zeitplan immer Freiraum für die Dinge, die Sie nicht vorhersehen können. Das hilft, Stress und Druck zu vermeiden. Wer glaubt, alles würde immer fein säuberlich nach Plan laufen, muss mit Enttäuschungen rechnen. Neulich habe ich an zwei Tagen hintereinander nicht viel von dem geschafft, was ich mir vorgenommen hatte. Anders als geplant verbrachte ich einen Tag mit meiner Tochter und einen anderen mit Dave. Am Tag danach sprach ich mit Gott und sagte: »Ich bin frustriert, weil ich nicht viel von dem geschafft habe, was ich mir für gestern und vorgestern vorgenommen hatte«, und sofort hörte ich seine Stimme in meinem Herzen: *Frust ist eine totale Zeitverschwendung und bringt gar nichts, sondern macht dich nur unglücklich.* Dann erinnerte mich Gott daran, dass die Beziehungen zu meiner Familie sehr wichtig sind und ich meine Zeit also doch klug genutzt hatte.

Erwarten Sie das Unerwartete!

Wie bereits erwähnt, ist es klug, in unserem Planen und Denken Zeit für Unerwartetes einzuräumen. Viele Jahre lang war eins meiner selbst gemachten Probleme, dass ich solche Zeitpuffer nicht einkalkulierte. Ich plante meine Termine buchstäblich direkt hintereinander, ohne Zwischenzeiten, und damit war der Stress vorprogrammiert! Ich war immer gehetzt und wütend, weil Menschen und Dinge sich »meinem« Plan in den Weg stellten. Ich mag »Leerläufe« nicht besonders, diese zehn- und fünfzehnminütigen Abstände zwischen Terminen, die mir nicht genug Zeit lassen, irgendetwas Sinnvolles zu machen. Ich betrachtete sie immer nur als Zeitverschwendung, bis mir klar wurde, dass ich solche Zeiten brauchte, um durchzuatmen und meine Gedanken neu zu sammeln. Es sind gute Zeiten, um Gott zu danken oder einfach mit ihm darüber zu reden, wie der Tag verläuft. Wenn etwas sich nicht gut entwickelt, sind diese Momente Gelegenheiten, Gott zu fragen, welche Änderungen man vielleicht vornehmen könnte, um schließlich doch noch einen produktiven Tag zu haben.

Wenn wir zwischen Verabredungen und Verpflichtungen keine Zeit lassen, sind Schwierigkeiten vorprogrammiert, sobald wir zum Beispiel beim Arzt zehn Minuten zu spät an die Reihe kommen, in einen unerwarteten Verkehrsstau geraten oder nicht widerstehen konnten, einen Anruf in letzter Minute entgegenzunehmen. Es entsteht Druck, und zwar für uns! Diesen Druck geben wir oft an andere weiter, mit denen wir zu tun haben. Deshalb sollten wir Zeit für Unerwartetes einplanen; das könnte uns viel mehr Frieden verschaffen.

Wenn Sie gehofft hatten, ich würde Ihnen eine detaillierte Anleitung geben, wie Sie Ihren Tag planen sollen, muss ich Sie enttäuschen. Es gibt viele Bücher, die Ihnen Schritt-für-Schritt-Formeln für Planung und Zeitplanung liefern. Das Schema eines anderen funktioniert bei mir nie, aber wenn Sie damit klarkommen, dann nur zu. Ich rate Ihnen aber, Ihr Leben nicht damit zu verbringen, nur wissen zu wollen, was andere gemacht haben und was für sie funktionierte. Finden Sie vielmehr heraus, was Gott für *Sie* möchte. Ich glaube fest daran, dass wir Individuen sind und dass Gott uns leitet, wenn wir ihn lassen.

Ablauf-, Zeit- und andere Pläne

Meine Organisationsmethoden sind nicht wie die meiner Verwaltungsassistentin. Ich lebe nicht nach Farbmarkierungen und Haftnotizen; ich habe mein eigenes System, das für mich funktioniert.

Ich glaube, wenn ich Ihnen mit Erfolg vermitteln kann, wie wichtig es ist zu planen und sich in einem vernünftigen Rahmen diszipliniert an diesen Plan zu halten, sind Sie klug genug, selbst Entscheidungen für Ihr Leben zu treffen. Ich glaube, wir brauchen Raum zum Atmen, statt in einer Formel oder einem Schema gefangen zu sein, das für jemand anderen funktioniert, aber vielleicht nie für uns. Geistliche Reife erfordert, dass wir an irgendeinem Punkt unser Boot vom Steg losbinden und uns den Wellen von Gottes Geist überlassen. Oder, anders ausgedrückt: Lernen Sie, sich vom Heiligen Geist leiten zu lassen.

Das zu lernen gehört zum Wertvollsten überhaupt. Der Heilige Geist allein kann die Abwechslung und Kreativität in unser Leben bringen, die verhindern, dass ewige Gleichförmigkeit, Regeln und Vorschriften uns langweilen. Bitten Sie Gott um einen Plan für den Tag und glauben Sie, dass er Sie leiten wird. Nun sehen Sie sich an, was Sie entweder schaffen müssen oder wollen (ich hoffe, dass von beidem etwas dabei ist), und entscheiden Sie, was Sie als Erstes, als Zweites und so weiter angehen wollen. Manche Menschen mögen Listen, andere nicht. Experimentieren Sie ruhig ein wenig herum, bis Sie eine Planungsform gefunden haben, mit der Sie gut zurechtkommen.

Sagen wir einmal, Sie wollen wirklich regelmäßig Sport treiben. Das mag Training im Fitnessstudio sein, regelmäßige Spaziergänge mit einer Freundin oder die Verwendung eines Heimtrainers oder anderer Geräte, die Sie kaufen und zu Hause aufstellen können. Sie unterzeichnen den Vertrag im Fitnessstudio oder kaufen Ihr Gerät und versuchen eine Stunde früher als üblich aufzustehen – und hassen es durch und durch. Am Ende sind Sie den ganzen Tag über müde und nach einer Woche geben Sie Ihren Plan auf. Sie zahlen weiter Ihre Beiträge im Fitnessstudio, in der Hoffnung, eines Tages einmal wieder hinzugehen. Oder Sie schauen sich Ihren Heimtrainer an, der Ihnen jetzt nur noch entgegenschreit, dass Sie nicht in Form sind.

Statt aufzugeben, probieren Sie doch lieber etwas anderes aus: Verlegen Sie Ihre Trainingszeiten auf eine spätere Tageszeit oder das Wochenende. Tun Sie, was immer Ihnen hilft, um wieder anzufangen. Nach einem guten Start wird es Ihnen vermutlich leichter fallen, öfter oder länger zu trainieren, aber geben Sie nicht auf, nur weil Ihr erster Versuch gescheitert ist. Nach zweiundsechzig Jahren Sportvermeidung und durch das Zusammenleben mit meinem Mann, der sehr fit ist, weil er seit jungen Jahren eifrig Sport treibt, beschloss ich irgendwann, keine Ausreden mehr zu suchen und etwas zu tun. Ich dachte mir, weniger ist besser als gar nichts, selbst wenn dieses wenige nur drei Mal pro Woche eine Viertelstunde war. Erstaunlicherweise kann ich jetzt, nach zehn Jahren erfolgreichem Krafttraining, deutlich sehen, warum ich vorher so viele Jahre keinen Erfolg hatte.

Immer wieder hatte ich Pläne und Programme ausprobiert in der Annahme, ich müsste doch in der Lage sein zu tun, was andere taten, und über Nacht Erfolg haben. Doch das war unrealistisch. Wir wollen normalerweise in ein paar Wochen fit sein, aber das geht so nicht. Planen Sie eine lange, lange, lange, lange Zeit ein, dann werden Sie nicht enttäuscht sein. Ich denke, wir scheitern oft, weil wir mit einem Plan *anfangen*, den jemand anderes erst nach vielen Jahren Erfahrung umsetzen konnte.

Gestehen Sie sich beim Arbeiten
an sich selbst auch Zeit und Raum
für Unvollkommenheiten zu.

Sie können sich ein Buch kaufen, das Ihnen im Detail Zeitplanung beibringt, und das hilft vielleicht. Vergessen Sie aber nicht, dass es von jemandem geschrieben wurde, der vermutlich seinen Weg zum Erfolg durch Misserfolge hindurch gefunden hat, bevor er das Buch schrieb. Gestehen Sie sich beim Arbeiten an sich selbst auch Zeit und Raum für Unvollkommenheiten zu.

Geplante Vernachlässigung

Haben Sie je schon einmal geplant, etwas zu vernachlässigen? Ich halte es für eine gute und zeitsparende Idee. Wir könnten planen, eine Stunde lang das Telefon zu ignorieren. Ehrlich gesagt wusste ich gar nicht, wie wichtig ich bin, bis ich ein Mobiltelefon mit SMS- und E-Mail-Funktion bekam. Plötzlich meinte ich, für alle Welt jederzeit verfügbar sein zu müssen, und tat so, als ob alles in sich zusammenfiele, wenn man mich eine Stunde lang nicht erreichen konnte.

Ein wenig geplante Vernachlässigung hilft uns, nicht zu vergessen, dass die Welt schließlich doch überleben kann, wenn wir einmal eine Stunde nicht da sind. Es ist wirklich traurig, wenn wir meinen, das Mobiltelefon sogar zur Toilette mitnehmen zu müssen.

Wir könnten planen, einige unserer Anrufe nicht sofort entgegenzunehmen. Ich habe festgestellt, dass der Anrufer, wenn ich nicht drangehe, häufig eine SMS schreibt, die keine Antwort erfordert. Neulich sagte ich meiner Verwaltungsassistentin, sie möge mir dreißig Tage lang – außer in Notfällen – keine SMS oder Geschäftsvorgänge weiterleiten. Ich erhole mich gerade von einer Hüftoperation und wollte die Zeit nutzen, um in aller Ruhe wieder fit zu werden. Als die dreißig Tage vorbei waren, sagte sie, sie habe gestaunt, wie viele Dinge sich innerhalb weniger Tage von selbst erledigt hätten, die sie normalerweise zur Bearbeitung an mich geschickt hätte. Erstaunlicherweise brauchte sie mir gar nicht mehr so viel weiterzuleiten, auch nach dreißig Tagen nicht. Unglaublich! Ich war nicht so wichtig, wie ich gedacht hatte!

Je erreichbarer wir sind, desto mehr werden sich die Menschen auf uns verlassen. Wir können anderen Verantwortung übertragen, indem wir einfach etwas Vernachlässigung einplanen. Ich meine nicht, dass wir wichtige Aufgaben auf die leichte Schulter nehmen sollten, aber wir müssen wirklich nicht jederzeit für jedermann erreichbar sein.

Eine berühmte Violinistin erzählte, dass sie immer zuallererst Geige übte und sich ganz bewusst vornahm, alles andere zu vernachlässigen, bis sie damit fertig war. Dann machte sie ihr Bett, staubte die Möbel ab, ging ans Telefon usw. Kein Wunder, dass sie berühmt wurde!

Zeitmanagement ist in Wirklichkeit Selbstmanagement. Solange wir uns nicht selbst organisieren, kann unser Leben nicht anders als chaotisch sein. Frustrierte Menschen geben normalerweise dem Leben die Schuld an ihren Problemen, aber Gott möchte nicht, dass das Leben einfach so »passiert«; er möchte, dass wir es uns »untertan machen« und verwalten.

Zusammenfassung

- Zeitplanung kann Ihre Effektivität steigern und Ihren Stress reduzieren.
- Lässt Ihnen Ihre Planung genügend Zeit, um ein ausgewogenes Leben zu führen, zu dem auch Gebet, Ausruhen und Lachen gehört, ebenso wie Leistung?
- Ein Projekt aufzuschieben macht es später nicht leichter.
- Seien Sie ausreichend organisiert, um das Beste aus Ihrem Leben zu machen.
- Beten Sie, planen Sie und vertrauen Sie, dass Gott Ihnen hilft, Ihren Plan umzusetzen.
- Sie können planen, Dinge zu vernachlässigen, die Sie vielleicht ablenken und zu viel von Ihrer Zeit in Anspruch nehmen würden.

KAPITEL 11

Pläne einhalten

Die Talentiertesten bringen nicht unbedingt bessere Leistungen als alle anderen. Herausragend sind die Menschen, die an einer Sache dranbleiben.

Mary Kay Ash, Gründerin von Mary Kay Cosmetics

Einen Plan zu haben, ist der erste Schritt, um seine Zeit gut zu nutzen. Diesen Plan auch einzuhalten, ist der zweite Schritt und eine Herausforderung, die wir nicht immer meistern. Wahrscheinlich gibt es nur sehr wenige Menschen, die überhaupt keine Pläne machen. Die meisten von uns wollen jeden Tag etwas erreichen, sind aber frustriert, wenn sie am Ende des Tages feststellen, dass sie zwar den ganzen Tag beschäftigt waren, aber das, was sie sich vorgenommen hatten, immer noch nicht erledigt ist. Ja, wir wissen vielleicht nicht einmal so genau, was wir gemacht haben. Wir wissen nur, dass wir die ganze Zeit viel zu tun hatten!

Es gibt viele Gründe dafür, dass wir das, was wir uns vorgenommen haben, nicht zu Ende führen. In diesem Kapitel werden wir uns mit drei Wegen beschäftigen, Ziele zu erreichen.

1. Die Einstellung »Heute ist es so weit!«

Etwas zustande bringen zu wollen, ist ein edler Wunsch, doch das ständige Aufschieben ist eine große und überaus trügerische Versuchung. Dabei sagen wir ja nie: »Das, was ich eigentlich tun müsste, werde ich *nicht* tun.« Wir sagen nur, dass wir es *später* tun werden, aber sehr häufig wird aus »später« noch später und noch später – und am Ende vielleicht nie. Es ist ganz natürlich, dass man weniger angenehme Aufgaben verschieben möchte und sich lieber mit etwas beschäftigt, das Spaß macht, aber das ist kein Charakterzug von erfolgreichen Menschen. Sie können konzentriert bleiben und ihre Aufgabe zu Ende führen.

Wir alle schieben Dinge vor uns her – manche mehr, manche weniger. Ich bezweifle, dass es irgendwen auf diesem Planeten gibt, der alles immer in dem Moment macht, in dem es gemacht werden könnte oder sollte. Doch für manche Menschen (ich habe gehört, für etwa zwanzig Prozent) ist das Aufschieben ein so schwerwiegendes Problem, dass es zu anderen, noch ernsteren Problemen führt, z. B. Passivität und Faulheit. Das Aufschieben spiegelt unseren Kampf mit der Selbstbeherrschung wider.

Vielleicht denkt jemand, er gewinne für den Moment Zeit, indem er etwas aufschiebt, aber es ist wie mit einer Kreditkarte: Es macht Spaß, bis die Rechnung kommt. Wer eine Aufgabe vor sich herschiebt, wird schließlich und endlich damit konfrontiert werden, dass er sie nicht erledigt hat – und mit all den Problemen, die daraus entstanden sind.

Wenn wir etwas auf die lange Bank schieben, sind wir in Gefahr, ganz zu vergessen, was wir eigentlich tun sollten. Manchmal sagt jemand, bei dem ich nachfragen muss, ob er eine Aufgabe erledigt hat, die ich ihm übertragen hatte: »Ich wollte es tun, aber ich bin noch nicht dazu gekommen« oder: »Ich war beschäftigt, aber ich werde es noch machen.« Das kann natürlich sein, aber es ist auch wahrscheinlich, dass diese Person die Aufgabe vor sich hergeschoben und dann völlig vergessen hat. In dem Fall hat das Aufschieben zu einem größeren Problem geführt, nämlich dass er nicht ehrlich sagt, warum er den Auftrag nicht erledigt hat.

Pläne einhalten

Just Do It!

Das berühmte Nike-Shirt mit der Aufschrift *Just Do It* (»Tu es einfach!«) kann man auf der ganzen Welt sehen. Ich bin in abgelegenen Dörfern in weit entfernten Ländern gewesen und habe arme Kinder mit diesem T-Shirt gesehen. Ein Kind sagte, als es auf dem Weg nach Amerika war: »Jetzt kann ich herausfinden, was der Spruch auf meinem T-Shirt bedeutet!« Das wirft in mir die Frage auf, wie viele Menschen dieses Kleidungsstück tragen, ohne auch nur zu ahnen, dass es eine persönliche Botschaft an sie selbst ist, die sie ignorieren.

Vielleicht haben Sie schon einmal den Spruch gehört: »Die beste Zeit, um etwas zu tun, das getan werden muss, ist jetzt«, und das ist sicherlich richtig. Sei es, fällige Rechnungen zu bezahlen oder den Papierschnipsel aufzuheben, den Sie auf den Boden haben fallen lassen – die beste Zeit dafür ist jetzt! Die Fähigkeit, sich selbst zu sofortigem Handeln zu bewegen, wenn etwas zu tun ist, ist ein Charakterzug erfolgreicher Menschen.

> Die Fähigkeit, sich selbst zu sofortigem Handeln zu bewegen, wenn etwas zu tun ist, ist ein Charakterzug erfolgreicher Menschen.

Es ist erstaunlich, wie schwer es uns manchmal fällt, aktiv zu werden, um ganz einfache Aufgaben zu erledigen. Wir verwenden das letzte Stück Toilettenpapier, und während wir noch darüber nachdenken, eine neue Rolle zu holen, ist unser nächster Gedanke: »Ich mache das später.« Später kommt, wie immer, und dann sitzen wir oder jemand anderes in der Klemme, weil wir auf der Toilette sind und kein Papier haben! Dasselbe passiert mit dem letzten Tuch in der Taschentücherbox und dem letzten Blatt Papier auf der Küchenrolle. Warum tun wir nicht, was zu tun ist? Aus keinem guten Grund; wir schieben es einfach auf, weil wir uns nie angewöhnt haben, Dinge möglichst sofort zu erledigen! Gerade bin ich am Wäschetrockner vorbeigegangen und habe überlegt: *Ich könnte die Sachen jetzt herausholen und auf Kleiderbügel hängen,* aber dann dachte ich: *Ach, das mache ich später.* Es gab absolut keinen Grund zu warten. Im Gegenteil, wenn ich gewartet hätte, hätte ich es vielleicht vergessen und später einen Trockner voll knitteriger Wäsche vorgefunden, die mir noch mehr Arbeit gemacht hätte. Ich beschloss also, meinen eigenen Rat zu befolgen und das Aufhängen nicht aufzuschieben!

Diese Neigung, Dinge ohne guten Grund zu verschieben, muss ein Wesenszug unserer alten Natur sein. Es handelt sich wohl einfach um Faulheit, es sei denn, wir bekommen sie in den Griff. Kein Wunder, dass Gott uns die Geistesfrucht der Selbstbeherrschung gibt, und wenn wir im Leben erfolgreich sein wollen, müssen wir sie täglich vielfach einsetzen (siehe Galater 5,22-23).

Unbewusst glauben wir, wenn wir erst alles erledigen, was erledigt werden muss, bliebe uns keine Zeit, um das zu tun, was wir tun wollen. Aber das ist nicht wahr. Wir werden tatsächlich mehr Zeit dafür haben, und wir werden es mit mehr Frieden im Herzen tun, ohne uns wegen unserer Aufschieberei schuldig zu fühlen.

Ich sprach neulich mit einem Mann, der mir kichernd bestätigte: »Ja, ich schiebe immer alles vor mir her.« Er war sich offenbar nicht der Gefahr bewusst, sonst hätte er wohl kaum gekichert! Aufschieben ist eine schlechte Angewohnheit. Am besten lässt sie sich mit einer neuen, guten Gewohnheit überwinden, nämlich Dinge so bald wie möglich zu erledigen. Vergeuden Sie Ihre Zeit nicht damit, schlechte Gewohnheiten zu bekämpfen, sondern wenden Sie das biblische Prinzip an, das Böse mit Gutem zu überwinden (siehe Römer 12,21). Halten Sie sich an die Aufforderung »Just Do It« und Sie werden sich schon bald von dem ständigen Aufschieben befreit haben.

2. Lassen Sie sich nicht unterbrechen

Unterbrechen bedeutet unter anderem, etwas durch Dazwischenreden aufhalten oder behindern. Beispiel: »Er unterbrach den Redner durch häufige Fragen.« Es bedeutet, die Gleichförmigkeit oder den Fortgang von etwas zu durchbrechen oder bei einer Handlung dazwischenzufahren.[13]

Ich bin schnell frustriert, wenn mich Leute beim Reden unterbrechen, beim Schreiben, während ich mich auf eine Predigt vorbereite, einen guten Film sehe oder telefoniere. Ich denke, ich lasse mich einfach nicht gerne unterbrechen! Sollten wir uns über die Menschen und Dinge ärgern, die uns unterbrechen, oder sollten wir Möglichkeiten finden, uns zu schützen, während wir etwas tun, wobei wir nicht gestört werden wollen?

Heute Morgen war ich am Schreiben und dabei tief in Gedanken versunken, als Dave, der sich in der Küche befand, einen Anruf erhielt. Er nahm Korrekturen an einem Artikel vor, den er für unser Magazin geschrieben hatte. Ich war ein wenig irritiert, weil seine Stimme meinen Gedankenfluss unterbrach. Ein paar Minuten lang versuchte ich weiterzuarbeiten, aber dann beschloss ich, dass ich aktiv werden musste. Also stand ich auf und machte die Tür zu. Und siehe da, wer hätte es gedacht: Ich fühlte mich nicht mehr gestört!

Wir können nicht erwarten, dass die Welt stillsteht, weil wir nicht gestört werden wollen. Warum also nicht aktiv werden und einen Ort mit weniger Ablenkungen aufsuchen?

Es kann einem viel Ärger ersparen, wenn man sich einfach zurückzieht, um ein Projekt zu Ende zu bringen, eine Tür schließt oder auch nur seiner Familie, seinen Freunden oder Kollegen sagt, dass man eine gewisse Zeit nicht gestört werden will. Meine Tochter sagt mir oft, dass sie ohne ihr Telefon ins Büro geht, um an einem Projekt zu arbeiten. Wenn ich etwas Wichtiges habe, kann ich ihren Mann anrufen oder auf Band sprechen, dann ruft sie mich später zurück. Sie handelt proaktiv – vorausschauend – und verhindert auf diese Weise Unterbrechungen, die sie andernfalls bestimmt stören würden.

Überwindet man alle Hindernisse und Ablenkungen, kann man zuverlässig am angestrebten Ziel oder Bestimmungsort ankommen.

Christoph Kolumbus[14]

Dinge verändern sich nur dann,
wenn wir die Verantwortung dafür übernehmen, sie zu ändern.

Eine andere Möglichkeit, Störungen zu minimieren, ist zu lernen, sie schnell abzuhandeln. Lassen Sie sich nicht in ein Problem verwickeln, das Sie nicht unbedingt sofort lösen müssen. Man darf Nein sagen, wenn Menschen zu einem schlechten Zeitpunkt ankommen. Unsere Konzentration auf das, was wir gerade tun, wird umso weniger beeinträchtigt, je kürzer die Unterbrechung ist. Ich musste mir eingestehen, dass ich mir oft selbst Probleme machte, indem ich mich auf Dinge einließ, die genauso gut hätten warten können. Selbst wenn mich jemand unterbricht, ist es meine Entscheidung, die Sache schnell abzuhandeln und mich direkt wieder dem zuzuwenden, womit ich eigentlich beschäftigt bin. Oft treffe ich aber eine Entscheidung, von der ich bereits weiß, dass sie nicht die beste ist. Ich gerate in eine Diskussion über ein Thema, das viel mehr Zeit in Anspruch nimmt, als ich im Moment zur Verfügung habe. Warum? Neugierde oder vielleicht ein unausgeglichenes Bedürfnis, miteinbezogen zu werden, mögen daran schuld sein. Ich lerne allerdings immer mehr, für einen Teil meines Zeitverlustes die Verantwortung zu übernehmen. Dinge verändern sich nur dann, wenn wir die Verantwortung dafür übernehmen, sie zu ändern. Indem ich lerne, wie ich meinen Tag nutze und meine Zeit gut ausschöpfe, werde ich diese Versuchungen überwinden – und Sie auch.

Pläne einhalten

Natürlich müssen wir in der Lage sein, zwischen unnötigen Unterbrechungen und Unterbrechungen, die Gott herbeiführt, zu unterscheiden. Als Jesus zum Haus von Marta und Maria kam, hörte Maria mit dem auf, was sie gerade tat, und setzte sich zu seinen Füßen, um ihn lehren zu hören. Sie sah in seiner Gegenwart keine Störung, sondern eine Gelegenheit, die sie nicht verstreichen lassen wollte. Marta hingegen hörte nicht auf mit ihrer Arbeit, und ärgerte sich sogar, weil Maria es tat (siehe Lukas 10,38-42).

Manchmal machen wir Pläne und Gott lacht, weil er an dem Tag andere Pläne für uns hat, von denen wir noch nichts wissen. Viele der größten Ereignisse aller Zeiten begannen in Form einer Störung. Maria wurde von einem Engel aufgestört, der ihr die Botschaft brachte, sie würde den Erlöser der Welt zur Geburt bringen (siehe Lukas 1,26-31). Saulus, der später der Apostel Paulus wurde, war unterwegs, um Christen zu verfolgen, und wurde von Jesus aufgehalten, der sein Leben von einem Augenblick auf den anderen veränderte (siehe Apostelgeschichte 9,1-9).

Störungen bei der Arbeit

Ich habe gehört, dass ein Büroangestellter durchschnittlich dreiundsiebzig Mal pro Tag bei seiner Arbeit unterbrochen wird und ein Manager durchschnittlich alle acht Minuten. Dazu zählen Anrufe, ankommende E-Mails oder andere elektronische Kommunikation sowie Störungen durch Kollegen und auftretende Krisen. Ist man erst einmal abgelenkt, braucht man durchschnittlich zwanzig Minuten, um wieder auf die vorherige Konzentrationsebene zurückzukommen. Wir können leicht unseren gesamten Tag damit verbringen, uns nur um die Unterbrechungen zu kümmern, und schaffen dann nichts von dem, was wir uns vorgenommen hatten. Nicht alle Unterbrechungen lassen sich vermeiden, weil manche von ihnen sehr wichtig sind.

Ich halte es für höflich sich anzugewöhnen, jemanden, der offensichtlich in Gedanken ist, nicht zu stören, außer es ist ein Notfall. Vielleicht können wir unsere Fragen an ihn aufschreiben und sie dann später alle auf einmal stellen. Wenn wir die gute Saat säen, andere nicht zu unterbrechen, dann ernten wir vielleicht auch, selbst nicht so oft unterbrochen zu werden.

Die moderne Technik hat uns in vielerlei Hinsicht beschenkt – unter anderem durch Dutzende neue Möglichkeiten, unsere Aufmerksamkeit zu erregen. Es ist nicht leicht, mit jemandem zu telefonieren, ohne dass wenigstens ein Anruf mit der Anklopffunktion dazwischenkommt. Vielleicht schauen Sie mehrfach auf Ihren Facebook- oder Twitter-Account, während Sie ein Kapitel dieses Buches lesen. Es ist inzwischen üblich, dass Menschen, die mich auf einer Konferenz sprechen hören, gleichzeitig ihren Freunden Kommentare zuschicken, die ich während des Vortrags mache. Ich frage mich oft, wie viel sie von dem verpassen, was ich sage, während sie die letzte Aussage von mir in ihr Telefon tippen und versenden!

Was ist eine Ablenkung? Sind diese Dinge Ablenkungen, und wenn ja, wie wirken sie sich auf uns aus? Forscher sagen, dass sie uns dümmer machen. Es gilt als ziemlich sicher, dass all das Multitasking unsere geistigen Fähigkeiten verkümmern lässt. Wenn wir zwei Dinge gleichzeitig machen wollen, leidet oft beides in gewissem Umfang – aber in unserer schnelllebigen Gesellschaft versuchen wir es trotzdem immer wieder. Es ist, als liefen wir auf einem Laufband, das so schnell eingestellt ist, dass wir nicht gefahrlos absteigen können.

Alessandro Acquisti, ein Professor für Informationstechnologie, und Eyal Peer, ein Psychologe der Forschungsuniversität Carnegie Mellon, wurden beauftragt, ein Experiment zu erarbeiten, das misst, wie viel Gehirnkraft bei Ablenkung verloren geht.[15]

Der Test umfasste drei Gruppen von Teilnehmern. Gruppe

A beantwortete 136 Fragen ohne Unterbrechung. Gruppe B und Gruppe C beantworteten dieselben Fragen mit zwei Unterbrechungen. Dann wurden die Gruppen B und C noch einmal getestet, wobei man ihnen *sagte*, dass sie unterbrochen werden würden. Eine Gruppe wurde tatsächlich unterbrochen, die andere jedoch nicht.

Beim ersten Test, bei dem Gruppe B und C zweimal unterbrochen wurden, gaben sie 20 Prozent weniger richtige Antworten als die ungestörte Gruppe. Die Gruppe, die erneut getestet und wieder unterbrochen wurde, verbesserte sich um 6 Prozent, was beweist, dass wir lernen können, mit erwarteten Unterbrechungen besser umzugehen. Die Gruppe, der man sagte, sie würde unterbrochen werden, die man dann aber doch nicht störte, verbesserte sich um sagenhafte 43 Prozent. Diese Teilnehmer brachten sogar bessere Leistungen als die Gruppe, die gar nicht unterbrochen worden war. Die Schlussfolgerung daraus war, dass die Teilnehmer der Gruppe C sich an die Störungen anpassten und sich verbesserten, als keine erfolgten.

Ein Stanford-Soziologe namens Clifford Nass, der einige der ersten Tests zum Thema Multitasking durchführte, sagte: »Wer der Versuchung nicht widerstehen kann, gleichzeitig zwei Sachen zu machen, fällt stets auf Irrelevantes herein.« Manche Fachleute sind überzeugt, dass Menschen, die nach SMS-Schreiben und »Tweeten« süchtig sind, Gehirnkapazität einbüßen. Ich nehme an, das werden wir nicht mit Sicherheit sagen können, bis sie etwas älter sind, aber dann ist es vielleicht zu spät.

> Nutzen Sie die Technik, aber lassen Sie nicht Ihr Leben davon beherrschen oder gar ruinieren.

Was ist die Lösung? Ich denke, dass uns auch hier Ausgewogenheit schützt. Zu viel von irgendetwas, selbst von etwas Gutem, wird immer zum Problem. Nutzen Sie die Technik, aber lassen Sie nicht Ihr Leben davon beherrschen oder gar ruinieren. Ab und zu müssen wir vielleicht mehrere Sachen gleichzeitig machen, doch wir sollten nicht ständig so leben. Manche Störungen gehören zum Leben, aber wir können lernen, besser mit ihnen umzugehen.

3. Überschlagen Sie die Kosten, bevor Sie sich festlegen

Ein Projekt anzufangen, erfordert nicht viel, aber es durchzuziehen und zu einem guten Ende zu führen, kostet uns immer etwas. Jeder kann eine Idee, einen Gedanken oder einen Plan haben, aber nur die Fleißigen werden erfolgreich sein (siehe Sprüche 12,24).

Fortschritt kostet Zeit und Einsatz. Normalerweise braucht er mehr Zeit, als wir anfangs dachten, und auch der Einsatz kostet uns mehr als angenommen, wenn wir überhaupt darüber nachgedacht haben.

Zu viele von uns beginnen Dinge oder verpflichten sich zur Mitarbeit in irgendeinem Bereich, ohne zunächst groß darüber nachzudenken. Wie lange wird es dauern? Was muss ich aufgeben, um das zu tun? Was wird es mich an Geld, Zeit und Energie kosten? Wird das, was ich damit erreiche, die Investition wert sein? Das sind alles gute Fragen, die wir uns stellen und über die wir nachdenken sollten.

Ich habe gelernt zu unterscheiden, in was ich im geistlichen Dienst meine Zeit investieren sollte und in was nicht, und zwar hauptsächlich durch die Überlegung, ob das Resultat die Mühe aufwiegt. Diesen Entscheidungsprozess praktiziere nicht nur ich persönlich, sondern alle in unserer Organisation.

Ein großer Fehler, den eine Organisation oder ein Einzelner machen kann, besteht darin, etwas fortzuführen, das einmal wertvoll war, aber nun nicht mehr ist. Sehen Sie sich ganz neu an, was Sie regelmäßig tun, und fragen Sie sich, ob es die Mühe wert ist.

Hingabe an Jesus

Ich denke, man kann mit Fug und Recht behaupten, dass wir in der Christenheit mehr Wert auf Jüngerschaft legen sollten. Jesus lud die Menschen nicht nur ein, zu ihm zu kommen, sondern ihm zu folgen und seine Jünger zu sein. Wer der Schüler und Nachfolger eines anderen sein will, der diszipliniert sich, um von der betreffenden Person zu lernen und ihrem Beispiel zu folgen.

Sobald Menschen Jesus als ihren Erlöser annehmen und die Entscheidung treffen, Christ zu werden, ist es wichtig, dass wir sie auf die Notwendigkeit der Jüngerschaft hinweisen. Sie sollten wissen, dass diese einen gewissen Einsatz ihrerseits erfordert. In Lehre und Predigt müssen die Menschen, die zu Gott gehören, viel darüber erfahren, wie man in allem, was man tut, Jesus ähnlicher werden kann.

Jesus sagte, wenn wir ihm nachfolgen wollen, müssen wir bereit sein, durchzuhalten und unser Kreuz auf uns zu nehmen (siehe Lukas 14,27). Was bedeutet es, sein Kreuz auf sich nehmen? Kurz gesagt: dass es uns einiges kosten wird, was wir vielleicht nicht so einfach loslassen wollen – unseren guten Ruf beispielsweise oder Freundschaften. Es wird Zeit und Anstrengung kosten und die Bereitschaft zu lernen, zu lernen und noch mehr zu lernen. Bei der Nachfolge und Jüngerschaft geht es um viel mehr als nur darum, zur Kirche zu gehen und einen Fischaufkleber am Auto zu haben.

Dem Teufel macht es nicht viel aus, wenn wir zur Kirche gehen, solange wir dort nicht viel über Jüngerschaft lernen. Er möchte nicht, dass Menschen gerettet werden, aber wenn es doch geschieht, dann will er auf keinen Fall, dass sie Jesus ähnlicher werden.

Jesus erzählte einmal eine Geschichte, damit die Menschen, die zu ihm gehören wollten, besser verstehen konnten, was es mit dieser Nachfolge auf sich hat. Er sagte, wenn ein Mann vorhat, ein Gebäude zu errichten, kalkuliert er zunächst die Kosten, um zu sehen, ob er genug Geld hat, den Bau vollständig auszuführen (siehe Lukas 14,28).

Eine unserer Töchter und ihr Mann bauten einmal ein neues Haus. Mindestens ein halbes Jahr lang sprachen sie vorher darüber und dachten darüber nach. Sie entschieden, was sie sich ihrer Meinung nach leisten konnten, und befassten sich mit einem geeigneten Entwurf. Sie suchten nach einem guten Bauunternehmer und holten Angebote für den Endausbau ein. Wie es oft der Fall ist, war die Gesamtsumme viel höher, als sie eigentlich ausgeben wollten. Nun mussten sie die Entscheidung treffen, ob sie ihr Haus so bauen wollten, wie sie es ursprünglich geplant hatten, ob sie es kleiner und nicht ganz so schön oder überhaupt nicht bauen wollten. Als sie die Entscheidung trafen, es wie geplant bauen zu lassen, mussten sie entscheiden, ob sie das schaffen konnten und bereit waren, andere Dinge in ihrem Leben neu zu ordnen, damit sie durch den Hausbau nicht finanziell unter Druck geraten würden. Das alles taten sie, *bevor* sie die Verträge unterschrieben und sich damit festlegten.

Ob Sie vorhaben, ein Haus zu bauen, abzunehmen, Ihre Schulden loszuwerden, einen Schulabschluss zu machen, Ihren Schrank aufzuräumen oder etwas anderes zu tun, kalkulieren Sie die Kosten! Stellen Sie sich genügend Fragen, um realistisch zu überschlagen, was für Ihr Vorhaben nötig sein wird – sonst machen Sie einen Plan, führen ihn aber nicht zu Ende!

Zusammenfassung

- Selbstbeherrschung ist eine wichtige Frucht des Heiligen Geistes, die man braucht, um zu Ende zu bringen, was man begonnen hat.
- Eine schlechte Angewohnheit korrigiert man am besten durch das Einüben einer neuen, guten Gewohnheit.
- Handeln Sie – schieben Sie nichts auf.

Pläne einhalten

- Ergreifen Sie die Initiative und treffen Sie Vorkehrungen, um Störungen einzuschränken.
- Sie sollten die Kosten überschlagen, bevor Sie sich auf etwas festlegen.
- Ausgewogenheit im Leben ist wichtig. Zu viel von irgendetwas, selbst von etwas Gutem, kann zum Problem werden.
- Es ist leicht, etwas anzufangen; eine Sache auch zu Ende zu bringen, erfordert Durchhaltevermögen.

KAPITEL 12

Organisation

Jede Minute Organisieren erspart eine Stunde Arbeit.
Unbekannt

Vor dem Beginn eines Projekts ist es wichtig sich zu organisieren. Obwohl wir vielleicht einen Plan, einen Zeitrahmen und eine feste Absicht haben, werden wir viel Zeit verlieren, wenn wir uns nicht gut vorbereiten.

Benjamin Franklin hat gesagt: »Für alles einen Platz und alles an seinem Platz.«[16] Wenn ein Projekt ansteht (in meinem Fall ist das meistens das Schreiben eines Buches oder die Vorbereitung eines Vortrags), möchte ich eigentlich sofort loslegen, sobald mir eine Idee kommt. Aber ich lerne immer noch, dass ein wenig Zeit, die ich in die Vorbereitung investiere, mir später Zeit erspart. Es ist für mich zum Beispiel wichtig, alles zusammenzusuchen, was ich wahrscheinlich brauchen werde, sodass ich meinen Gedankengang nicht unterbrechen muss, um aufzustehen und ein Buch zu holen, in dem ich etwas nachschlagen möchte.

Die Dinge, die ich verwenden will, sollten um mich herum organisiert und leicht zu erreichen sein. Auf diese Weise vergeude ich keine Zeit damit, umständlich nach etwas zu greifen, was außer Reichweite ist, und dabei versehentlich andere Dinge umzustoßen und dann wieder Ordnung schaffen zu müssen. Wenn ich erst einmal im Sessel sitze und meinen Computer auf dem Schoß und andere Dinge um mich herum aufgereiht habe, will ich nicht aufstehen. Es ist mir schon öfter passiert, dass ich etwas brauchte, was außer Reichweite lag. Als ich mich streckte, um es zu holen, warf ich meinen Kaffee oder einen

Stapel Bücher um. Das dann sauber zu machen und aufzuräumen kostete mehr Zeit, als ich gebraucht hätte, wenn ich mich von Anfang an besser organisiert hätte.

Oft habe ich es mir in dem Liegesessel bequem gemacht, in dem ich bete und lese, und musste aufstehen, um meine Brille zu suchen, dann noch einmal, um Taschentücher zu holen, und wieder, weil mir mein Stift fehlte. Außerdem stellte ich fest, dass ich mein Telefon unten im Bad vergessen habe. Ich sitze also in meinem Stuhl und rufe nach Dave, so laut ich kann, in der Hoffnung, dass er mich hört und es mir bringt, aber das funktioniert nur selten. Wenn ich erst einmal in meinem Liegesessel unter einer kuscheligen Decke bin, will ich nicht wieder aufstehen, doch meine mangelnde Vorbereitung zwingt mich dazu. Denken Sie nur, wie viel Zeit und Stress ich mir erspart hätte, wenn ich alles Nötige vor dem Hinsetzen zusammengesucht hätte!

Will eine viel beschäftigte Mutter zum Beispiel ihr Haus putzen, sollte sie ihre Putzmittel organisieren und direkt zur Hand haben. Ich übernachtete neulich in einer Ferienwohnung, die von einer Reinigungskraft geputzt wurde. Sie hatte einen Rollwagen, in dem sich alles befand, was sie brauchen würde, und sie hatte ihn überall dabei. Sie musste nie loslaufen und Dinge suchen, um ihre Arbeit tun zu können.

Gute Organisation spart Zeit und
mangelnde Organisation vergeudet sie!

Viel Zeit geht dadurch verloren, dass wir uns immer wieder aufmachen und Dinge suchen müssen, die wir für ein Projekt brauchen. Noch wichtiger: Wenn wir aus der Konzentration gerissen werden, besteht immer die Gefahr, vom Eigentlichen abgelenkt zu werden und dadurch noch mehr Zeit zu verlieren.

Ein Mechaniker, der an einem Auto arbeiten will, muss alle seine Werkzeuge zur Hand haben und sie sollten auch in gutem Zustand sein. Ich könnte noch unzählige weitere Beispiele an-

Organisation

führen, die alle dasselbe zeigen: Gute Organisation spart Zeit und mangelnde Organisation vergeudet sie!

Wir nennen Geschäftsbetriebe manchmal »Organisationen«. Viele Internetadressen haben die bekannte Endung *.org*. Diese Titel mögen für uns inzwischen einfach Phrasen sein, aber sie bedeuten eigentlich etwas. Die Botschaft ist: »Ich habe mit meiner Firma etwas anzubieten und ich bin organisiert und bereit zu liefern.«

Mich fasziniert die Bibelstelle, in der es heißt: *Denn wo viel Mühe ist, da kommen Träume* (Prediger 5,2).

Erfolg erfordert ein Ziel, einen Plan, Entschlossenheit und Organisation. Man kann eine Firma gründen, doch damit sie Erfolg hat, ist eine gewisse Disziplin notwendig. Wir haben eine erfolgreiche Arbeit und erreichen bedürftige Menschen auf der ganzen Welt. Aber das erfordert enorm viel Organisation, sonst wäre das nicht möglich. Wir erarbeiten Pläne und legen Zeitabläufe fest, wir durchlaufen Prozesse und organisieren die Arbeit, und das führt zu guten Ergebnissen. Ein Traum wird nie von allein wahr. Ihr Traum könnte sogar zum Albtraum werden, wenn Sie nicht begreifen, dass er nur mit harter Arbeit, Ordnung und Organisation realisiert werden kann. Ich bin Menschen begegnet, die extrem frustriert waren, weil sie ihr Ziel nicht erreicht haben. Bei genauerem Hinsehen stellte sich immer heraus, dass sie mehr Wunschdenken als Rückgrat haben. Das heißt, sie wünschen sich ein gutes Endergebnis, aber sie wollen nicht die Mühe investieren, die dafür notwendig ist!

> Ihr Traum könnte zum Albtraum werden, wenn Sie nicht begreifen, dass er nur mit harter Arbeit, Ordnung und Organisation realisiert werden kann.

Träume werden mit viel Mühe und Anstrengung wahr. Ein Haus baut man nicht mit Wünschen allein, gute Kindererziehung ist mehr als das Resultat eines Wunsches, und gesund bleibt man ebenfalls nicht nur, weil man es sich wünscht. Fangen Sie mit einem Traum an und fügen Sie dann hinzu, was den Traum wahr werden lässt – das schließt Organisation mit ein.

Chaos

Wenn das Gerümpel zu Hause oder im Büro zunimmt, steigen parallel auch Stress und Frust: Zeitschriften stapeln sich auf Tischen, allzu viel Schnickschnack steht herum, da ist eine schmutzige Kaffeekanne, der Müll quillt über und auf allem liegt eine dicke Staubschicht! In den USA gibt es eine beliebte Fernsehshow namens *Hoarders* (deutsch: »Messie! Mein Leben im Chaos«). Dabei geht es um Menschen, die nichts wegwerfen können und deren Häuser am Ende total chaotisch sind, ganz zu schweigen vom Hygieneaspekt. Nicht nur, dass diese Menschen nichts wegwerfen können, sie sammeln und kaufen auch alle möglichen Dinge, oft aus keinem anderen Grund, als um sie zu besitzen.

Das ist mangelnde Organisation im Extrem – ein psychologisches Problem, das professionelle Hilfe erfordert. Diese Menschen müssen die Dienste einer Firma in Anspruch nehmen, die kommt, gründlich ausmistet und endlich wieder Ordnung schafft. Bei den meisten von uns wird es nie so ausarten, bevor sie sich organisieren. Wenn jemand es so weit hat kommen lassen, dass er sich nicht einmal mehr vorstellen kann, Ordnung zu schaffen, ist es weise, Hilfe zu holen.

Ich neige eher dazu, Dinge loszuwerden, mit denen ich fertig bin oder die ich nicht mehr brauche, aber Dave ist ein Aufbewahrer. Er hat zum Beispiel eine große Kollektion von Verpackungen in verschiedenen Größen. Vor ein paar Tagen schenkte mir jemand eine sehr schöne, ziemlich große Kerze. Als ich sie ausgepackt hatte, brachte ich die Verpackung sofort zum Mülleimer. Dave sah die Geschenkbox und entschied so-

Organisation

fort, dass sie zu schön war, um weggeworfen zu werden, und hob sie auf.

Zu seiner Verteidigung muss ich sagen, dass er organisiert sammelt, und darüber bin ich sehr froh. Er bringt diese Dinge auf Regalen oder in Schubladen unter, und so lange sie außer Sichtweite sind, kann ich damit leben. Brauche ich dann mal eine Tüte oder eine Schachtel, erinnert er mich natürlich daran, dass jetzt keine verfügbar wäre, wenn er sie nicht aufgehoben hätte.

Ich habe einmal gehört, dass 84 Prozent der Amerikaner, die sich ständig gestresst fühlen, die Unordnung in ihrem Zuhause als Grund dafür ansehen. Sie machen sich Sorgen, weil ihr Haus nicht sauber und organisiert genug ist. Die Hauptschuld daran trägt das Gerümpel.

Äußeres Durcheinander löst in mir ein Gefühl der Verwirrung aus. Deshalb sehe ich zu, dass ich Dinge loswerde, die ich nicht brauche. Ich empfehle Ihnen dringend, sich Ihr Zuhause einmal anzusehen und Dinge auszusortieren, die einfach nur Platz wegnehmen, aber nicht verwendet werden. Die meisten von uns haben Plastikbehälter mit Deckeln zu Hause, in denen wir Essen verwahren. Bei meinen ist es jetzt so weit, dass sie mir entgegenfallen, wenn ich den Schrank aufmache. Die Deckel sind nicht bei den Behältern, auf die sie passen, und wenn ich die, die ich brauche, suchen muss, ärgere ich mich oft. Es wird Zeit, dass ich meine Plastikdosen durchsehe, die loswerde, die ich selten verwende, und die Deckel und Behälter zusammensortiere, die zusammenpassen. Ein paar Minuten Aufräumen wird mir auf lange Sicht viel Zeit sparen.

Meine Tochter erzählte mir neulich, dass sie ständig gegen Gerümpel ankämpft. Sie hat drei Teenager, die immerzu irgendetwas ins Haus bringen, fallen lassen, wo es ihnen gerade passt, und sich dann ärgern, wenn sie es nicht wiederfinden.

Sollten Sie einen sehr lebhaften Haushalt haben, in dem mehrere Personen zusammenwohnen, dann wird es zugegebenermaßen schwieriger, sich zu organisieren. Ihr »organisierter« Haushalt wird dann vielleicht anders aussehen als das Zuhause von jemandem, der allein ist oder nur mit seinem Ehepartner zusammenwohnt. Dennoch brauchen wir alle eine gewisse Form von Organisation, wenn wir irgendetwas zustande bringen wollen.

Die beste Methode, um Ordnung zu halten, sind kleine tägliche Routinen, die im Lauf der Zeit dazu führen, dass alles um Sie herum besser organisiert bleibt. Es ist auch klug, dafür zu sorgen, dass jeder im Haushalt seinen Teil dazu beiträgt. Viele Eltern haben damit Schwierigkeiten, aber das Beste ist, Kindern schon in sehr jungen Jahren beizubringen, selbst aufzuräumen. Wenn Sie Ihren Kindern alle Arbeiten abnehmen, solange sie klein sind, werden Sie das höchstwahrscheinlich auch noch tun, wenn die Kinder älter werden.

Sollten Sie der Meinung sein, es wäre schon zu spät, dann geben Sie nicht einfach auf. Es ist nie zu spät für einen Neuanfang, ganz gleich in welchem Lebensbereich. Selbst wenn Sie ein Problem haben – machen Sie es nicht noch größer, indem Sie an den schlechten Gewohnheiten festhalten, die das Problem erst entstehen ließen.

Das meiste, was Sie entsorgen, um Ihr Haus zu entrümpeln, wird nie jemand vermissen. Wahrscheinlich hilft es Ihnen sogar, die Dinge, die Sie behalten, noch mehr zu genießen. Mir ist aufgefallen: Wenn zu viele Gegenstände auf meinem Tisch stehen, die der Dekoration dienen sollen, dann freue ich mich schließlich an keinem davon mehr. Dabei hielt ich sie, als ich sie kaufte, alle für sehr hübsch. Weniger ist oft mehr!

Manchmal ist es schwierig, Dinge loszuwerden, die uns jemand geschenkt hat. Obwohl wir sie vielleicht nicht gebrauchen können und sie nicht einmal schön finden, fühlen wir uns verpflichtet, sie zu behalten. Schließlich wollen wir, wenn der Schenkende sich nach seinem Geschenk erkundigt, nicht sagen müssen, dass wir es nicht mehr haben. Ich musste mir den Standpunkt aneignen, dass das, was mir geschenkt wird, meins ist und ich damit machen kann, was mir gefällt. Wenn ich es weitergebe, ist das meine Entscheidung. Ich glaube fest daran, dass Gott uns manche Dinge gibt, damit wir sie wie Samen aussäen. Sie sollten sowieso durch unsere Hände zu jemand anderem gelangen. Mein Sohn David und ich lachen gerne über das Geschenk, das er *mir* einmal zu Weihnachten machte und das ich zwei Jahre später *ihm* als Geschenk überreichte. Das war keine Absicht, aber als ich es bekam, wusste ich sofort, dass ich es nie verwenden würde, und deshalb wanderte es in meine »Geschenkevorratskiste«. Ich vergaß dann, wer mir diese Sache gegeben hatte, und so passierte es, dass ich sie später meinem Sohn schenken wollte. Wir mussten laut lachen, als er sagte: »Mama, das habe ich doch dir geschenkt!«

Überlegen Sie sich einen Plan oder ein System, das für Sie funktioniert, und befreien Sie sich stets von so viel Gerümpel wie möglich. Sie werden staunen, welch beruhigenden Effekt das auf Ihre Umgebung hat. Ich glaube, dass Unordnung meiner Kreativität im Weg steht. Das mag nicht bei jedem Menschen so sein, aber bei mir schon.

Zeit mit der Suche nach Dingen verschwenden

Wir alle kennen den Frust, vergeblich nach dem Autoschlüssel zu suchen, wenn es Zeit ist loszufahren. Oder wir suchen unser Telefon und müssen jemanden bitten, uns anzurufen, damit wir es finden. Ist kein anderer zu Hause, stehen wir allein da. Vielleicht finden Sie – so wie ich – manche Dinge an wirklich merkwürdigen Orten wieder. Ich habe schon einmal mein Telefon zum Make-up getan und in einer Schublade eingeschlossen. Ich habe es im Schuhregal vergessen, als ich Schuhe für den Tag aussuchte. Ich hatte es sogar einmal in der Hand, während ich wie verrückt im Haus herumlief und es suchte. Benjamin Franklins Rat ist gut: Für alles einen Platz und alles an seinem Platz!

Damit das geschehen kann, müssen wir einen Gang zurückschalten. Unser temporeicher Alltag ist der Hauptgrund dafür, dass wir uns nicht die Zeit nehmen, Dinge wegzuräumen. Organisation erfordert Nachdenken, und das wiederum erfordert Zeit. Wenn wir zu beschäftigt sind, um klar und geordnet zu denken, sind große Schwierigkeiten vorprogrammiert.

Ein großer Teil unseres Problems ist, dass wir viel zu viel um die Ohren haben. In unserer modernen Gesellschaft sind die meisten zu beschäftigt und besitzen zu viel »Kram«! Wir haben oft mehr Kleidung im Schrank, die wir nicht tragen, als solche, die wir tragen. Ganz ehrlich: Wie viele Paar Schuhe besitzen Sie und welche ziehen Sie tatsächlich an? Ich hatte bereits angefangen, meine zu zählen, um Ihnen ein Beispiel zu geben, aber dann dachte ich, das wäre vielleicht zu schockierend.

Wie viele Paar Ohrringe haben Sie und wie viele davon tragen Sie vielleicht nie? Ich bin neulich alle meine Schränke durchgegangen, auch den Porzellanschrank, und habe wunderschöne Schüsseln und Platten gefunden, an die ich mich nicht einmal erinnerte! Mein Entschluss ist jetzt, Dinge zu benutzen, wenn ich sie behalten will.

Gottes Wort drängt uns, vernünftig zu sein (siehe Sprüche 13,16). Vernünftig sein heißt, unseren Besitz gut zu verwalten. Wir sollten die Dinge, die wir haben, verwenden, weil wir sie sonst verschwenden. Irgendwo gibt es irgendwen, der benutzen würde, was bei uns einfach nur ein Staubfänger ist. Geben wir diese Dinge also weiter.

Ordnung fördert die Gesundheit

Ich las einmal einen Artikel zu diesem Thema – wie gut es für die Gesundheit ist, organisiert zu sein. Hier einige der Dinge, die ich daraus lernte:

1. Organisation reduziert finanziellen Stress

Zu viel Stress hat immer negative Auswirkungen auf unsere Gesundheit und sollte vermieden werden. Auch finanzieller Stress fordert seinen Tribut. Wenn Sie aus Mangel an Organisation Rechnungen verlegen und Verzugsgebühren anfallen oder Sie Dinge neu kaufen müssen, die Sie nicht mehr finden, summiert sich das schnell. Finanzieller Stress ist einer der Hauptgründe für Eheprobleme. Die Bibel sagt, dass ein Weiser den Zustand seiner Herden kennt. Für uns bedeutet das, er weiß, wie viel Geld er hat und was er damit tut. Er weiß, wann seine Rechnungen fällig sind, und er zahlt sie frühzeitig oder pünktlich. Denken Sie nur an den Stress, der entsteht, wenn Sie eine Kreditkartenrechnung erhalten, die Sie nicht beglichen haben, und jetzt noch fünfundsiebzig Dollar Zinsen hinzugekommen sind, die Sie sich hätten sparen können, wenn Sie organisierter gewesen wären!

> Bessere Organisation bedeutet immer weniger Stress.

Was ist, wenn jemand die Steuern, die er eventuell nachzahlen muss, nicht rechtzeitig einplant? Wer selbstständig ist, hat die Verantwortung, dafür zu sorgen, dass er von seinen Einnahmen genug zur Seite legt, um seine Steuern zahlen zu können. Doch viele tun das nicht, und irgendwann geraten sie in Panik und unter einen riesigen Stress. Es sind nicht die Steuern, die den Stress auslösen. Schlechte Planung und mangelnde Organisation sind schuld. Bessere Organisation bedeutet immer weniger Stress.

2. Organisation vermeidet persönliche Konflikte

Spannungen wegen verlorener Dinge, verpasster Verabredungen, nicht rechtzeitig gezahlter Rechnungen, unerledigter Aufgaben und Unordnung können ernste Probleme in einer Ehe verursachen. Das ist besonders dann der Fall, wenn eine sehr organisierte Person jemanden heiratet, der extrem unorganisiert ist. Eine organisierte Person ist möglicherweise sehr unflexibel in ihren Erwartungen und muss sich da bestimmt anpassen, aber eine unorganisierte Person kann viel Frustration auslösen und wird versuchen müssen, sich zum Besseren zu ändern. Ich kenne tatsächlich ein Paar, das sich schließlich scheiden ließ, weil sie ständig Konflikte hatten, die durch derartige Situationen hervorgerufen wurden.

Auf einen unorganisierten Menschen kann man sich nicht verlassen. Man kann sich nie sicher sein, ob er Aufgaben wirklich erledigt, und das lässt das Vertrauen in einer Ehe schwinden. Es ist wichtig, dass wir uns auf die verlassen können, mit denen wir eine persönliche Beziehung haben.

3. Organisation gibt uns mehr Zeit für uns selbst

Wenn wir organisiert sind, bleibt Zeit für die Tätigkeiten übrig, die wir gerne machen, z. B. Sport (ja, manchen Menschen macht das wirklich Spaß) oder Zeichnen oder Lesen. Finden wir nie Zeit für solche Dinge, fühlen wir uns bald zu kurz gekommen, und das macht bitter. Wenn diese Gefühle lange genug bestehen bleiben, führen sie schließlich zu negativen Denkweisen und anderen Problemen.

Wir sollten ausgewogen leben, aber das ist ohne gute Organisation nicht möglich.

4. Organisation hilft uns, uns besser zu ernähren

Viele Menschen haben sehr schlechte Essgewohnheiten und behaupten, sie hätten keine Zeit, gesundes Essen zuzubereiten. Sie essen sehr viel Fast Food oder Fertiggerichte, denen wichtige Nährwerte fehlen. Sie haben nicht einmal Zeit, Vitamine zu kaufen und einzunehmen. Könnte ein bisschen mehr Organisation uns Zeit verschaffen, um gesünder zu leben? Ich denke schon, und ich glaube, gesunde Ernährung sollte einen höheren Stellenwert haben.

Ich rate Ihnen dringend, zu beten und einen Weg zu finden, sich zu organisieren. Verschwenden Sie keine Zeit mehr damit, sich über ein Problem zu ärgern, an dem Sie etwas ändern könnten, wenn Sie es wollten. Sie haben nur ein Leben! Sehen Sie zu, dass Sie die Dinge tun, die Ihnen wirklich wichtig sind. Nehmen Sie alle nötigen Veränderungen vor, erobern Sie Ihr Leben zurück und seien Sie der Mensch, der Sie sein sollten!

Zusammenfassung

- Sich vor Beginn eines Projekts zu organisieren, wird auf lange Sicht Zeit sparen.
- Um im Leben Erfolg zu haben, brauchen Sie ein Ziel, einen Plan, Entschlossenheit und Organisation.
- Ordnung lässt sich am besten durch kleine tägliche Routinen halten, die mit der Zeit für ein besser organisiertes Umfeld sorgen.
- Chaos behindert Kreativität.
- Es ist nie zu spät für einen neuen Anfang, egal in welchem Lebensbereich.
- Organisation vermindert Stress!

KAPITEL 13

Wofür leben Sie?

Am fehlenden Ziel scheitern mehr Menschen als am fehlenden Talent.

Billy Sunday

Ich habe bereits gesagt, dass wir unseren freien Willen einsetzen sollten, um uns für den Willen Gottes zu entscheiden. Unter anderem möchte Gott, dass wir bewusst für eine Aufgabe, ein Ziel leben. Viele Menschen fühlen sich nutzlos und sie vergeuden ihre Zeit mit der Frage, warum sie auf der Erde sind. »Wer bin ich? Wozu bin ich hier?«, ist die tiefste Sinnfrage vieler Menschen.

Sie sind hier, weil Gott Sie will! Sie sind ihm wichtig und Sie haben einen Platz in seinem Plan. Sie sind kein Zufallsprodukt. Sie wurden persönlich gestaltet von der Hand Gottes und haben Fähigkeiten bekommen, die Sie im Dienst für Gott und Mensch einsetzen sollen.

Was uns Menschen immer wieder zu Fall bringt, ist, dass wir uns – unser Können und unser Nichtkönnen – mit anderen vergleichen. Das ist ein Riesenfehler. Gott wird Ihnen nie helfen, jemand anderer als Sie selbst zu sein! Selbstannahme ist grundlegend wichtig, wenn wir den Sinn unseres Lebens herausfinden wollen. Wir sollen Gott lieben, Gemeinschaft mit ihm haben, Jesus nachfolgen und ihm ähnlicher werden. Gleichzeitig hat jeder von uns eine Rolle im Erlösungsplan zu spielen, den Gott für die Menschen hat.

Lernen Sie sich selbst kennen und lernen Sie sich wertzuschätzen! Jeder Tag, an dem Sie sich ablehnen, ist ein weiterer verschwendeter Tag. Es ist wichtig, sagen zu können:

»Ich mag mich und ich liebe mich mit der Liebe Gottes.« Alles andere hieße Gott zu beleidigen. Ich hörte einmal, wie ein Pastor eine Frau, die gerade von ihrem Hass auf sich selbst berichtet hatte, ermahnte: »Was glauben Sie eigentlich, wer Sie sind? Wenn Gott Sie genug geliebt hat, dass er seinen Sohn gab und für Sie sterben ließ, dann können Sie ja wohl aufhören, sich zu hassen, und für Gott nützlich werden!«

Nur weil ich möglicherweise nicht die Person bin, die ich gerne wäre, heißt das nicht, dass ich nicht genau diejenige bin, die ich nach Gottes Willen sein soll. Wir verhalten uns vielleicht nicht immer so, wie Gott es gerne hätte, aber unser Verhalten bessert sich, je mehr wir die Bibel kennen und je enger unsere Beziehung mit ihm wird. Gott liebt uns in dieser Zeit der Veränderung genau so sehr, wie er uns lieben wird, wenn wir dann verändert sind!

Gott liebt uns in dieser Zeit der Veränderung
genau so sehr, wie er uns lieben wird, wenn
wir dann verändert sind!

Wir müssen unbedingt begreifen, dass Gott uns liebt und dass wir durch unseren Glauben an Jesus gerecht vor ihm sind, sonst wird sich unser Verhalten nie bessern. Gott nimmt uns an und er wird uns nicht zurückweisen.

Ich wäre gerne in der Lage gewesen zu singen wie manch andere oder ein Musikinstrument zu spielen oder zu malen, aber Gott hat mir diese Begabungen nicht geschenkt. Also sollte ich offenbar keine Sängerin, Musikerin oder Malerin werden. Es ist sinnlos, das Leben damit zu verschwenden, etwas zu sein, das man nicht ist und nie sein wird! Gottes Wort lehrt uns, lieber das zu genießen, was uns zur Verfügung steht, als mit Sehnsüchten und immer neuen Wünschen zu leben (siehe Prediger 6,9).

Wie können Sie am besten aufhören, Zeit zu verschwenden? Unter anderem dadurch, dass Sie sich selbst so akzeptieren, wie

Wofür leben Sie?

Gott Sie geschaffen hat. Kämpfen Sie nie wieder gegen sich selbst. Sagen Sie: »Ich bin, was ich bin, und ich kann nichts tun, wozu Gott mich nicht geschaffen hat – aber ich kann *alles* tun, was er von mir will. Ich nehme mich als Gottes Geschöpf an. Er liebt mich und hat eine Absicht für mein Leben.« Auch wenn Sie noch nicht wissen, worin diese Absicht besteht, wird Ihnen diese Erklärung helfen, sich auf den Weg zu machen und es herauszufinden.

Entspannen Sie sich und machen Sie sich bewusst, dass Ihr Leben einen Sinn hat! Ich glaube, Gott möchte uns jeden Tag gebrauchen, wenn wir ihn darum bitten. Es gibt viele Dinge, die er durch uns tut, und wir merken noch nicht einmal, was geschieht. Vor Kurzem war ich in einem Supermarkt, da erkannte mich eine Frau und ihre Augen füllten sich mit Tränen. Sie sagte: »Ich habe heute Geburtstag. Dass ich Ihnen hier begegne, ist mein Geschenk von Gott.« Ich kaufte nur etwas zu essen ein, und Gott gebrauchte mich, um jemanden zu segnen! Ich frage mich, wie oft Gott Sie in irgendeiner Weise gebraucht, ohne dass Sie mitbekommen, wofür.

Vielleicht machen wir jemandem ein einfaches Kompliment, ohne dass uns klar ist, wie sehr er oder sie das brauchte. Wir lächeln eine Person an, und diese erlebt dadurch Trost, weil sie gerade etwas Schlimmes durchgemacht hat. Sie ist ermutigt, und wir haben Gottes Plan erfüllt, den er in diesem Moment für uns hatte. Ihnen wird entgehen, was Gott für Sie vorbereitet hat, wenn Sie nur nach großen, weltbewegenden Dingen Ausschau halten oder nach Dingen, die von allen applaudiert und bejubelt werden. Gott gebraucht kleine Dinge ebenso wie große, und manchmal gebraucht er die kleinen sogar mehr. Vergessen Sie nie: Was Ihnen klein und unbedeutend erscheint, könnte für jemand anderen ein lebensveränderndes Ereignis sein!

Lebensphasen

Wenn wir uns an Gott wenden, um seinen Willen besser zu verstehen, gibt er uns nicht unbedingt einen Plan für den Rest unseres Lebens. Aber so lange wir Gottes Willen wirklich tun wollen, können wir darauf vertrauen, dass er uns Stück für Stück, Tag für Tag dahin leitet. Ich hatte viele Arbeitsstellen, bevor mir auch nur der Gedanke kam, dass ich Gottes Wort lehren sollte. Jede dieser Arbeitsstellen war zu ihrer Zeit richtig, denn es war noch nicht so weit, dass ich tun konnte, was Gott letztlich für mich im Sinn hatte. Es kann sein, dass Gott die erste Hälfte unseres Lebens dafür verwendet, uns in die richtige Position für die zweite Hälfte zu bewegen.

Mose war dazu berufen, die Israeliten aus der Gefangenschaft und Sklaverei in Ägypten zu führen. Zuvor wurde er jedoch vierzig Jahre lang in Pharaos Palast erzogen und lebte weitere vierzig Jahre als Schafhirte in der Wüste. Erst dann erschien ihm Gott und gab ihm spezifische Anweisungen. Die ersten achtzig Jahre halfen, ihn auf den Rest seines Lebens vorzubereiten.

In der Bibel heißt es in Prediger 3,1: *Alles hat seine bestimmte Stunde, und jedes Vorhaben unter dem Himmel hat seine Zeit.* Manche Phasen in Moses Leben mögen uns überflüssig vorkommen, aber in Wirklichkeit waren sie es keinesfalls. In all der Zeit, die Mose in Ägypten und in der Wüste verbrachte, wurde er zu dem Mann, der er für Gott sein sollte.

Unsere erwachsenen Kinder haben entscheidende Posten bei *Joyce Meyer Ministries*. Ich musste sie allerdings erst großziehen, bevor sie so weit waren. Gott vertraute uns diese Arbeit an, als drei unserer Kinder Teenager waren und wir nur noch ein Kleinkind zu Hause hatten. Mit dem Größerwerden unserer Arbeit und dem Erwachsenwerden unserer Kinder wurde deutlich, welche Absicht Gott für uns alle hatte. Ich war zweiundvierzig, als *Joyce Meyer Ministries* gegründet wurde, aber offensichtlich fand Gott nicht, dass ich zu alt für diesen Neustart war. Davor wäre ich nicht bereit gewesen für die Verantwortung, die ich nun übernahm.

Verachten Sie Ihre gegenwärtige Lebensphase nicht und lassen Sie sich nicht durcheinanderbringen. Die Bibel sagt: »Verachtet nicht den Tag geringer Anfänge« (siehe Sacharja 4,10). Beten Sie und bitten Sie Gott, Sie in seine Absichten für Ihr Leben hineinzuführen, und blühen Sie dort, wo Sie gepflanzt sind. Manche Menschen sind so frustriert über ihre Suche nach dem Sinn des Lebens, dass sie sich elend fühlen, ganz gleich wo sie sind oder was sie tun. Genießen Sie die jetzige Etappe auf dem Weg zu Ihrem Ziel!

Stehen Sie Gott immer und für alles zur Verfügung. Es ist egal, ob Sie der Chef einer Firma sind oder als Fensterputzer arbeiten, solange Sie in diesem Moment Gottes Willen tun.

Nicht nur für Ruhm und Reichtum leben

Viele Menschen verschwenden ihr Leben mit der Suche nach Geld, Macht und Ruhm, doch selbst wenn sie Erfolg haben, sind sie nicht erfüllt und zufrieden. Man muss nur Biografien von reichen, berühmten Persönlichkeiten lesen, um zu erkennen, dass nur sehr wenige von ihnen wirklich ein glückliches Leben geführt haben.

Ich glaube, die meisten Menschen streben diese Dinge hauptsächlich deswegen an, weil sie unsicher sind und sich wichtig fühlen wollen. Sie verstehen nicht, dass sie bereits wichtig und wertvoll sind, weil Gott sie liebt und ein Ziel und eine Absicht für ihr Leben hat. Er hat sie doch geplant und er will sie. Wonach sie suchen, kann man nicht kaufen oder bei einer Preisverleihung gewinnen; es kann nur von Gott kommen!

Wer wirklich selbstbewusst ist, muss nichts beweisen! Jemand kann Ruhm und Reichtum haben, aber sein Wert ist nicht darin verwurzelt. Es mag schön sein, berühmt und reich zu sein, es ist aber nicht nötig, um zielstrebig zu leben und sich am Leben zu freuen.

Wer wirklich selbstbewusst ist,
muss nichts beweisen!

Ruhm und Reichtum allein verhelfen nicht zu einem Leben, mit dem man zufrieden sein kann – einem erfüllten Leben. Wer versteht, dass man nicht nur für irdische Dinge arbeiten, sondern auch Schätze im Himmel sammeln sollte, hat Weisheit erlangt. Die Weisheit lehrt uns auch, unsere Tage zu zählen. Sie erinnert uns daran, dass dieses Leben auf der Erde kurz ist und wir Gott *jetzt* folgen sollten. *Jetzt* ist die richtige Zeit, um unsere Prioritäten so zu setzen, dass wir unsere Energie in die Dinge stecken, die wirklich zählen.

Salomo gilt als der weiseste Mensch aller Zeiten. Als er um Weisheit betete, bat er Gott um Hilfe, zwischen Gut und Böse unterscheiden zu können. Wenn wir um Weisheit beten, bitten wir Gott, uns das Beste – das in seinen Augen Beste – für unser Leben zu zeigen. Ruhm und Reichtum sind nicht von Dauer. Die Finanzstrukturen der Welt können innerhalb eines Tages zusammenbrechen. Im Jahr 1929 gab es einen Börsencrash und plötzlich steckte Amerika in der Großen Depression. Im Jahr 2008 fiel der Aktienkurs an einem Tag um fast siebentausend Punkte, und abends war das, was Leute in Aktien investiert hatten, nur noch halb so viel wert wie am Morgen.

> *Du richtest deine Augen auf Reichtum, und er ist nicht mehr da;*
> *denn er macht sich Flügel wie ein Adler und fliegt gen Himmel.*
> Sprüche 23,5

Wenn wir nur für Reichtum leben und Geld unsere Sicherheit ist, dann können derartige Nachrichten große Angst hervor-

Wofür leben Sie?

rufen. Genießen Sie das Geld, das Sie haben, und nutzen Sie es, um anderen zu helfen, aber machen Sie es nicht zur Quelle Ihres Selbstbewusstseins.

Wie steht es mit Ruhm? Selbst wenn die ganze Welt einen kennt und bewundert, zeigt die Geschichte, dass man auch sehr schnell wieder in Vergessenheit geraten kann. Viele Menschen lassen sich von der Begeisterung um jeden mitreißen, der gerade besonders beliebt ist. Wofür auch immer man berühmt ist, es hält meistens nicht lange an. Dann kommt jemand daher, der besser ist, und plötzlich ist man für die Welt nicht mehr interessant.

Dave sieht sich viele Sportsendungen im Fernsehen an, und er sagt mir immer, wer Weltmeister oder in bestimmten Sportarten der Beste ist. Das ändert sich ständig. Der eine hat seine Zeit, in der er berühmt ist, doch er gerät in Vergessenheit, sobald ein anderer seinen Platz einnimmt. Dave sagte mir erst neulich, dass jemand einen neuen Golf-Rekord aufgestellt hat, und ein paar Tage später sagte er mir, jemand habe einen neuen Baseball-Rekord aufgestellt. Immer stellt irgendwer neue Rekorde auf, die die vorigen überbieten! Deshalb ist es unklug, nur für den Ruhm zu leben, der, wie historisch bewiesen, nicht von Dauer ist!

Lassen Sie mich noch einmal betonen: Ruhm und Reichtum sind nichts Schlechtes, doch wir sollten nicht dafür leben. Es ist viel besser, sich zu wünschen, nützlich zu sein als reich und berühmt.

> Es ist viel besser, sich zu wünschen,
> nützlich zu sein, statt reich und berühmt.

Es ist nicht der Sinn des Lebens, glücklich zu sein. Der Sinn des Lebens ist es, nützlich zu sein, ehrbar, mitfühlend und dass es etwas zählt, dass man gelebt und gut gelebt hat.
Ralph Waldo Emerson[17]

Haben wir unsere Begabung oder unser Talent entdeckt, müssen wir es als Nächstes weitergeben. Gebrauchen Sie, was Sie haben, im Dienst für Gott und Menschen (siehe 1. Mose 1,28). Wir glauben fälschlicherweise, etwas zu bekommen sei erfüllend, aber genau das Gegenteil ist der Fall. Wir erreichen nur dann wirklich unser Ziel und leben für das Richtige, wenn wir geben. Ich möchte Sie ermutigen, regelmäßig in das Leben anderer Menschen zu investieren, denn wenn Sie immer nur für sich »abheben«, werden Sie bald in jeder Hinsicht »bankrott« sein. Leben Sie bewusst auf ein Ziel hin!

Peter Drucker sagte einmal: »Es gibt nichts Nutzloseres, als effizient das zu tun, was gar nicht getan werden sollte.«

Leben Sie, um etwas zu bewirken? Wollen Sie, dass die Welt Sie vermisst, wenn Sie nicht mehr da sind? Wie möchten Sie in Erinnerung bleiben? Die Entscheidungen, die Sie jetzt treffen, bestimmen, wie die Antworten auf diese Fragen ausfallen.

John W. Gardner, Gründer und Leiter von *Common Cause*, sagte: »Es ist ein seltenes und hohes Privileg, Menschen verstehen zu helfen, was sie bewirken können – nicht nur in ihrem eigenen Leben, sondern auch im Leben anderer, einfach indem sie etwas von sich selbst geben.«[18]

Gardner erzählt von einem fröhlichen alten Mann, der so ungefähr jedem, mit dem er ins Gespräch kam, dieselbe Frage stellte: »Was tun Sie in Ihrem Leben, woran Sie glauben und worauf Sie stolz sind?«

Er stellte nie Small-Talk-Fragen wie: »Was machen Sie beruflich?« Immer fragte er: »Was tun Sie in Ihrem Leben, woran Sie glauben und worauf Sie stolz sind?«

Es war eine beunruhigende Frage für Menschen, deren Selbstwertgefühl auf ihrem Reichtum oder ihrem Familiennamen oder ihrem beeindruckenden Titel gründete.

Er freute sich über eine Frau, die antwortete: »Ich erziehe meine drei Kinder gut«, und über einen Schreiner, der sagte: »Ich glaube an den Wert guter Qualitätsarbeit und stelle sie selbst her«, und über eine Frau, die sagte: »Ich habe eine Buchhandlung eröffnet. Es ist die beste Buchhandlung im Umkreis von mehreren Kilometern.«

»Es ist mir eigentlich egal, was die Leute antworten«, sagte der alte Mann. »Ich möchte ihnen nur diesen Gedanken mitgeben. Sie sollten ihr Leben so führen, dass sie eine gute Antwort geben können. Nicht eine gute Antwort für mich, sondern für sich selbst. Das ist das Wichtige.«

Dieses Buch schreibe ich unter anderem deshalb, um Ihnen zu helfen, Entscheidungen zu treffen, auf die Sie stolz sein können. Nichts ist schlimmer, als jeden Tag aufzustehen, durch den Tag zu schlurfen und dann abends wieder ins Bett zu gehen mit dem leeren und frustrierten Gefühl, einen weiteren Tag vergeudet zu haben und eigentlich überhaupt nicht zu wissen, wofür man lebt.

Es ist wirklich bestürzend, jemandem dabei zuzusehen, wie er sein Leben vergeudet. Ich weiß das, denn ich habe meinen Vater, meine Mutter und meinen Bruder dabei beobachtet, wie sie ihr Leben auf unterschiedliche Weise vergeudeten. Sie schienen an einem Ort gefangen zu sein, der sie für die Leere ihres Lebens blind machte. Sie verstanden nie die Wahrheit in Bezug auf das wunderbare Leben, das sie mit Gott hätten haben können. Vor ihrem Tod fanden sie alle zum Glauben an Gott und nahmen Jesus an, aber sie starben, ohne je wirklich gelebt zu haben.

Ich tat, was ich konnte, um sie zu anderen Entscheidungen zu bewegen, aber das fruchtete nichts. Schließlich erkannte ich, dass jeder seine eigenen Entscheidungen treffen muss, was er mit dem einen Leben, das er bekommen hat, anfangen will. Keiner kann uns dazu bringen, das Richtige zu tun. Nicht einmal Gott wird uns zwingen – er gibt uns die Gelegenheit, aber wir müssen uns dafür entscheiden!

Ich denke, die einzigen Menschen, an die wir uns wirklich im Leben erinnern, sind diejenigen, die ihr Leben nutzten, um anderen zu helfen oder in irgendeiner Weise ein Segen zu sein. Ich bezweifle, dass es einen wichtigen Grund gibt, ausschließlich für sich selbst zu leben. Wenn wir nicht leben, um das Leben eines anderen Menschen besser zu machen, dann leben wir eigentlich gar nicht richtig. Deshalb will ich zum Schluss noch einmal fragen: Wofür leben Sie?

Wenn wir nicht leben, um das Leben eines anderen Menschen besser zu machen, dann leben wir eigentlich gar nicht richtig.

Zusammenfassung

- Gott möchte, dass Sie bewusst für ein Ziel leben.
- Selbstannahme ist grundlegend wichtig, um den Sinn des eigenen Lebens zu finden.
- Gott nimmt Sie an – er wird Sie niemals zurückweisen.
- Eine Handlung, die Ihnen klein und unbedeutend erscheint, kann für jemand anderen ein lebensveränderndes Ereignis sein.
- Genießen Sie die Wegstrecke, auf der Sie sich gerade befinden.
- Sie erfüllen Ihr Ziel nur dann wirklich, wenn Sie anderen helfen.
- Jeder von uns muss für sich selbst entscheiden, was er mit dem einen Leben, das er bekommen hat, anfangen will.

KAPITEL 14

Das Ziel im Auge behalten

Jesus ist das beste Beispiel für jemanden, der zielorientiert lebte. Er hatte ein bestimmtes Ziel, und er war fest entschlossen, dieses Ziel zu erreichen. Sehen Sie sich einmal folgende Begebenheit aus dem Lukasevangelium an:

> *Bei Tagesanbruch verließ Jesus das Haus und ging an einen einsamen Ort. Doch die Leute suchten ihn, bis sie ihn gefunden hatten. Sie wollten ihn festhalten und verhindern, dass er von ihnen wegging. Aber er sagte zu ihnen: »Ich muss auch den anderen Städten die Botschaft vom Reich Gottes verkünden, denn dazu [in dieser Absicht, zu diesem Zweck, mit diesem Ziel] bin ich gesandt worden.«*
>
> Lukas 4,42-43

Jesus war in Kapernaum zu Besuch gewesen und hatte dort gepredigt. Nun war die Zeit gekommen, woanders hinzugehen, aber die Menschen versuchten, ihn vom Weiterziehen abzuhalten. Seine Antwort gab ihnen zu verstehen, dass er bei seinem Plan, seiner Absicht bleiben musste. Wohlmeinende Menschen, denen wir wichtig sind, werden oft benutzt, um uns vom Erreichen unseres Lebensziels abzuhalten. Ihre Pläne richten sich nach dem, was für sie selbst am besten wäre, doch das stimmt nur selten mit Gottes Plan überein.

Jesus kam unter anderem, um das Evangelium zu verkünden, mit seinem Leiden und Sterben für unsere Sünden zu bezahlen (siehe Hebräer 9,26), die Werke des Teufels zu zerstören (siehe 1. Johannes 3,8), uns ein Beispiel zu geben, dem wir folgen sollen (siehe 1. Petrus 2,21), das Dienen vorzuleben (siehe

Markus 10,45) und das Gesetz zu erfüllen (siehe Matthäus 5,17-18).

Jesus verbrachte vierzig Tage in der Wüste und wurde vom Teufel versucht, der sich unermüdlich darum bemühte, Jesus von seinem göttlichen Ziel abzubringen (siehe Lukas 4,1-13). Gott sei Dank war Jesus fest entschlossen, den Willen Gottes zu tun.

Bei einer anderen Gelegenheit versuchte Petrus, Jesu Ziele dadurch zu vereiteln, dass er ihm sagte, er dürfe nicht nach Jerusalem gehen, um durch die Hand der Juden zu leiden. Ohne Umschweife stellte Jesus Petrus zur Rede und nannte ihn ein Hindernis und einen Fallstrick. Dann sagte er: »*Geh weg von mir, Satan!*« (Matthäus 16,23). Unglaublich! Das nenne ich geradeheraus mit einer Versuchung umgehen! Jesus wusste, dass der Teufel Petrus benutzte, um ihn von Gottes Willen und Absicht abzubringen, aber er war fest entschlossen, das nicht zuzulassen. Der Apostel Paulus erlebte dieselbe Art von Opposition und sagte, wenn er versucht hätte Menschen zu gefallen, dann wäre er nicht ein Apostel Jesu Christi geworden (siehe Galater 1,10). Ich weiß ebenfalls ganz sicher: Hätte ich versucht Menschen zu gefallen, dann wäre ich heute nicht im vollzeitlichen geistlichen Dienst. Ich würde dieses Buch nicht schreiben. Ich wäre wahrscheinlich frustriert und unerfüllt und würde mich fragen, warum ich kein Glück und keinen Frieden finden kann. Die meisten Menschen haben keine Vorstellung davon, wie hoch der Preis ist, den sie zahlen müssen, wenn sie leben, um anderen zu gefallen, statt Gott zu gefallen und ihm zu folgen.

Die Bibel weist deutlich darauf hin, dass wir uns angesichts von unmittelbarer Opposition entscheiden müssen, ob wir auf unserem Lebensweg Gott oder Menschen gefallen wollen. Wenn wir jetzt die richtige Wahl treffen, werden wir später nichts bereuen müssen.

Bereit zur Veränderung

Die Männer, die Jesus nachfolgten, hatten alle einen Beruf und waren sehr beschäftigt, aber als Jesus zu jedem Einzelnen sagte: »Folge mir«, ließen sie sofort hinter sich, was sie taten, und folgten ihm.

Was, wenn sie nicht ihrem Herzen gefolgt wären, sondern sich stattdessen auf ihren Verstand verlassen hätten? Dann wären sie nicht am größten Wunder der Welt beteiligt gewesen. Verpassen Sie nicht Ihren Moment. Lassen Sie sich Ihr Wunder nicht entgehen!

> Wenn wir nicht bereit sind zu riskieren, was wir jetzt haben, werden wir nie herausfinden, was wir haben könnten.

Die Jünger fragten nicht, was sie verdienen oder wo sie schlafen würden und wie der Arbeitstag sich gestalten würde. Sie gingen einfach los – genau wie Abraham es tat, als Gott ihn rief –, ohne sich Gedanken zu machen, wohin. Abraham ist ein gutes Beispiel dafür, wie wir auf Gottes Ruf reagieren sollten:

> *Durch den Glauben gehorchte Abraham, als Gott ihn aufforderte, seine Heimat zu verlassen und in ein anderes Land zu ziehen, das Gott ihm als Erbe geben würde. Er ging, ohne zu wissen, wohin ihn sein Weg führen würde.*
>
> Hebräer 11,8

Alle diese Männer gingen Risiken ein! Wenn wir nicht bereit sind zu riskieren, was wir jetzt haben, werden wir nie herausfinden, was wir haben könnten. Das heißt natürlich nicht, dass wir dumme Entscheidungen treffen sollten. Denken wir einmal über das nach, was diese Männer taten: Ihr Verhalten war in den Augen jedes logisch und vernünftig denkenden Betrachters sicherlich töricht. Aber ihr Glaube trieb sie voran. Der Glaube wird auch Sie an Orte führen, wohin die Vernunft Sie nicht gehen lassen würde. Im Glauben zu leben erfordert, dass Sie Schritte wagen, ohne immer genau zu wissen, was passieren wird.

Ich war eine sehr beschäftigte Hausfrau und Mutter, als Gott mir den Auftrag gab, Bibellehrerin zu werden. Genau genommen war ich gerade dabei, mein Bett zu machen. Von dem Moment an habe ich dieses Ziel eifrig verfolgt. Ich musste viele Risiken eingehen und manche Opfer bringen, aber ich bin sehr dankbar, dass ich die richtige Entscheidung getroffen habe. Wenn wir unserem von Gott gesetzten Ziel nicht folgen, werden wir immer nach etwas suchen, es aber nie bekommen. Am Ende sind wir dann innerlich leer und frustriert – doch das muss nicht sein.

Vielleicht verlangt der Glaube uns ab, manches loszulassen. Viele Menschen haben Angst davor, das loszulassen, was sie für sicher halten. Mit Gott können wir allerdings mitten im Risiko Sicherheit erfahren! Solange er unsere Schritte lenkt, sind wir nicht in Gefahr.

Leidenschaftlich leben

Wer leidenschaftlich ist, wird durch starke, intensive Gefühle gedrängt, etwas zu tun. Ich sagte bereits, dass ich ein großes Ziel mit Leidenschaft verfolge. Aber um diese Leidenschaft zu bekommen, muss man genießen, was man tut. Ich *will* das tun, was ich tue – ich bin begeistert davon und kann mir keine andere Arbeit vorstellen. Fragen Sie sich doch selbst einmal, was Sie begeistert, was Sie genießen und wobei Sie sich so richtig lebendig fühlen. Es ist schwer, sein Leben für etwas zu geben, wofür man keine Leidenschaft empfindet.

Ich glaube nicht, dass ein liebender Gott von mir verlangen würde, mein Leben lang etwas zu tun, das ich hasse. Manche Leute üben ihren Beruf einfach nur deshalb aus, weil sie damit

Das Ziel im Auge behalten

viel Geld verdienen, sind aber total unglücklich dabei. Vielleicht ist Geld doch nicht so wichtig wie Freude und Genuss? Tun Sie etwas, das Ihnen Spaß macht! Damit ist nicht gemeint, selbstsüchtig zu leben. Verwechseln Sie nicht wahre Freude mit Entertainment.

Eine weitere Frage, die man sich auf der Suche nach dem Ziel seines Lebens stellen sollte, lautet: Was kann ich gut? Gott möchte, dass Sie Erfolg haben, aber das wird nicht möglich sein, wenn Sie versuchen etwas zu tun, das Sie nicht gut können. Ich kann gut reden. Ich bin ein begabter Kommunikator, und deshalb fühle ich mich wohl, während ich das tue, was Gott mir aufgetragen hat.

Wenn Sie gerne kochen, dann sollten Sie vielleicht ein Restaurant oder einen Catering-Service eröffnen. Eine andere Möglichkeit wäre, einfach für Ihre Familie und Freunde zu kochen. Wenn Sie es lieben zu backen, könnten Sie vielleicht eine Bäckerei aufmachen. Ich kenne eine Frau, der es Spaß macht, das Haus zu putzen – sie darf herzlich gern meines putzen, wenn sie sich einmal etwas Gutes tun will!

Es macht mich traurig, Menschen unglücklich durchs Leben gehen zu sehen, weil sie überhaupt keine Freude an dem haben, was sie tun. Haben Sie keine Angst, eine Veränderung vorzunehmen oder ein Risiko einzugehen. Wer weiß, was Sie auf der anderen Seite dessen, was Sie für »sicher« halten, entdecken! Finden Sie etwas, für das Sie sich engagieren können, und tun Sie es von ganzem Herzen.

> In schwierigen Zeiten spornt die Leidenschaft uns an weiterzumachen, obwohl wir eigentlich aufgeben wollen.

In schwierigen Zeiten spornt die Leidenschaft uns an weiterzumachen, obwohl wir eigentlich aufgeben wollen. Wer etwas ins Leben ruft oder aufbaut, braucht viel Mut und Opferbereitschaft. Es gibt Phasen, in denen man sich fragt, ob es das überhaupt wert ist. Echte Leidenschaft sorgt dafür, dass wir nicht aufgeben können, selbst wenn wir das wollen. Leidenschaft treibt uns in unserm Lebenslauf über die Ziellinie.

Man könnte sagen, dass eine Bärenmutter leidenschaftlich an der Sicherheit ihrer Bärenkinder interessiert ist. Sie wird wild, wenn jemand versucht, sie von ihr wegzunehmen oder ihnen in irgendeiner Weise Schaden zuzufügen. Leidenschaft verleiht uns einen »ungestümen« Geist. Sie gibt uns eine Zielstrebigkeit, die nicht jeder versteht. Wir lassen uns unser Lebensziel nicht rauben, wenn wir wahre göttliche Leidenschaft haben.

Das Wörterbuch Merriam-Webster definiert Leidenschaft unter anderem als das Leiden, das Christus zwischen dem Letzten Abendmahl und seinem Tod ertrug[19]. Was für ein Gedanke! Leidenschaft bedeutet, dass wir bereit sind zu leiden, um unser Ziel zu erreichen. Jesus hat gelitten und wir alle profitieren davon. Das schenkt ihm unaufhörliche Freude. Ich kann mit Bestimmtheit sagen: Wenn jeder von uns das Ziel erfüllt, für das wir auf dieser Erde sind, werden wir Freude haben. Auch anderen Menschen werden die Entscheidungen, die wir in unserem Leben treffen, dann sehr zugutekommen.

Begeisterung

Leidenschaft ist enthusiastisch, kreativ und lebendig – sie ist aktiv! Begeisterung taucht nicht einfach so auf, sondern ist das Ergebnis einer Aktivität. Ich fühle mich zum Beispiel nicht besonders enthusiastisch, wenn ich morgens aufwache. Ich muss mich quasi selbst wachrütteln. Beim zielorientierten Leben geht es eigentlich immer darum, dass wir nicht nach unseren Gefühlen leben, sondern Entscheidungen treffen, von denen wir wissen, dass sie gute Ergebnisse hervorbringen. Unsere Gefühle dürfen sich, wenn sie möchten, gerne anpassen. An den meisten Tagen lassen sich meine Gefühle darauf ein und machen mit, aber manchmal gibt es Tage, da stellen sie sich quer. Das sind Tage, an denen ich auf die Probe gestellt werde. Solche Tage ermöglichen es mir, geistlich zu wachsen und Charakter zu entwickeln.

Ich wache morgens auf und spreche häufig erst einmal – noch bevor ich aufstehe – laut aus, dass mir an diesem Tag etwas Gutes passieren wird und dass an diesem Tag etwas Gutes durch mich passieren wird. Ich bete und erwarte, dass der Tag gesegnet sein wird. Ich bete um Energie, Enthusiasmus, Eifer und Leidenschaft – und dann stehe ich auf!

Fangen Sie Ihren Tag nicht damit an, sich wegen der Fehler und des Versagens von gestern schuldig zu fühlen. Empfangen Sie Gottes Barmherzigkeit und Vergebung und erwarten Sie, dass für und durch Sie Gutes passiert. Ein permanent schlechtes Gewissen wird Ihnen nur Energie rauben und hilft Ihnen nicht dabei, das Beste aus Ihrem Tag zu machen.

Es ist wichtig, dass Sie Ihren Tag richtig beginnen. Dazu gehört auch, dafür zu sorgen, dass Sie keine schlechte Einstellung gegenüber sich selbst haben. Ihr Selbstbild beeinflusst Ihr Handeln. Wenn Sie sich abwerten und wertlos fühlen, wirkt sich das negativ auf Ihren Umgang mit anderen Menschen aus. Die Tatsache, dass Jesus für Sie gestorben ist, gibt Ihnen unendlichen Wert. Glauben Sie, dass Sie für Gottes Plan wichtig sind, und Sie werden mit mehr Begeisterung in den Tag starten.

Wenn ich meinen Tag auf diese Weise beginne, bin ich ziemlich enthusiastisch bei dem Gedanken nun loszulegen. Es ist ein wichtiger Teil meines zielorientierten Tages. Ich verbringe Zeit mit Gott, weil ich weiß, dass der Tag sonst nicht gut verlaufen wird, aber in der Hauptsache tue ich es, weil ich Gott liebe und mit ihm zusammen sein will. Oft denke ich während dieser Zeit auch über das nach, was ich an dem Tag erledigen will und muss. Dann lege ich los!

Ihnen steht heute vielleicht der Hausputz bevor und Sie denken, dass Sie darüber mit Sicherheit nicht begeistert sein können – aber das stimmt nicht! Wenn Sie Ihren Tag richtig beginnen, werden Sie überrascht sein, wie viele Dinge Sie genießen und beschwingt tun können!

Hoffnungsvolles Denken führt zu einem energiegeladenen, enthusiastischen Leben!

Vergeuden Sie den heutigen Tag nicht

Machen Sie das Beste aus Ihrem Tag! Leben Sie ihn richtig aus, und das mit voller Absicht. Die Herrlichkeit Gottes besteht darin, dass der Mensch wahrhaft lebt! Ich spreche täglich mit einem oder mehreren meiner Kinder, es sei denn, ich bin außer Landes und in einer ganz anderen Zeitzone. Normalerweise kann ich am Klang ihrer Stimme hören, wie es ihnen geht. Wenn ich frage: »Wie geht es dir heute?«, und sie antworten leise: »Ach, ganz okay«, bin ich immer enttäuscht, weil ich weiß, dass ihnen irgendetwas zu schaffen macht. Ich möchte, dass meine Kinder jeden Tag ganz und gar genießen. Wie könnte Gott für seine Kinder weniger wollen?

Wir alle haben unsere Probleme und nicht jeder Tag wird perfekt sein. Wir sollten uns trotzdem entscheiden, jeden Tag, den Gott uns gibt, zu genießen und in seiner ganzen Bandbreite zu leben! Machen Sie Ihre Tage zu etwas Wertvollem, denn die Zeit vergeht schneller, als die meisten von uns sich vorstellen können. Ich sagte meinen Kindern neulich, dass wir so viel wie möglich lachen und schöne gemeinsame Erinnerungen schaffen sollten, und sie stimmten mir zu.

Lassen Sie sich nicht einfach durchs Leben treiben. Leben Sie nicht in der Finsternis, sondern folgen Sie dem Licht, wie Jesus es uns gelehrt hat.

Jesus erwiderte: »Das Licht ist nur noch kurze Zeit unter euch. Geht euren Weg im Licht, solange ihr das Licht habt, damit die

Finsternis euch nicht überfällt. Wer in der Finsternis unterwegs ist, weiß nicht, wohin sein Weg ihn führt.«

Johannes 12,35

Wenn wir nicht bewusst dem Licht folgen, wird die Finsternis uns einholen. Ich denke, für unsere Zwecke in diesem Buch können wir sagen, dass dem Licht zu folgen bedeutet, das zu tun, was wir als das Richtige erkennen. Solange wir bewusst das tun, was richtig ist, kann die Finsternis uns nicht einholen. Sie hat keine Macht über uns. Aber wenn wir ziel- und orientierungslos dahintreiben, wird die Finsternis uns irreführen.

Zusammenfassung

- Jesus ist das beste Vorbild, wenn es darum geht, mit einem Ziel und einer Absicht zu leben.
- Wir alle müssen eine Entscheidung treffen – wollen wir Gott oder anderen Menschen gefallen?
- Der Glaube wird Sie an Orte führen, wohin die Vernunft Sie niemals gehen lassen würde.
- Setzen Sie Ihr Leben für das ein, was Sie mit Leidenschaft tun wollen.
- Begeisterung ist nicht nur ein Gefühl, sondern es ist eine Entscheidung.
- Die Tatsache, dass Jesus für Sie gestorben ist, gibt Ihnen unendlichen Wert.

KAPITEL 15

Aktiv oder passiv?

*Da sprach der Herr zu mir: Du hast richtig gesehen;
denn ich wache über mein Wort und führe es aus.*

Jeremia 1,12

Gott bezeichnet sich selbst als wachsam und aktiv, und da wir in seinem Bild geschaffen wurden (siehe 1. Mose 1,27) und ihn nachahmen sollen (siehe Epheser 5,1), kann man logischerweise annehmen, dass wir ebenfalls wachsam und aktiv sein sollen.

Aktivität ist das genaue Gegenteil von Passivität. Adam war passiv im Garten Eden, als Eva ihm die verbotene Frucht gab. Ohne jeden Widerstand gegen ihren Vorschlag aß er sie. Gott hatte Adam gesagt, dass er nicht von diesem einen Baum essen sollte, und er hatte ihm auch gesagt, dass ein Zuwiderhandeln ernste Folgen haben würde. Gott gab Adam außerdem Autorität und Entscheidungsfreiheit, aber als Adam verleitet wurde, das Falsche zu wählen, nutzte er seine Autorität nicht, um der Versuchung zu widerstehen.

Was sich aus Adams Passivität ergab, die zur Sünde führte, schadete nicht nur ihm, sondern verursachte ein Problem für die gesamte Menschheit. Das hätte vermieden werden können. Adam nutzte seinen freien Willen nicht, um den Willen Gottes in dieser Situation zu tun. Obwohl er wusste, was Gottes Wille war, ließ er sich von seinen Emotionen leiten und folgte seiner Frau.

Passivität ist Nichthandeln oder Nichtwiderstehen. Der Passive lässt sich eher von Gefühlen als durch den Heiligen Geist leiten. Passive Menschen haben sowohl einen freien Willen als auch die Wahlfreiheit, aber sie nutzen sie nicht. Ihre Passivität führt zu unkalkulierbar großen Problemen. Ich hörte einmal die folgende Definition von Passivität: »widerstandslos Leiden annehmen«. Genau das tun passive, inaktive Menschen, auch wenn sie es vielleicht in dem Moment nicht merken. Letztlich leiden sie in vielerlei Hinsicht und schieben die Schuld auf alles Mögliche, obwohl das gar nicht das eigentliche Problem ist.

Das Resultat ihrer Inaktivität zeigt sich in einem Leben, das sie nicht genießen und mit dem sie unzufrieden sind. Nur selten zählen sie jedoch eins und eins zusammen und übernehmen die Verantwortung für ihre unangenehme Situation. Inaktivität ist »Untätigkeit oder gewohnheitsmäßige Untätigkeit, Mangel an Handlung oder Einsatz, Trägheit«.[20]

Gott hat ein wunderbares Leben für jeden von uns vorbereitet und wir können seinem Willen entsprechend Entscheidungen treffen, um es zu genießen. Ich sage oft, dass jeder, der einfach nur nach seinen Gefühlen lebt, genauso gut sein Leben unter »Zerstört« abheften kann.

Jesus ist unser Vorbild und er war alles andere als passiv. Er suchte aktiv Gottes Willen, lebte ihn aus und widerstand jeder Versuchung und jedem Druck, es anders zu machen. Die Wörter, mit denen wir Gott beschreiben, offenbaren ihn als aktiv – er rettet, er erlöst, er heilt, er versorgt, er hilft.

Jesus nahm sich Zeit zum Ausruhen und Beten, aber selbst dies war eine bewusste Entscheidung. Ihm war klar, dass er beides tun musste, um Gottes Willen ganz und gar zu erfüllen. Viele Menschen unserer Zeit sind gestresst und leiden darunter, aber sie finden eine Entschuldigung nach der anderen dafür, dass sie sich nicht ausruhen. Ganz gleich wie viele Ausreden wir für unsere falschen Entscheidungen vorbringen, das Resultat bleibt immer das gleiche.

Manche Menschen sind zu sehr wie Martha, die übertrieben aktiv war und der Arbeit mehr Wert beimaß, als sie hätte tun sollen. Maria hingegen wusste, wann sie ihre Arbeit zur Seite legen und Zeit mit Jesus verbringen sollte (siehe Lukas 10,38-

42). Wir müssen ein ausgewogenes Leben führen, und das können wir, indem wir in unserem geistlichen ebenso wie in unserem natürlichen Leben eine aktive Rolle übernehmen.

Wenn wir in Gemeinschaft, Gebet und Bibelstudium Zeit mit Gott verbringen, werden wir lernen, wie wir richtig leben sollen. Es hilft uns geistlich zu wachsen, und das ist sehr wichtig. Viele Christen haben seit ihrer Bekehrung keinen geistlichen Fortschritt gemacht. Sie haben eine lange Liste mit schlechten Gewohnheiten, die sie aufgeben möchten, aber sie tun nichts, was ihnen dazu verhilft. Sitzen Sie nicht untätig da und lassen das Leben einfach so dahinplätschern. Entscheiden Sie sich, bewusst und zielgerichtet zu leben.

> Sitzen Sie nicht untätig da und lassen das Leben einfach so dahinplätschern. Entscheiden Sie sich, bewusst und zielgerichtet zu leben.

Viel Aufmerksamkeit wird den aggressiven Sünden wie Gewalttätigkeit und Grausamkeit und Gier mit all ihren tragischen Auswirkungen gewidmet, sodass den passiven Sünden wie Apathie und Faulheit, die sich auf lange Sicht verheerender und zerstörerischer auf die Gesellschaft auswirken als die anderen, zu wenig Aufmerksamkeit zukommt.

Eleanor Roosevelt[21]

Nicht zu handeln kann genauso verheerend sein wie böse zu handeln. Dietrich Bonhoeffer werden folgende Worte zugeschrieben: »Schweigen im Angesicht des Bösen ist selbst böse: Gott wird uns nicht als schuldlos betrachten.«[22] Wie können wir in einer Welt, in der so viel getan werden muss, auch nur einen Tag leben, ohne etwas Bedeutungsvolles zu tun?

Und los!

Beschließen Sie, das bestmögliche Leben anzustreben und sich dann aktiv daranzumachen, dieses Leben zu führen. Ein gutes Leben nur zu *wollen*, wird nicht zu einem guten Leben führen. Wir müssen tun, was nötig ist, um das zu bekommen, was wir haben wollen. Hinter jeder Wirkung steht eine Ursache! In der Bibel werden wir häufig dazu aufgefordert, wach, aktiv und uns der Geschehnisse in unserer Umgebung bewusst zu sein.

Die folgenden Bibelstellen machen das deutlich:

Was ich euch hier sage, das sage ich allen: Seid bis zu seiner Rückkehr wachsam!

Markus 13,37

Da wir von so vielen Zeugen umgeben sind, die ein Leben durch den Glauben geführt haben, wollen wir jede Last ablegen, die uns behindert, besonders die Sünde, in die wir uns so leicht verstricken. Wir wollen den Wettlauf bis zum Ende durchhalten, für den wir bestimmt sind.

Hebräer 12,1

Bitte beachten Sie die Ausdrücke in diesen Bibelstellen, die uns anweisen, offensiv und aktiv dem Leben nachzujagen, das wir führen und genießen können, weil Jesus für uns gestorben ist. Wir lesen zum Beispiel: *wachsam, ablegen, durchhalten*. Das sind Aktionswörter – Wörter, die wir in unserem Leben gebrauchen können, wenn wir das Beste aus jedem Tag machen wollen.

Ich hörte von einem kleinen Jungen, der einmal im Schlaf aus dem Bett fiel. Sein Vater hob ihn auf und legte ihn wieder ins Bett. Er fragte: »Was ist passiert, mein Schatz?« Der Kleine antwortete: »Ich bin zu nah an der Stelle eingeschlafen, wo ich mich hingelegt habe.«

Aktiv oder passiv?

Viele Christen sind zu nah an der Stelle eingeschlafen, an der sie »hereingekommen« sind. Sie sind nicht in Gefahr, ihre Erlösung zu verlieren, aber sie haben seit ihrer Bekehrung keinen geistlichen Fortschritt gemacht. Gott erwartet, dass wir kontinuierlich Fortschritte machen. Alles, was lebt, bewegt und verändert sich ständig – es wächst. Wenn es in einem Tümpel keine Bewegung gibt, wenn kein frisches Wasser hinein- und altes abfließt, wird das Wasser darin abgestanden und nutzlos.

Die Bibel tadelt »schlafende Christen«. Sie sollen aufwachen!

Deshalb heißt es: »Wach auf, du Schläfer, steh von den Toten auf, dann wird Christus dir aufleuchten.«
Epheser 5,14

Wir leben in besorgniserregenden Zeiten. Gefahr und Betrug lauern überall um uns herum, aber wenn wir wachsam und aktiv bleiben, sind wir sicher. In seinem Brief an die Christen in Rom schrieb Paulus, dass es eine entscheidende Stunde sei und höchste Zeit, aufzuwachen und die Realität zu erkennen. Er sagte, die endgültige Rettung sei näher als zu der Zeit, als sie zum Glauben gekommen waren (siehe Römer 13). Paulus glaubte, dass Jesus bald wiederkäme, noch zu seinen Lebzeiten – wie viel näher ist dieser Zeitpunkt also heute?

Wir wollen doch bereit sein für Jesu Rückkehr! Wir dürfen nicht wie die fünf törichten Jungfrauen in Matthäus 25 sein, die einschliefen und nicht vorbereitet waren, als der Bräutigam kam.

Jesus erzählte diese Geschichte, um einen wichtigen Gedanken zu verdeutlichen. Er sprach von zehn Jungfrauen; fünf waren klug, fünf waren töricht. Sie alle nahmen ihre Lampen (Licht) und gingen los, um auf den Bräutigam zu warten. Fünf waren töricht, denn sie planten nicht voraus, aber fünf waren klug und nahmen noch zusätzliches Öl mit für den Fall, dass sich alles länger als erwartet hinziehen würde. Passive, inaktive, faule Menschen tun nie irgendetwas zusätzlich. Sie wenden nur gerade genug Energie auf, um durch den Tag zu kommen!

Am Ende der Geschichte wurden die fünf törichten Jungfrauen zurückgelassen, weil sie nicht vorbereitet waren. Als der Bräutigam ankam, versuchten sie ihr Versäumnis nachzuholen, aber da war es zu spät.

Wie viele Menschen warten, bis es zu spät ist, um das Richtige zu tun? Sie wurden nicht aktiv, um das Richtige zu tun, als sie die Gelegenheit dazu hatten, und obwohl sie ihre Entscheidungen nun bereuen, haben sie bereits etwas verloren, das sie nicht zurückbekommen können.

Wir können uns des guten Lebens, das Gott uns in Jesus gibt, bewusst sein, und ebenso der guten Dinge, die er durch uns tun will. Jeden Tag können wir vom Schlaf aufwachen und losziehen!

Als der Apostel Johannes auf der Insel Patmos war, wo er von Gott die Botschaften empfing, die wir das Buch der Offenbarung nennen, wurden ihm sieben Briefe für sieben verschiedene Gemeinden gegeben. Viele davon enthielten Tadel, Korrektur und Warnung ebenso wie Ermutigung.

Jesus sagte der Gemeinde von Laodizea, sie seien weder heiß noch kalt, deshalb werde er sie aus seinem Mund ausspucken (siehe Offenbarung 3,15-16). Ich möchte nicht spekulieren, was genau das bedeutet, aber zumindest heißt es, dass sie ihm nicht schmeckten. Sie waren selbstzufrieden, lauwarm, nicht für und nicht gegen ihn. Tatsächlich war es seine große Liebe zu ihnen, die ihn motivierte, diese harten Worte auszusprechen. Er hoffte, dass sie aufwachen und aktiv werden würden.

Der Gemeinde in Thyatira schrieb er, dass er ihre Werke kenne, ihre Liebe und ihren Glauben, ihren Dienst und ihre Geduld, dass er aber eines gegen sie habe (siehe Offenbarung 2,18-29). Sie tolerierten »Isebel«, die andere aktiv in die Sünde führte! Mit anderen Worten, sie waren inaktiv gegen Sünde in ihrer Mitte. War es hart von Gott, nicht froh über eine Ge-

Aktiv oder passiv?

meinde zu sein, die sich in vielerlei Hinsicht so gut verhielt und nur ein einziges Problem hatte? Nein, es war überhaupt nicht hart. Gott erwartet, dass wir ständig Fortschritte machen, und dafür müssen wir uns dem Bösen entgegenstellen, wo immer wir es finden.

Wir können nicht alle bösen Menschen in der Welt verändern, aber wir können dafür sorgen, dass wir uns in ihrer Mitte nicht wohlfühlen. Hört sich »erfolgreicher Christ sein« nach einem Vollzeitjob an? Ist es ja auch! Es bedeutet viel mehr als am Sonntagmorgen in einen Gottesdienst zu gehen, der fünfundvierzig Minuten oder eineinhalb Stunden dauert, je nachdem zu welcher Denomination man gehört. Wenn Sie regelmäßig zur Kirche gehen, dann ermutige ich Sie, sich auch aktiv einzubringen. Sollte das in Ihrer Kirche nicht möglich sein, dann bringen Sie sich irgendwo ein, wo das Reich Gottes gefördert wird.

Oft verwechseln wir »Dienst für Gott« mit »im Gottesdienst sitzen«. Wir sind wie der Bauer, der das Arbeiten auf dem Feld durch das Ansehen von Landwirtschaftssendungen im Fernsehen ersetzt. Die Zäune kippen um, das Unkraut erstickt die Ernte und der Feind läuft Amok.

Der Gemeinde in Sardis sagte Jesus: *Ich weiß, wie du lebst und was du tust. Du stehst im Ruf, eine lebendige Gemeinde zu sein, aber in Wirklichkeit bist du tot. Wach auf und stärke, was noch am Leben ist, damit es nicht auch stirb* (Offenbarung 3,1-2).

Der Gemeinde in Ephesus sagte er, sie habe ihre erste Liebe (ihn) verlassen (siehe Offenbarung 2,4). Pergamon schrieb er, dass manche von ihnen einer falschen Lehre anhingen und andere verführten (siehe Offenbarung 2,12-14).

Das hört sich für mich so an, als würden wir, wenn wir nicht ständig in die richtige Richtung gehen, in die falsche abdriften. In meinem Leben fällt mir zum Beispiel auf, dass ich wieder in destruktive Redeweisen verfalle, wenn ich mich nicht regelmäßig mit Bibelstellen befasse, in denen es um die Macht der Worte geht. Beschäftige ich mich mit dem Thema Liebe, dann bin ich auch geneigt, in der Liebe zu leben. Setze ich mich mit dem Geben auseinander, werde ich großzügiger. Dies sind alles Dinge, über die ich mir völlig im Klaren bin, aber wenn ich nicht immer weiter in Gottes Wort wachse, dann falle ich zurück. Das Christsein zeichnet sich durch eine aktive Beziehung mit Christus aus. Es sollte nie ein Zuschauersport sein. Wir können alle auf unserem jeweiligen Lebensweg aktiv sein! Auf jeden von uns wartet ein erfolgreicher Endspurt, aber wir dürfen das Tempo nicht drosseln.

Auf jeden von uns wartet ein erfolgreicher Endspurt, aber wir dürfen das Tempo nicht drosseln.

Was ist das Problem?

Christen lieben Gott und glauben an Jesus – also was ist das Problem? Warum hat der Leib Christi (die Gesamtheit aller Christen) keine positivere Auswirkung auf die Welt? Es gibt viele Gründe, warum sich Passivität in unsere Gesellschaft eingeschlichen hat; einer davon sind unsere falschen Prioritäten. Wir leben in einer derart schnelllebigen Welt, dass nur wenige meinen, sie hätten Zeit für ihr geistliches Leben. Ich lese, dass die meisten Christen jeden Tag mehr Zeit mit Zähneputzen verbringen als mit geistlichem Wachstum! Wir können nicht einfach alles tun, wozu uns die Welt einlädt und was sie oft sogar verlangt. Es ist wichtig, dass wir unser Leben überprüfen und uns von Dingen trennen, die keine gute Frucht bringen. Jesus sagte, dass er selbst bei denen, die bereits Frucht tragen, Einschnitte vornehmen wird, bis sie allerbeste Frucht tragen.

Wir haben unsere Fähigkeit verloren, uns auf das zu konzentrieren, was wirklich wichtig ist. Oft widmen wir uns eher dem, was »am lautesten schreit«. In vielen Fällen sind wir süchtig nach Unterhaltung und können uns kein Leben vorstellen, in dem wir nicht jeden Tag Unterhaltung geboten bekommen.

Aktiv oder passiv?

Es gab eine Zeit, da verstand man darunter aktive Teilnahme, aber jetzt spielen wir normalerweise eine passive Rolle und erwarten, unterhalten zu werden.

Die meisten Menschen klagen heutzutage schon gewohnheitsmäßig über unterschiedliche Dinge, während sie absolut nichts tun, um etwas zu verändern.

Viele sind nicht einmal daran interessiert, wählen zu gehen, und trotzdem beklagen sie sich ständig über die Regierung. Wir können die Probleme in unserer Gesellschaft vielen Dingen anlasten, aber in Wirklichkeit sind sie auf Menschen zurückzuführen, die nicht aktiv werden und zum richtigen Zeitpunkt das tun, was sie tun sollten. Sie sind zu beschäftigt mit Dingen, die am Ende nicht wirklich wichtig sind, und dann bleibt ihnen keine Zeit für das, was von Bedeutung ist.

Seien Sie ehrlich! Sollten Sie keine Zeit in Ihr geistliches Wachstum und andere Dinge investieren, die wichtig sind, ist meine Frage: Gibt es Unwesentliches, das Sie lassen könnten, sodass Ihnen mehr Zeit bleibt? Ich bin sicher, dass die Antwort Ja ist. In dem Fall: Tun Sie es!

Hört sich das alles anstrengend an?

Ich habe gelesen, dass John Wesley im Verlauf von vierzig Jahren 250000 Meilen zu Pferde gereist ist (im Durchschnitt zwanzig Meilen am Tag), dass er viertausend Predigten gehalten und vierhundert Bücher herausgebracht hat und zehn Sprachen beherrschte. Im Alter von dreiundachtzig ärgerte er sich, dass er nicht mehr als fünfzehn Stunden täglich schreiben konnte, ohne dass ihm die Augen wehtaten, und mit sechsundachtzig schämte er sich dafür, dass er nicht mehr als zweimal am Tag predigen konnte. Er beklagte in seinem Tagebuch seine zunehmende Neigung, bis halb sechs Uhr morgens im Bett liegen zu bleiben.[23]

Ich hatte immer gedacht, ich arbeite hart, bis ich das las. Ich reite nicht, ich fliege mit dem Flugzeug. Ich beherrsche nur eine Sprache, und ich kann nicht fünfzehn Stunden täglich schreiben, ohne dass mir alles Mögliche wehtut. Wir brauchen mehr inspirierende Geschichten wie diese. Meines Erachtens müssen wir nicht unbedingt so hart arbeiten wie John Wesley, aber wir können uns durch sein Beispiel anspornen lassen, alles zu erreichen, was wir mit dem einen Leben, das wir haben, erreichen können.

Wir denken, das leichtere Leben, das wir heute haben, sei das Ergebnis von Fortschritt und in gewisser Hinsicht stimmt das auch. Aber es scheint gleichzeitig so, dass wir mit zunehmendem Fortschritt umso mehr Rückschritte machen im Einhalten von Maßstäben und Werten, die jahrhundertelang hochgehalten und bewundert wurden. Was ist aus qualitativ hochwertiger Handwerkskunst geworden? Was ist mit Integrität? Ehre? Pflicht? Dem Vorrang der Familie? Dieses und vieles andere ist in unserem Leben aufs Abstellgleis geschoben worden und die Flamme droht zu verlöschen. Wir können sie wieder aufleben lassen! Wir beten oft für Erweckung, aber wie können wir Erweckung erleben, wenn wir selbst nicht erweckt sind? Wahre Erweckung kommt von innen. Sie ist nicht ein Ereignis, das für ein paar Wochen in die Stadt kommt und dann wieder verschwindet.

Es ist an der Zeit, dass jeder von uns sich aufrappelt, der Passivität und Lethargie widersteht und Gottes Willen aktiv nachjagt. Sie haben einen freien Willen und Sie können ihn immer nutzen. Achten Sie also darauf, dass Sie ihn einsetzen, um die richtigen Entscheidungen zu treffen: Entscheidungen, die zu dem führen, was Sie vom Leben haben wollen.

Zusammenfassung

- Passivität wird Sie davon abhalten, das beste Leben zu genießen, das Gott für Sie hat. Damit Sie den Plan Gottes für Ihr Leben umsetzen können, ist es wichtig, Schritte zu gehen.

Aktiv oder passiv?

- Durch aktive Gemeinschaft mit Gott sowie Gebet und Bibellese lernen Sie richtig zu leben und werden befähigt, gute Entscheidungen zu treffen.
- Beschließen Sie doch, das bestmögliche Leben anzustreben und sich dann aktiv daranzumachen, dieses Leben zu führen.
- Um nicht in die falsche Richtung abzudriften, ist es wichtig, sich immer weiter in die richtige Richtung zu bewegen.
- Achten Sie statt auf die »dringenden« lieber auf die »wichtigen« Dinge. Widmen Sie Ihre Zeit aktiv den wichtigsten Dingen in Ihrem Leben.

KAPITEL 16

Achten Sie auf Ihre Lebensführung

Achtet sorgfältig darauf, wie ihr lebt; handelt nicht unklug, sondern bemüht euch, weise zu sein.

Epheser 5,15

Sorgfältig zu sein bedeutet, gut aufzupassen, zu beaufsichtigen, verantwortlich zu sein. Kontrollieren Sie sich selbst? Wenn nicht, werden Sie im Leben viele unnötige Fehler machen. Um Ihnen zu helfen, sorgfältiger darauf zu achten, wie Sie Ihr Leben führen, möchte ich Ihnen einige Fragen stellen:

Wie sieht Ihr Lebensstil aus und wäre Jesus damit einverstanden?

Welche guten und welche schlechten Gewohnheiten haben Sie?

Haben Sie ein Ziel?

Leben Sie täglich bewusst auf Ihr Ziel hin?

Haben Sie einen Plan?

Sind Sie in der Lage, Ihre Pläne umzusetzen?

Hinterlassen Sie ein Vermächtnis?

Was erreichen Sie im Leben?

Diese Fragen sollen nicht wie ein Verhör klingen, sondern einfach zum Nachdenken anregen.

Sorgfältig zu sein bedeutet eigentlich, weise zu sein und jetzt die Entscheidungen zu treffen, mit denen man später glücklich sein wird. Das griechische Wort, das wir heute mit »sorgfältig sein« übersetzen, wurde früher auch mit »umsichtig wandeln« übersetzt. Das bedeutet, sich umzusehen – wie jemand, der an einem sehr gefährlichen Ort unterwegs ist. Dieser Mensch achtet beim Gehen ständig darauf, wo er seinen Fuß als Nächstes hinsetzt. Jede Entscheidung, die wir treffen, stellt einen Schritt dar, den wir auf unserem Weg mit Gott gehen. Wir sollten unsere Entscheidungen sehr sorgfältig abwägen angesichts dessen, was sie bewirken können.

Seien Sie Investor im Leben, kein Spieler! Treffen Sie richtige Entscheidungen, denn dann werden Sie am Ende auch das richtige Ergebnis erzielen. Treffen Sie keine falschen Entscheidungen, in der Hoffnung damit durchzukommen. Spielsüchtige gewinnen auch hin und wieder einmal, aber am Ende verlieren sie meistens alles.

Wenn Ihnen beim Lesen dieses Buches bewusst wird, dass Sie in bestimmten Bereichen Ihres Lebens etwas ändern müssen, dann bitte ich Sie, es nicht auf die lange Bank zu schieben. Werden Sie jetzt aktiv, denn sonst wird sich nichts ändern!

Wir bauen uns ein Leben auf und wir sollten darauf achten, dass wir dieses Leben am Ende auch gerne leben. Das Fundament unseres Lebens ist Jesus. Es gibt kein wahres Leben ohne ihn, aber nachdem wir Jesus angenommen haben, ist es unsere Entscheidung, wie und in welcher Qualität wir bauen.

> *Gemäß der Gnade Gottes, die mir gegeben ist, habe ich als ein weiser Baumeister den Grund gelegt; ein anderer aber baut darauf. Jeder aber gebe acht, wie er darauf aufbaut.*
> 1. Korinther 3,10

Vers 12 nennt eine Vielzahl von Materialien: Gold, Silber, kostbare Steine, Holz, Heu und Stroh. Es ist offensichtlich, welches Baumaterial wir am besten wählen sollten, aber das tun wir nicht immer. Wir alle müssen uns fragen, welche Art von Leben wir aufbauen.

Bauen Sie ein Leben auf, das Sie Ihren Kindern vererben wollen? Hinterlassen Sie der Welt ein Vermächtnis, auf das Sie stolz sein können? Wenn wir uns für einen Lebensstil entscheiden, sollten wir uns vor Augen halten, dass unsere Kinder sehr wahrscheinlich nachmachen werden, was sie uns in vielen Situationen tun sehen. Wir müssen vorsichtig sein, wie wir bauen, nicht nur im Hinblick auf uns selbst, sondern auch auf die, die wir beeinflussen. Bauen Sie Ihr Leben nicht mit einem der minderwertigeren Materialien, die oben erwähnt werden. Wählen Sie nicht einmal die mittelmäßigen, sondern wählen und schätzen Sie das, was ausgezeichnet und von echtem Wert ist.

Es gibt weitere Bibelverse, die dasselbe zum Ausdruck bringen wie 1. Korinther 3,10, aber auf eine andere Art und Weise. Paulus machte im Epheserbrief deutlich, dass wir durch Gnade gerettet sind, nicht aufgrund irgendwelcher Werke, die wir getan hätten oder je tun könnten (siehe Epheser 2,8-9). Nachdem er das klargemacht hat, erklärt er, dass Gott ein gutes Leben für uns vorgesehen hat und dass wir es leben sollten. Bitte beachten Sie, dass wir *leben* sollen, und das erfordert Mühe, Entscheidungen und Aktivität.

Denn was wir sind, ist Gottes Werk; er hat uns durch Jesus Christus dazu geschaffen, das zu tun, was gut und richtig ist. Gott hat alles, was wir tun sollen, vorbereitet; an uns ist es nun, das Vorbereitete auszuführen.

Epheser 2,10

Bereits vor Beginn dessen, was wir als »Zeit« kennen, hat Gott für uns ein gutes Leben vorbereitet und geplant. Die Voraussetzung für das gute Leben ist die Wiedergeburt durch den Glauben, indem wir Jesus als unseren persönlichen Erlöser annehmen. Danach wünscht Gott sich, dass wir weiter das Leben führen, das er für uns vorbereitet hat. Er hat gute Werke vorbereitet, damit wir sie ausführen, und er hat Wege vorbereitet, damit wir auf ihnen gehen.

Wir können Gottes Willen deutlich sehen: dass wir gute Dinge tun und ein gutes Leben führen. Das ist ohne eine neue Natur jedoch unmöglich. Deshalb schenkt er uns durch die Wiedergeburt seine eigene Natur und sagt dann zu uns: »Jetzt entscheidet euch für diesen guten Plan und die guten Werke und tut sie in eurem Leben zu meiner Ehre.« Die Botschaft könnte gar nicht klarer sein: Gott gibt und wir wählen!

Die Botschaft könnte gar nicht klarer
sein: Gott gibt und wir wählen!

Lassen Sie sich nicht täuschen

Wie viele Lügen glauben Sie? Täuschung bedeutet, eine Lüge zu glauben. Die meisten von uns denken nicht darüber nach, ob das, was wir glauben, tatsächlich der Wahrheit entspricht oder nicht. Wir können es nur herausfinden, indem wir das, was wir glauben, mit Gottes Wort vergleichen. Sein Wort allein ist die Wahrheit.

Wenn Sie Gottes Wort auf Ihr Leben anwenden, werden Sie feststellen, dass es genauso funktioniert, wie Gott es sagt. Andere Menschen mögen Ihnen das bestätigen, aber Sie sollten sich nicht einfach nur auf ihr Wort verlassen. Finden Sie es für sich selbst heraus! Sie können nicht mit einem Glauben aus zweiter Hand stark in Gott sein. Ihre Mutter mag einen starken Glauben haben und Ihre Großmutter auch, aber Sie brauchen Ihre eigene Erfahrung mit Gott. Viele Menschen werden getäuscht und irregeführt, weil sie einfach alles glauben, was man ihnen sagt, ohne nachzuforschen, ob es auch stimmt.

Am Anfang meines Glaubenslebens wurde mir einiges beigebracht, das sich einfach nicht als wahr erwiesen hat. Eines davon war: Wenn mein Glaube nur stark genug wäre, gäbe es keine Schwierigkeiten und Prüfungen für mich. Als ich mich selbst mit diesem Thema auseinandersetzte und meine Gottesbeziehung sich entwickelte, lernte ich anhand der Bibel und meiner Lebenserfahrung, dass es nicht stimmte, was mir beigebracht worden war. Einige Jahre war ich sehr frustriert, denn jedes Mal wenn ich ein Problem hatte, versuchte ich mehr Glauben zu haben, statt mit dem Glauben, den ich hatte, Gott zu vertrauen und inneren Frieden zu behalten. Ich dachte, wenn ich genügend Glauben hätte, gäbe es das Problem nicht, aber da täuschte ich mich. Diese falsche Überzeugung hinderte mich daran, Fortschritte in meinem Leben mit Gott zu machen. Glauben Sie nicht einfach alles, was ein anderer sagt, ohne selbst die Bibel zu studieren!

Ich begann also, mich selbst mit der Bibel zu beschäftigen und Gott zu suchen. Dabei entdeckte ich, dass es ohne Glauben unmöglich ist, Gott zu gefallen, und dass wir alles, was wir tun, im Glauben tun sollten. Es ist möglich, einen starken Glauben zu haben und dennoch Prüfungen und Schwierigkeiten zu erleben. Gott gibt uns Glauben, um aus schwierigen Situationen als Sieger hervorzugehen. Wir sind mehr als Überwinder durch Christus, der uns liebt (siehe Römer 8,37), aber wie können wir mehr als Überwinder sein, wenn wir nie etwas überwinden müssen? Der Glaube beseitigt die Schwierigkeiten nicht, aber er hilft uns hindurchzukommen, während wir darauf vertrauen, dass Gott uns zur rechten Zeit davon befreit.

Das ist nur ein Beispiel dafür, wie man getäuscht werden kann, wenn man die Dinge nicht selbst überprüft. Ob die Lehre damals wirklich falsch war oder ob ich sie einfach missverstanden habe, weiß ich bis heute nicht. Doch eines weiß ich: Wenn wir Gott *persönlich* suchen, werden wir die Wahrheit erkennen und die Wahrheit wird uns frei machen.

Haben Sie einen Glauben aus zweiter Hand? Der Apostel Petrus schrieb, dass Gottes Macht uns alles gegeben hat, was wir brauchen, um der Verdorbenheit und dem moralischen Verfall dieser Welt zu entfliehen, durch die ganz *persönliche* Erkenntnis dessen, der uns berufen hat (siehe 2. Petrus 1,3). Wir brauchen *persönliche* Erkenntnis! Jemand, der passiv und faul ist, neigt eher nicht dazu, sich die nötige Mühe zu machen und Dinge selbst zu überprüfen, doch das ist gefährlich. Ein wirklich geistlicher Mensch prüft:

> *Wer hingegen den Geist Gottes hat, ist imstande, über alle diese Dinge angemessen zu urteilen, während er selbst von niemand, der Gottes Geist nicht hat, zutreffend beurteilt werden kann.*
>
> 1. Korinther 2,15

Ich mag diese Bibelstelle sehr. Sie erinnert mich daran, dass ein geistlich reifer Mensch nicht alles einfach schluckt. Er untersucht, forscht nach, fragt und beurteilt alles.

Täuschung ist heutzutage allgegenwärtig. Viele Menschen tun aufgrund von Täuschung Dinge, die früher als schlimme Sünde galten. Gott hat seine Ansichten über richtig und falsch nicht geändert, aber die Gesellschaft hat ihre Ansichten geändert. Wir müssen aufpassen, dass wir nicht mit der sorglosen Masse stromabwärts getrieben werden oder auf dem breiten Weg landen, der ins Verderben führt. Wir sollten sorgfältig prüfen, was wir denken, sagen, tun und glauben, und darauf achten, dass es mit der Bibel übereinstimmt. Wenn irgendetwas in meinem oder Ihrem Leben nicht mit Gott übereinstimmt, dann liegen wir falsch, nicht er!

Gott hat seine Ansichten über richtig und
falsch nicht geändert, aber die Gesellschaft
hat ihre Ansichten geändert.

Jesus ermahnte die Menschen mehrfach, vorsichtig zu sein und sich nicht täuschen und in die Irre führen zu lassen. Er sagte, dass wir besonders gegen Ende der Zeiten vorsichtig sein müssen. Niemand weiß, wann Jesus wiederkommen wird, aber wir können die Zeichen der Zeit erkennen, wenn wir aufmerksam sind.

In der Endzeit wird es Kriege und Kriegsgeschrei geben, ein Volk wird sich gegen das andere erheben und an vielen Orten wird es zu Erdbeben und Hungersnöten kommen. Menschen werden um Jesu willen bedrängt und verfolgt und Christen gehasst werden. Falsche Propheten werden sich erheben und viele täuschen und in die Irre führen. Viele werden Anstoß nehmen und in vielen wird die Liebe erkalten aufgrund der Gesetzlosigkeit im Land (siehe Matthäus 24,4-12).

Sie können die Liste einfach durchgehen und die Zeichen, die Jesus nannte, nacheinander abhaken. Sie sind heute alle vorhanden. Deshalb wird er sicher bald kommen und wir müssen sehr auf unsere Lebensführung achten. Wir wollen bereit sein und uns von Herzen freuen, wenn er kommt. Wir wollen auch denen ein gutes Vorbild sein, die Jesus nicht kennen und noch eine Entscheidung für ihn treffen müssen, bevor es zu spät ist. Sie sind wichtig in Gottes Plan. Sie haben eine Aufgabe. Lassen Sie Ihr Licht leuchten und achten Sie genau darauf, dass das Licht, welches Gott in Sie hineingelegt hat, nicht finster wird (siehe Lukas 11,35).

Gerade fielen mir mehrere Bekannte ein, die versuchen zu entscheiden, was *sie* mit ihrem Leben anfangen wollen! Das hat mich einen Moment lang traurig gemacht. Können wir wirklich tun, was wir wollen, oder sollten wir wie Jesus sagen: »Dein Wille geschehe, nicht meiner!« (siehe Lukas 22,42)? Was wäre, wenn jeder Christ dieselbe Einstellung hätte wie Jesus? Genau das erwartet Gott von uns. Er möchte, dass wir seinen Willen herausfinden und unseren freien Willen nutzen, um seinen Willen zu wählen. Wenn wir die richtige Entscheidung treffen, wird der Heilige Geist uns die Kraft geben, dieser Entscheidung entsprechend zu leben.

Geht so miteinander um, wie Christus es euch vorgelebt hat.
Philipper 2,5

Ist uns Gottes Wille wichtiger als alles andere? Meinen wir es ernst? Leben wir mit Bedacht? Wenn nicht, können wir eine Kehrtwendung machen und in die richtige Richtung gehen. Das ist Buße. Buße bedeutet, umzukehren und in die richtige Richtung zu gehen. Jedes Mal, wenn wir die richtige Entscheidung treffen, wird Gott uns die Kraft geben, das Richtige zu tun.

Täuschung ist ein Zeichen der Endzeit. Doch nach welcher Art von Täuschung sollten wir Ausschau halten? Moralische Täuschung muss sicher ganz oben auf der Liste stehen. Eine neuere Studie von George Barna und David Barton liefert eine ganz erstaunliche Statistik, was erwachsene Amerikaner zu bestimmten Dingen glauben, die die Bibel ganz deutlich Sünde nennt:[24]

69% finden eine Scheidung aus jeglichem Grund akzeptabel.

67% meinen, es sei akzeptabel, dass eine unverheiratete Frau ein Baby bekommt.

66% finden eine sexuelle Beziehung zwischen Unverheirateten akzeptabel.

64% meinen, Glücksspiel sei akzeptabel.

63% genießen sexuelle Gedanken und Fantasien über jemanden, mit dem sie nicht verheiratet sind.

63% leben mit jemandem des anderen Geschlechts zusammen, ohne verheiratet zu sein.

47% haben keine Probleme damit, sich mit Marihuana zu entspannen.

44% sprechen obszön und gotteslästerlich.

43% konsumieren Pornografie.

42% haben schon einmal abgetrieben.

34% betrinken sich.

32% der Teenager haben Sex.

Weniger als 3 Prozent geben an, moralische Entscheidungen möglichst in Übereinstimmung mit biblischen Maßstäben zu treffen. Nur 34 Prozent glauben, dass es eine absolute moralische Wahrheit gibt.

Angesichts dieser Statistik glaube ich auf jeden Fall, dass viele Menschen sich täuschen lassen. Ich habe mich entschieden, mein Leben zu ordnen und gemäß dem Wort Gottes zu führen, weil das stets gute Resultate in meinem Leben hervorbringt. Ich habe früher ohne Gott gelebt und lebe heute mit ihm. Ich kann Ihnen versichern, dass es mit Gott deutlich besser ist!

Es gibt Menschen, die beschließen, nicht zu glauben, dass Gott existiert oder dass die Bibel wahr ist. Das ist natürlich ihre eigene Entscheidung, aber ich glaube ganz fest, dass sie es schlussendlich außerordentlich bedauern werden. Ich rate Ihnen dringend, die richtigen Entscheidungen zu treffen, denn unsere Entscheidungen bestimmen, wie unser Leben sich entwickelt.

Im Moment sieht es trostlos aus in der Welt, aber das kann sich ändern, wenn jeder von uns seinen Teil beiträgt. Wir sind vor Gott nur für unseren Teil verantwortlich; wenn wir ihn also tun, wird er für uns sorgen. Statt sich über den Zustand der Welt zu beklagen, fragen wir doch lieber Gott, was wir dagegen tun können, und folgen dann seiner Leitung!

Die Zukunft wird noch viel schlimmer aussehen – es sei denn jemand tut etwas. *Wir* sind es, die etwas tun müssen. Jeder von uns kann darauf achten, ein guter Botschafter für Christus zu sein und sich nicht einer Gesellschaft anzupassen, die uns nicht einmal gefällt. Sobald jeder von uns anfängt, seine Lebensführung sorgfältiger zu bedenken, können sich Dinge in unserer Gesellschaft verändern, selbst wenn es eine Weile dauert.

Es gibt viele wunderbare Christen, die Gott lieben und nach guten moralischen Maßstäben leben. Sie sind die Lichter, die noch leuchten, aber wir brauchen mehr Lichter, und sie müssen heller leuchten! Leuchten wir alle gemeinsam!

Passen Sie auf, was Sie sich anhören

Wir haben die Verantwortung, darauf zu achten, was wir uns anhören. Nur weil jemand reden will, heißt das noch lange nicht, dass wir zuhören müssen. Worte haben Macht. Wenn wir nicht aufpassen, dringen sie in uns ein und können das beeinflussen, was wir denken.

Ich habe gehört, dass nur 25 Prozent der christlichen Studenten das College mit unversehrtem Glauben wieder verlassen. Das ist schockierend! Sie sitzen im Unterricht und müssen Bücher lesen, die ihren christlichen Glauben untergraben. Im Lauf der Zeit kann das, was sie hören, ihnen schaden, es sei denn sie sind in der Lage, den Dingen – von denen sie wissen, dass sie unwahr sind – etwas entgegenzusetzen.

Junge Christen sollten, wenn sie aufs College gehen, gut informiert sein und wissen, was sie erwartet. Der Teufel hat einen Generalangriff initiiert, um Gott aus allem Möglichen auszuklammern. Viele unserer wichtigen Universitäten, die ursprünglich von großen Männern und Frauen Gottes gegründet und geleitet wurden, sind heute in ihrem Bildungsansatz völlig säkular. Gott ist aus unseren Geschichtsbüchern herausgenommen worden, und das hat einen sehr negativen Einfluss auf die Gesellschaft. Das Leben ohne Gott funktioniert einfach nicht! Er ist der Schöpfer allen Lebens, der Eigentümer und Verwalter aller Dinge und der Erhalter und Versorger des Universums. Wie soll da etwas ohne ihn funktionieren (siehe Hebräer 1,3)?

Wenn ein junger Mensch das College besucht, ohne in seinem christlichen Glauben fest verwurzelt zu sein und selbst die Bibel zu kennen, wird sein Denken mit vielen Theorien und Ideen konfrontiert. Diese sind zwar populär, aber nicht biblisch. Evolution zum Beispiel gilt immer noch als eine Theorie, und doch glauben 75 Prozent der Studenten an die Evolution statt an die Schöpfungslehre. Die Professoren appellieren an die Vernunft der Studenten und sagen ihnen, dass es unvernünftig wäre, an Gott zu glauben, aber zu viel Argumentieren kann den Menschen leicht täuschen.

Der geistliche Mensch argumentiert nicht, er beurteilt, und das ist ein großer Unterschied. Für meinen Verstand mag etwas richtig klingen. Trotzdem kann es sein, dass ich in meinem Geist keinen Frieden darüber habe. Wenn das der Fall ist, sollte ich immer dem Frieden folgen. Die Amplified-Übersetzung der Bibel sagt, das fleischliche Denken ohne den Heiligen Geist sei Verstand und Vernunft (siehe Römer 8,6). Leben wir ausschließlich im Rahmen von Verstand und Vernunft, werden wir gewiss Täuschungen erliegen! Glücklicherweise haben wir auch den Geist, und der ist Leben, und zwar ewiges Leben. Wir haben den Sinn Christi (siehe 1. Korinther 2,16). Wir besitzen die Fähigkeit zu denken wie Jesus, und wenn wir das tun, wird es uns sicherlich vor Täuschungen schützen.

Schützen Sie sich vor Klatsch und Tratsch

Hören Sie nicht auf Klatsch und Tratsch. Wer Ihnen etwas über eine andere Person erzählt, wird mit anderen auch über Sie reden. Die Bibel warnt an vielen Stellen vor übler Nachrede. Ein gutes Beispiel dafür steht in den Sprüchen:

> *Ein umhergehender Verleumder plaudert Geheimnisse aus; darum, weil er den Mund nicht halten kann, lass dich gar nicht mit ihm ein!*
>
> Sprüche 20,19

Das Traurige an Klatsch ist, dass uns die Kritik, die wir über einen anderen hören, dieser Person gegenüber oft misstrauischer macht. Das gilt auch, wenn wir das Gehörte gar nicht glauben wollen. Wir sollten uns vor dem Gift der üblichen Nachrede schützen, indem wir Klatschbasen in dem Moment stoppen, in dem sie loslegen wollen. Außer sie haben einen wirklich guten Grund, Ihnen zu sagen, was sie Ihnen sagen wollen, brauchen Sie es sich nicht anzuhören.

Paulus sagte Timotheus, er solle sich nicht an Kontroversen über nichtige Fragen beteiligen, weil sie nur Streit auslösen (siehe 2. Timotheus 2,23). Mit anderen Worten: Hören Sie nicht hin!

Passen Sie auf, mit wem Sie Umgang pflegen

Pflegen Sie keinen Umgang mit jemandem, der »den Mund nicht halten kann« (Sprüche 20,19). Befreunden Sie sich nicht mit zornigen Menschen (siehe Sprüche 22,24). Geben Sie sich nicht mit wetterwendischen Personen ab, denn sie sind unbeständig und unzuverlässig (siehe Sprüche 24,21). Haben Sie keinen engen und häufigen Kontakt mit Menschen, die unmoralisch oder habgierig sind, Gott nicht an die erste Stelle setzen, lästern (über andere herziehen, sie verunglimpfen, kritisch und negativ reden) oder Trinker, Schwindler oder Räuber sind (siehe 1. Korinther 5,9-11).

Da so viele Anweisungen gegeben werden, mit wem man keinen Umgang pflegen sollte, muss das wirklich von Bedeutung sein. Die Freunde eines Menschen sagen viel über ihn aus. Licht hat keine Gemeinschaft mit der Dunkelheit (siehe 2. Korinther 6,14). Das bedeutet nicht, dass wir alle Menschen mit Eigenschaften, die Gott nicht gefallen, meiden sollten oder auch nur könnten, aber wir tun gut daran, sie nicht zu unseren engsten Freunden zu machen.

Freunde sucht man sich aus, und es ist wichtig, dass man sie klug aussucht. Entscheiden Sie sich für Freunde, denen Sie vertrauen können, die Sie bewundern und respektieren können und von denen Sie lernen möchten. Wenn wir viel Zeit mit jemandem verbringen, übernehmen wir die Verhaltensweisen und Gewohnheiten dieser Person manchmal, ohne dass uns das bewusst ist. Wir werden von Menschen beeinflusst, deshalb ist es ganz wesentlich, dass wir unser Herz bewahren, denn daraus fließt das Leben (siehe Sprüche 4,23).

Ein sorgfältiges Leben erfordert die Überlegung, welches Ergebnis unser Handeln nach sich ziehen wird, und dann die Entscheidung, die das bewirkt, was wir wollen. *Nicht sorgfältig zu leben* heißt, dass wir unseren Emotionen folgen und einfach irgendetwas tun, ohne über die Folgen nachzudenken. Gott will, dass wir sorgfältig überlegen, wie wir leben, damit wir den guten Plan, den er für uns vorgesehen hat, genießen können.

Achten Sie auf Ihr Verhalten

Als ein Gefangener für den Herrn fordere ich euch deshalb auf, ein Leben zu führen, das eurer Berufung würdig ist, denn ihr seid ja von Gott berufen worden.

Epheser 4,1

In der Bibel werden wir mehrfach herausgefordert, auf unser Verhalten zu achten. Menschen sehen, wie wir uns verhalten, und bilden sich anhand dessen eine Meinung über uns. Als Botschafter von Jesus Christus ist es unverzichtbar, dass unser Verhalten das zum Ausdruck bringt, was wir als Christen glauben.

Der Sache Jesu ist im Verlauf der Geschichte durch das heuchlerische Verhalten mancher Christen furchtbarer Schaden entstanden. Ein Heuchler ist jemand, der anderen etwas beibringt, das er selbst nicht lebt.

Menschen in unserer Gesellschaft beobachten diejenigen, die von sich behaupten, Christen zu sein, und suchen teilweise nach Gründen, ihnen gegenüber Anschuldigungen erheben zu können. Der Apostel Paulus rät uns dringend, über jede Kritik erhaben zu leben, damit andere keinen Fehler an uns finden können (siehe 1. Timotheus 3,2-7).

Christen sind nicht perfekt in ihrem Verhalten. Wir machen durchaus Fehler, aber wir sollten uns dennoch bemühen, unser Bestes zu geben, und immer daran denken, dass wir Gottes Botschafter auf der Erde sind. Lassen Sie uns unser Leben sorgfältiger führen sowie wachsam und vorsichtig sein. Dabei wird sich nicht nur unser eigenes Leben verbessern, sondern es wird auch ein gutes Vorbild für andere sein.

Zusammenfassung

- »Sorgfältig« zu sein bedeutet eigentlich, weise zu sein und jetzt die Entscheidungen zu treffen, mit denen man später glücklich sein wird.
- Gott hat in seiner Gnade ein gutes Leben für Sie geplant.
- Wenn Sie Gottes Wort auf Ihr Leben anwenden, werden Sie feststellen, dass es genau so »funktioniert«, wie Gott es sagt.
- Der Glaube beseitigt die Schwierigkeiten nicht, aber er hilft uns hindurchzukommen, während wir darauf vertrauen, dass Gott uns zur rechten Zeit davon befreit.
- Sie sind wichtig für Gottes Plan. Sie haben eine Aufgabe und Ihr Leben hat einen Sinn.
- Wenn Sie Gottes Willen wählen, wird der Heilige Geist Ihnen Kraft geben, dieser Entscheidung entsprechend zu leben.

KAPITEL 17

Was machen Sie mit dem, was Gott Ihnen gegeben hat?

Durch seine Sünde kann ein Mensch sich selbst zerstören, und das heißt, das zu zerstören, was auf Erden Gott am ähnlichsten ist. Dies ist des Menschen größte Tragödie und Gottes heftigster Kummer.

A. W. Tozer

Jede Art von Verschwendung ist traurig und ganz sicher ist das Vergeuden eines gesamten Lebens am traurigsten. Was wir heute tun, ist wichtig, weil wir einen Tag unseres Lebens dafür geben. Wir alle kennen Menschen, von denen wir sagen würden, sie hätten ihr Leben nicht genutzt. Wir sollten aber nicht vergessen, dass so etwas nach und nach geschieht. Um sein ganzes Leben ungenutzt verstreichen zu lassen, muss man viele Dinge vergeuden: Zeit, Talent, Geld, Mittel, Energie, Gesundheit usw.

Man gibt ständig etwas aus – man investiert oder vergeudet. Gott möchte nicht, dass Sie Ihr Leben vergeuden, sondern dass Sie es investieren, es für ein lohnenswertes Ziel hergeben und gute Frucht tragen.

Jesus hat einmal fünftausend Männer plus Frauen und Kinder mit dem Mittagessen eines Jungen satt gemacht, das aus fünf Broten und zwei Fischen bestand. Er vollbrachte eins der größten Wunder, von dem wir in der Bibel lesen. Nachdem die Leute gegessen hatten und satt waren, sagte Jesus Folgendes:

»Sammelt die Reste wieder ein ... damit nichts umkommt.«

Johannes 6,12

Viele Menschen hätten die übrig gebliebenen Stücke für Abfall gehalten, aber nicht Jesus. Er achtete darauf, dass nichts weggeworfen wurde, als wäre es wertlos. In ganz ähnlicher Weise werden manche Menschen von anderen für wertlos gehalten, aber nicht von Jesus. Tatsächlich erwählt und gebraucht er genau die, die die Welt verachtet und für nutzlos hält und loswerden will (siehe 1. Korinther 1,27-28). Ich war eine von diesen Abgelehnten. Deshalb bin ich sehr froh, dass Jesus das Wegwerfen nicht mag. Mit Bruchstücken kann er viel anfangen!

Wir können seinem Beispiel folgen und darauf achten, dass wir nichts vergeuden, was er uns gegeben hat.

Im Alten Testament lesen wir Gottes Gebot an die Bauern, die Reste, die nach der Ernte am Feldrand bleiben, für die Armen stehen zu lassen (siehe 5. Mose 24,19).

Bieten Sie Jesus das an, was Sie haben,
und sehen Sie zu, wie er es vermehrt.

Vielleicht sind Sie der Meinung, wenig zu haben, aber erinnern Sie sich an das kleine Mittagessen, das der Junge Jesus gab. Jesus hat es vermehrt und Tausende Menschen damit satt gemacht. Statt sich darum zu kümmern, was Sie nicht haben, bieten Sie Jesus doch das an, was Sie haben, und sehen Sie zu, wie er es vermehrt. Wenn wir zu gering von dem denken, was wir haben, werden wir es wahrscheinlich verschwenden. Denken Sie daran: Alles, was Sie haben, ist wichtig! Sie sind wichtig!

Machen Sie das Beste aus Ihrer Zeit

Die Bibel sagt, es gibt eine Zeit geboren zu werden und eine Zeit zu sterben (siehe Prediger 3,2). Geburt und Tod sind beides sehr wichtige Ereignisse, aber das Wichtigste ist, was dazwischen geschieht. Wenn man sich über einen berühmten Menschen in der Geschichte informiert, wird man nach seinem Na-

Was machen Sie mit dem, was Gott Ihnen gegeben hat?

men sein Geburts- und sein Sterbejahr sehen und dazwischen einen »Von-bis-Strich« (-). Denselben Bindestrich sehen wir auch auf Grabsteinen. Ein kleiner Strich steht da für das gesamte Leben eines Menschen, in dem doch so viel passiert ist! Es ist wichtig, dass wir darauf achten, *was* in unserem Leben passiert.

Was tun Sie mit Ihrem »Bindestrich«?

Das Leben scheint oft regelrecht vorbeizufliegen, denn die Zeit vergeht so schnell. Umso wichtiger ist es, während unseres Lebens gute Entscheidungen zu treffen, die zu ausgezeichneten Ergebnissen führen.

Der Apostel Paulus drängt uns, das Beste aus unserer Zeit zu machen und keine gute Gelegenheit ungenutzt verstreichen zu lassen (siehe Epheser 5,16). Manche Gelegenheit ergibt sich nur einmal, und wenn wir sie verstreichen lassen, kommt sie nie wieder.

Ester hatte die Gelegenheit, den Juden zur Rettung zu verhelfen, doch sie fürchtete, dabei zu Tode zu kommen. Sie reagierte zurückhaltend auf Mordechais Vorschlag und da sandte er ihr die folgende Botschaft:

Wenn du in dieser Lage wirklich schweigst, wird den Juden von anderer Seite Befreiung und Rettung zuteil werden; du und deine Verwandten aber werden umkommen. Und wer weiß, ob du nicht für eine Situation wie diese zur Königin wurdest?

Ester 4,14

Die Angst, die Ester verspürte, ist verständlich. Wenn wir Gottes Zeitplan in unserem Leben akzeptieren wollen, müssen wir jedoch bereit sein, seinen Willen auch zu tun, obwohl wir Angst haben. Wer warten will, bis er Gottes Willen ohne Angst und ohne Gegenwind tun kann, wird viele Gelegenheiten verpassen. Mordechai wies Ester darauf hin, dass diese Gelegenheit, die sich ihr bot, vielleicht das Schicksal war, das Gott für sie vorgesehen hatte. Sie war genau für jene Zeit in der Geschichte berufen. Zum Glück tat sie, was von ihr verlangt wurde, und wurde als Königin von Gott gebraucht, um eine gesamte Nation zu retten.

Wenn wir die Gelegenheiten ergreifen, die sich uns bieten, werden wir erleben, wie Gott unseren Gehorsam belohnt.

Als Gott Dave und mir die Möglichkeit eröffnete, Sendungen im Fernsehen auszustrahlen, hatte Dave unter anderem den starken Eindruck von Gott: »Wenn ihr diese Gelegenheit nicht ergreift, werdet ihr sie nie wieder bekommen.« Nicht immer ist das so, doch dieses Mal aus irgendeinem Grund schon. Wer weiß, vielleicht suchte Gott jemanden, der eine bestimmte Position in seinem Reich ausfüllte, als er Sie oder mich berief, und wie bei Ester gilt: Wenn wir nicht Ja sagen, wird er jemand anderen finden!

Im Kleinen wie im Großen gilt: Gott zu dienen ist eine Ehre. Es gibt Milliarden Menschen auf der Erde, und Gott kann auswählen, wen immer er will. Sollte er Sie für irgendetwas auswählen, lassen Sie sich darauf ein und »kaufen Sie die Zeit aus«, wie der Apostel Paulus sagt (siehe Kolosser 4,5). Wir können Zeit einsetzen, um eine Gelegenheit »zu kaufen«. Nutzen wir unsere Zeit, um sie in Dinge zu investieren, die Gottes Plan entsprechen, dann ernten wir auch seinen Lohn.

Selbst etwas so Simples wie sich Zeit für das Bibellesen zu nehmen, ist eine Gelegenheit, die wir ergreifen können oder auch nicht. Bibellesen braucht Zeit, deshalb »kaufen« wir die Gelegenheit mit Zeit, aber gleichzeitig investieren wir in unsere Zukunft. Die Zeit gehört uns und wir können sie investieren oder verschwenden.

Was ist mit den Momenten, in denen wir die Möglichkeit haben, jemanden zu ermutigen oder ihm von Gottes Liebe zu erzählen? Wie oft verpassen wir solche Gelegenheiten, weil wir zu sehr in Eile sind oder weil wir die Not vor unseren Augen nicht wahrnehmen?

Was machen Sie mit dem, was Gott Ihnen gegeben hat?

Lebt klug unter den Menschen, die keine Christen sind, und macht aus jeder Gelegenheit das Beste!

Kolosser 4,5

Täglich begegnen wir Menschen. Ihnen gegenüber geduldig, freundlich und liebevoll zu sein, ist ein sehr wichtiger Dienst, und wir sollten ihn ernst nehmen. Ich denke, jede Begegnung mit einem Menschen birgt eine Möglichkeit. Selbst wenn wir uns nur anlächeln, könnte das einen bleibenden Eindruck hinterlassen.

> Ich denke, jede Begegnung mit einem Menschen birgt eine Möglichkeit.

Neulich war ich in einem Juweliergeschäft. Der Mann, der mich bediente, bemerkte meinen Ring und machte mir ein Kompliment, weil er ihn so schön fand. Als ich sagte, der Ring sei ein Geschenk, wirkte er noch interessierter. Deshalb erzählte ich ihm die Geschichte dahinter. Ich erzählte, dass ich vor vielen Jahren das Gefühl hatte, ich sollte den einzigen Ring, den ich damals besaß, jemandem schenken. Es war ein Opfer für mich, nicht weil es ein teures Schmuckstück war, sondern weil es emotionalen Wert für mich hatte und ich nur diesen einen Ring besaß. Ich verschenkte ihn trotzdem. Etwa drei Jahre später gab uns eine mir unbekannte Frau ein Päckchen und sagte einfach: »Das ist für Joyce.« Dann ging sie weg. Das Päckchen enthielt ein Schmuckkästchen mit dem Ring, den ich nun trug. Er war viel wertvoller und schöner als der, den ich verschenkt hatte. Ich erklärte dem Juwelier: »So ist Gott! Wenn man etwas aus Gehorsam und Liebe zu Gott verschenkt, dann gibt er immer mehr zurück, als man gegeben hat. In der Bibel nennt man das ›Saat und Ernte‹.«

Der Mann bedankte sich drei Mal für die Geschichte, bevor ich aus dem Laden ging. Er sagte, er habe Gott um einen Segen für den Tag gebeten, und ihn durch diese Geschichte erhalten.

Offensichtlich bedeutete die Geschichte ihm mehr, als mir klar war. Ich hätte die Gelegenheit leicht verpassen können, wenn ich mir nicht die Zeit genommen hätte, mit ihm zu sprechen.

Menschen Gutes zu tun, erfordert immer ein wenig Zeit. Achten Sie deshalb darauf, Ihre Zeit gut zu nutzen und jede Gelegenheit zu ergreifen, die sich Ihnen bietet.

Machen Sie das Beste aus Ihren Finanzen

Der beste Plan für den Umgang mit Geld ist: etwas spenden, etwas ausgeben, etwas sparen. Wenn wir diese drei Bereiche im Gleichgewicht halten, hilft es uns, weise mit den finanziellen Mitteln umzugehen, die Gott uns anvertraut hat.

Amerikaner verschwenden mehr, als die meisten Gesellschaften überhaupt besitzen. Es ist wichtig, dass wir respektieren, was wir haben, und es nicht vergeuden. Ob ich Geld verschwende? Ja, manchmal tue ich das. Ich kaufe Kaffee in einem Spezialitätengeschäft und mag ihn am Ende nicht. Also ist das Geld, das ich für den Kaffee ausgegeben habe, vergeudet. Mir gefällt ein Paar Ohrringe, die blitzen und blinken. Ich kaufe sie, trage sie dann aber nie, weil sie wirklich zu gar nichts aus meinem Kleiderschrank passen. Ich könnte noch andere Beispiele aufzählen, aber ich wollte nur mein Verschwenden bekennen, bevor ich Sie auf Ihres anspreche. Ich bin mir sicher, dass wir alle mitunter verschwenderisch leben – wahrscheinlich ganz unabsichtlich –, aber mit etwas Voraussicht ließe sich das reduzieren.

Wir können lernen, weniger zu verschwenden und mehr Respekt vor dem zu haben, was Gott uns gibt. Ich versuche das unter anderem dadurch, dass ich darauf achte, die Dinge, für die ich Geld ausgegeben habe, auch tatsächlich zu verwenden. Tue ich das nicht, gebe ich sie weg. Besonders bei größeren Anschaffungen denke ich außerdem erst darüber nach, ob ich sie wirklich kaufen soll, bevor ich in Aktion trete. Aus irgendeinem

Was machen Sie mit dem, was Gott Ihnen gegeben hat?

Grund wirken viele Sachen im Geschäft deutlich attraktiver als später zu Hause. Spontankäufe werden hinterher oft bereut.

In den Sprüchen ist häufig von Besonnenheit die Rede, mit anderen Worten: gute Verwaltung. So ist das Prinzip »spenden, ausgeben, sparen« gelebte Besonnenheit. Die Bibel rät uns dringend, Gott den ersten Teil von all unserm Einkommen zu geben. Ich persönlich bin der Meinung, dass es richtig ist, den Zehnten zu geben, also die ersten zehn Prozent dessen, was wir verdienen. Ich glaube allerdings nicht, dass wir dabei stehen bleiben, sondern großzügig spenden sollten. Dann wird es uns an nichts mangeln.

Gebt, so wird euch gegeben. Ein volles, gedrücktes, gerütteltes und überfließendes Maß wird man in euren Schoß geben; denn eben mit dem Maß, mit dem ihr messt, wird man euch zumessen.

Lukas 6,38

Wenn wir hart arbeiten, ist es gut für uns, einen Lohn dafür zu bekommen. Auch ist es vernünftig, etwas von dem, was wir verdienen, für Dinge auszugeben, die wir genießen möchten. Natürlich sollten wir uns nicht um uns selbst drehen, aber gleichzeitig ist es auch nicht gut, sich nie etwas zu gönnen. Am Ende ärgern wir uns dann und haben das Gefühl, die eigene Arbeit bringe nie etwas für uns persönlich. Die Bibel lehrt, dass wir dem Ochsen, der drischt, nicht das Maul verbinden sollen (siehe 1. Timotheus 5,18). Mit anderen Worten, jeder (sogar Tiere) muss einen Teil der eingebrachten Ernte genießen.

Es ist außerdem weise, etwas von dem zu sparen, was wir verdienen. Dann sind wir bereit für unerwartete Ausgaben, die entstehen können. Wir sind in der Lage, anderen in schwierigen Situationen zu helfen. Gleichzeitig müssen wir nicht mit der Furcht und der Sorge leben, die auftritt, wenn etwas passiert und wir kein Geld haben.

In der Bibel lesen wir die Geschichte eines Reichen, der keinen Platz mehr für seine Ernte hatte. Er überlegte und beschloss, größere Scheunen zu bauen und mehr und mehr zu lagern. Er gebrauchte nicht, was er hatte – er bewunderte es (siehe Lukas 12,15-20). Sein Überfluss gab ihm das Gefühl der Sicherheit. Er hätte aber viel besser daran getan, mit einem Teil seines Reichtums anderen und vielleicht sich selbst Gutes zu tun.

Die Bibel weist sehr deutlich darauf hin, wie wichtig es ist, gut zu verwalten, was Gott uns gibt. Ganz gleich ob es sich um Zeit, Geld, Energie oder Talent handelt, wir werden gelehrt, diese Ressourcen weise zu nutzen. Wir können sie investieren, um eine Ernte für Gott einzubringen. Setzen wir sie nicht ein, sind wir in Gefahr, sie zu verlieren! Wenn wir das, was wir haben, vernünftig einsetzen, wird es immer mehr hervorbringen; bleiben wir aber aus Faulheit oder Angst untätig, verlieren wir, was wir haben (siehe Matthäus 25,14-28).

Machen Sie das Beste aus Ihrer Kraft

Ich glaube, wir alle haben eine gewisse Menge an Kraft und Energie im Leben, mit der wir klug umgehen müssen. Ich habe früher viel zu viel gearbeitet. Das führte schließlich zu einem mehrere Jahre andauernden Mangel an Energie. Die fehlende Erholung und der verpasste Schlaf hatten mich krank gemacht. Wir können die geistlichen Gesetze, die Gott der Erde gegeben hat und denen wir alle unterstehen, nicht ausheben. Wir kennen das Sprichwort: »Spare in der Zeit, dann hast du in der Not«, aber wenden wir dieses Prinzip jemals auf unsere Kraft an?

Wenn ich lange genug schlafe, bin ich tagsüber produktiver. Wer in seinen Zwanzigern, Dreißigern, Vierzigern und Fünfzigern ausgewogen lebt, wird immer noch genügend Energie haben, sobald er sechzig, siebzig und achtzig ist. Seien Sie besonnen im Hinblick auf Ihre Kraft. Laufen Sie nicht jeden Tag auf Hochtouren, bis Sie erschöpft sind und überhaupt keine Reserven mehr haben. Leerlaufen ist unvernünftig. Es macht uns mürrisch und vermiest uns das Leben.

Es ist sehr schwer, junge Menschen dazu zu bewegen, auf eine solche Botschaft zu hören, aber Gott hat Ruhegesetze eingerichtet. Wenn wir uns daran halten, werden wir später froh darüber sein.

Zusätzlich zur ausreichenden Erholung können wir die Energie, die wir haben, auch weise einsetzen. Wütend werden frisst beispielsweise viel emotionale Energie, warum sollte man es also tun? Es bringt nichts, sondern nimmt uns eine Menge. Sorgen rauben Energie und sind die reinste Zeitverschwendung. Menschen beherrschen und dazu bringen zu wollen, dass sie sich nach unserer Vorstellung verhalten, ist ebenfalls sehr anstrengend und funktioniert nie. Wir sind auch hier gut beraten, wenn wir das vermeiden. Ehrlich gesagt müssen wir einfach nur auf die Dinge achten, die uns Kraft rauben, und sie dann aus unserem Leben verbannen, um Energiereserven zu haben.

Machen Sie das Beste aus Ihrem Talent

Wir alle sind in irgendeiner Weise begabt, und wir können diese Begabungen gebrauchen, um Gott und anderen Menschen Gutes zu tun. Unsere Gaben wurden uns zum Nutzen anderer geschenkt – um ihnen gutzutun und sie zu erfreuen. Eine große Sängerin erfreut uns. Ihre Gabe macht ihr Arbeit, aber wenn sie sie ausübt, ist sie erfüllt, und wir werden unterhalten und gesegnet.

> Unsere Gaben wurden uns zum Nutzen anderer geschenkt.

Aus diesem Blickwinkel können wir jede Gabe, jedes Talent oder Können betrachten. Was würden wir tun, wenn niemand die Fähigkeit hätte, Architekt, Arzt oder Zahnarzt zu sein? Was, wenn keiner ein Musikinstrument spielen oder lehren oder kochen würde?

Vergeuden Sie Ihr Leben nicht, indem Sie Ihre Fähigkeiten vergeuden. Finden Sie eine Arbeitsstelle, bei der Ihre Gaben zum Einsatz kommen, und Sie werden Ihren Job lieben. Wir alle sind glücklich und zufrieden, wenn wir tun, was Gott für uns vorgesehen hat. Ich arbeite hart, aber ich tue, was Gott für mich beabsichtigt hat, und deshalb ist es kein Stress. Es ist eine Freude und ich finde Erfüllung darin.

Wir sind Verwalter all dessen, was Gott uns gibt. Er möchte, dass wir treu sind, und belohnt uns immer für eine gut gemachte Aufgabe! Nehmen Sie sich fester denn je vor, Ihre Ressourcen nicht zu vergeuden. Beten Sie und bitten Sie Gott, Ihnen Bereiche zu zeigen, in denen Sie umsichtiger sein könnten. Ich glaube, dass Gott uns mehr als genug von allem gibt, was wir im Leben brauchen, und so lange wir es in seinem Sinne verwalten, wird es uns an nichts Gutem mangeln.

Zusammenfassung

- Was Sie heute tun, ist wichtig, weil Sie es gegen einen Tag Ihres Lebens eintauschen.
- Gott möchte nicht, dass Sie Ihr Leben vergeuden – er hält so viel mehr für Sie bereit!
- Auch wenn es mit Angst im Herzen geschieht: Machen Sie das Beste aus jeder Gelegenheit, die Gott Ihnen vor die Füße legt.
- Ein kluger Umgang mit Ihren Finanzen wird Sie davon abhalten, die Ressourcen zu vergeuden, die Gott Ihnen gegeben hat.
- Erholung und Energie sind ebenfalls Ressourcen. Es ist wichtig, dass Sie sie weise nutzen.

Was machen Sie mit dem, was Gott Ihnen gegeben hat?

- Die Gaben in Ihrem Leben sind am besten eingesetzt, wenn sie Gott verherrlichen und andere Menschen ermutigen.

KAPITEL 18

Vom Anfang her das Ende sehen

Der Erfolgreiche ist ein Durchschnittlicher, der sein Ziel im Auge behält.

Unbekannt

Im Jahr 1952 versuchte Florence Chadwick als erste Frau, die sechsundzwanzig tückischen Meilen zwischen der Insel Catalina Island und der kalifornischen Küste zu durchschwimmen. Bei dieser historischen Tour war sie umgeben von kleinen Booten mit Menschen, die nach Haien Ausschau hielten und bereit waren, Florence zu helfen, sollte sie sich verletzen oder von Erschöpfung überwältigt werden.

Stundenlang schwamm Florence stetig, aber nach etwa fünfzehn Stunden setzte ein Nebel ein, der ihre Sicht einschränkte und ihr aufs Gemüt schlug. Florence begann ernsthaft zu zweifeln, ob sie es schaffen könnte. Sie sagte ihrer Mutter, die in einem der Boote saß, dass sie wohl nicht durchhalten könne. Noch eine Stunde schwamm sie weiter, gab dann aber auf. Als man sie aus dem Wasser zog, fand Florence heraus, dass sie nur knapp eine Meile von ihrem Ziel, der kalifornischen Küste, aufgegeben hatte. Später erklärte Florence, dass der Grund der dichte Nebel war, der ihr den Blick auf die Küste nahm. Sie konnte ihr Ziel nicht sehen.

So traurig das auch ist, hat diese Geschichte doch ein Happy End. Zwei Monate später ging Florence wieder ins Wasser, fest entschlossen, es noch einmal zu versuchen. Dieses Mal war das Ergebnis ganz anders. Obwohl der gleiche dichte Nebel aufkam, gab Florence nicht auf. Sie schwamm auf direktem Weg von Catalina Island zur Küste Kaliforniens, sechsundzwanzig Meilen. Als man sie fragte, was dieses Mal so anders gewesen sei, erklärte sie, dass sie sich während des Schwimmens immer die Küste vorgestellt hätte. Sie verlor die Küste nie aus den Augen, weil sie sich auf dieses Bild in ihrem Kopf konzentrierte. Auf diese Weise erreichte sie ihr Ziel.[25]

Ob Sie nun das Ziel haben, in Ihrer Sportart eine Goldmedaille zu gewinnen oder zehn Kilo abzunehmen, Sie werden sich das Ziel vor Augen halten müssen, besonders in den »Nebelzeiten«, wenn Sie müde sind und Ihr Weg sich lange hinzuziehen scheint.

Blicke stets nach vorn, richte deine Augen auf das, was vor dir liegt.

Sprüche 4,25

Wie eine gut zusammengestellte Mahlzeit hat ein zielgerichtetes Leben viele wichtige Zutaten: Entschlossenheit, Zeitmanagement, Planung, Durchhaltevermögen und Weisheit, um nur ein paar zu nennen. Alle diese Elemente sind von Bedeutung, aber vielleicht ist das, was sie vereint, der *Fokus*.

Fokus ist ausgerichtete Aufmerksamkeit. Fokus ist: ein Ziel haben, auf etwas abzielen, sich nicht leicht ablenken lassen. Fokus ist die Entschlossenheit, zielgerichtet zu bleiben und sich nicht von anderen Dingen ablenken zu lassen.

Ich las über den großen Golfer Ben Hogan, er habe eine ungeheure Konzentration. Es gibt die Geschichte, dass Hogan gerade über einem entscheidenden Putt in einem Golfturnier stand, als plötzlich in der Ferne laut ein Zug pfiff. Hogan zuckte mit keiner Wimper und lochte ein. Später, als er gefragt wurde, ob ihn das Pfeifen des Zuges gestört habe, entgegnete er: »Welches Pfeifen?«[26]

Ben Hogan hatte Talent, aber das war vielleicht nicht einmal das Wichtigste. Es gibt viele talentierte Menschen, die nur wenig im Leben fertigbringen. Wir müssen nicht besonders talentiert oder brillant sein, um große Dinge zu erreichen, denn wie

Vom Anfang her das Ende sehen

das Zitat am Anfang dieses Kapitels sagt: »Der Erfolgreiche ist ein Durchschnittlicher, der sein Ziel im Auge behält!«

Allzu oft denken Menschen, die nicht viel zustande bekommen, dass sie einfach nicht so talentiert oder brillant wären wie andere. Würden sie jedoch die Gewohnheiten derer, die Großes erreichen, studieren und nachahmen, könnten sie beobachten, dass die Fähigkeit, auf das Ziel ausgerichtet zu bleiben (sich zu konzentrieren, zu fokussieren), die Hauptdisziplin ist, die diese anderen groß macht. Schon ein bisschen Geschichtsforschung offenbart, dass gewöhnliche Menschen außergewöhnliche Dinge tun, wenn sie die richtigen Grundsätze auf ihr Leben anwenden.

Zig Ziglar sagte einmal: »Egal wie viel Kraft, Talent oder Energie du hast, wenn du sie nicht nutzt und dauerhaft auf ein bestimmtes Ziel ausrichtest, wirst du nie so viel erreichen, wie deine Fähigkeiten erwarten lassen.«[27]

Wenn wir es nicht schaffen, konzentriert zu bleiben, können wir dann ausschließlich den Ablenkungen die Schuld dafür geben? Ben Hogan tat das nicht und wir sollten es ebenso wenig tun. Er hatte die Fähigkeit entwickelt, sich ganz auf ein Ziel auszurichten.

Vielleicht leben wir heute – mehr denn je – in einer Gesellschaft voller Ablenkungen. Wir können die Züge nicht davon abhalten zu pfeifen! In unserem digitalen Zeitalter gibt es immer einen neuen Bildschirm, auf den wir sehen, einen neuen Tab, den wir anklicken, eine neue E-Mail, die wir lesen und ein neues soziales Netzwerk, das wir updaten wollen. Diese modernen Realitäten sind nicht schlecht, aber sie können uns ablenken. Schnell sind wir so beschäftigt mit unbedeutenden Dingen, dass wir das große Ganze aus dem Blick verlieren. Die sozialen Medien mögen einerseits nützlich sein, gehören andererseits aber zu den größten Ablenkungen im Leben vieler Menschen. Wir sollten sie gebrauchen, wie wir es für richtig halten, aber uns nicht von ihnen beherrschen lassen!

Technologie ist nicht die einzige Ablenkung im Leben. Hektische Zeitpläne, ungesundes Vergleichen, finanzieller Druck, die Meinung anderer und vieles mehr kann der Grund sein, dass wir den Blick für das Wesentliche verlieren. Aber wenn wir die Ziele, die wir haben, erreichen und unser Leben in Christus genießen wollen, müssen wir lernen, konzentriert zu bleiben.

Wir alle können das mit der Hilfe des Heiligen Geistes lernen. Dave kann dasitzen und lesen und lässt sich nie ablenken, ganz gleich was um ihn herum geschieht. Er hat in beiden Ohren einen Tinnitus, also einen Klingel- bzw. einen hohen Ton. Er sagt, das störe ihn überhaupt nicht, weil er sich nicht darauf konzentriere. Unsere Familie sagt oft: »Dad lebt in seiner eigenen kleinen Welt.« Tatsächlich hat er es trainiert, sich auf das zu konzentrieren, was er will, statt auf all die Ablenkungen um ihn herum.

Nicht jeder ist in der Lage, sich so gut zu konzentrieren wie Dave. Aber wir können unseren eigenen Weg finden. Vielleicht müssen wir bestimmte Maßnahmen ergreifen – irgendwo hingehen, wo es ruhig ist, oder die elektronischen Geräte in einem anderen Zimmer lassen. Der Heilige Geist wird uns darin leiten, wenn wir ihm unsere Aufmerksamkeit schenken.

Geduld

Geduld trägt wesentlich zum Erreichen eines Ziels bei. Nur wenige Dinge geschehen so schnell, wie wir es gerne hätten oder erwarten. Wenn Sie ein Ziel ins Auge fassen, nehmen Sie sich von Anfang an vor, den Weg bis zum Ende zu gehen, ganz gleich wie lange es dauert.

Nehmen Sie sich vor, den Weg zu Ende zu
gehen, ganz gleich wie lange es dauert.

Vom Anfang her das Ende sehen

Von Anfang an die richtige Einstellung zu haben – das ist ein Schlüssel, um Ziele zu erreichen. Behalten Sie im Blick, was Sie erreichen wollen, und achten Sie nicht darauf, wie lang und schwierig der Weg ist. Sollten Sie kurz davor sein, den Fokus zu verlieren oder sich ablenken zu lassen, denken Sie darüber nach, wie Sie sich am Ende des Tages fühlen werden, wenn Sie sich erlauben, von einem zum andern zu driften, statt auf Ihr Ziel ausgerichtet zu bleiben. Vergessen Sie nicht, dass Zufriedenheit und Erfüllung zu den besten Gefühlen der Welt gehören. Es tut gut zu wissen, dass wir uns selbst im Griff hatten!

Angenommen, Sie haben sich trotzdem eine Zeit lang ablenken lassen, dann kehren Sie immer wieder zu Ihrem ursprünglichen Plan für den Tag zurück. Lassen Sie keine Schuldgefühle zu; Schuldgefühle sind Zeitverschwendung. Beginnen Sie geduldig wieder dort, wo Sie aufgehört haben, und bleiben Sie dabei, bis Sie Ihr Ziel erreichen.

Steve Jobs sagte einmal: »Beim Fokussieren geht es um Neinsagen.«[28] Wir alle können die Fähigkeit entwickeln, zu vielen Dingen Nein zu sagen, um uns auf *eine* Sache zu konzentrieren. Der Apostel Paulus sagte, dass er das Eine tun wolle: das Vergangene hinter sich lassen und dem nachjagen, was vor ihm lag. Dadurch drückte er unter anderem aus, dass er wusste, wozu er Nein sagen musste. Er sagte Nein zu Schuldgefühlen und zu Gedanken, die ihn gefangen hielten. Er konzentrierte sich auf das Ziel, den Preis zu gewinnen, den Gott ihm in Christus geben wollte (siehe Philipper 3,13-14).

Manche unserer geistlichen Ziele werden wir in diesem Leben nicht vollständig erreichen, aber wir arbeiten trotzdem geduldig darauf hin. Ich würde sehr gerne nie irgendetwas falsch machen und jeden Menschen vollkommen lieben, doch so weit bin ich noch nicht und das werde ich auch erst im Himmel sein. Aber meine Liebe zu Gott drängt mich, weiter auf dieses Ziel hinzuarbeiten.

Nie aufgeben!

Ich habe schon oft gesagt, dass der wichtigste Beitrag zum Erreichen meiner Ziele der Umstand ist, dass ich nie aufgebe. Man braucht kein spezielles Talent, um aufzugeben, aber man braucht Fokus und Entschlossenheit, um es nicht zu tun. Besonders schwierig ist das Nichtaufgeben am Anfang, wenn die Grundlagen gelegt werden. Ein starkes Fundament ist äußerst wichtig für den Erfolg bei allem, was wir im Leben aufbauen möchten.

In dem Moment, in dem wir einen Samen in die Erde legen, geben wir ihn auf. Für einen längeren Zeitraum sehen wir erst mal nichts, was darauf hindeuten würde, dass sich unsere Investition gelohnt hat. Aber irgendwann kommt etwas aus der Erde hervor und es wächst zu etwas Schönem und Staunenswertem heran. Es wächst zu etwas heran, das viele genießen können.

Statt aufzugeben, wenn Sie im Natürlichen nichts sehen, erinnern Sie sich, wie Florence Chadwick durch den Nebel auf die Küste zugeschwommen ist. Entschließen Sie sich weiterzuschwimmen und dabei die Küste (Ihr Ziel) im Blick zu behalten.

Ich hatte in meinem Leben schon viele Ziele. Die Vorstellung, die meisten davon tatsächlich zu erreichen, schien am Anfang eigentlich unmöglich, aber viele von ihnen sind inzwischen wahr geworden. Ich bin ziemlich gewöhnlich, aber ich »bleibe am Dranbleiben dran« und habe nicht vor aufzugeben. Lassen Sie sich von Ihrer »Gewöhnlichkeit« nicht aufhalten oder daran hindern, etwas Großes erreichen zu wollen. Vergessen Sie nicht, dass die meisten Männer und Frauen, von denen wir in der Bibel lesen und die wir Glaubenshelden nennen, ganz normal waren. Sie waren Fischer, Steuerbeamte, Exprostituierte, Hirten, Mädchen, und selbst eine Frau, die von Dämonen besessen gewesen war! Niemand ist für Gott und seine Ziele unbrauchbar. Es ist nichts weiter nötig als Glauben an Gott und Entschlossenheit!

Solange Sie immer weiter vorangehen, werden Sie Ihren Weg finden. Wir lernen unterwegs. Zum Beispiel musste ich lernen, dass ich nicht alles tun konnte, was mich begeisterte. Als ich jedoch wusste, worauf ich mich zu konzentrieren hatte, war ich auf dem Weg zum Erfolg.

> Lassen Sie sich von Ihrer »Gewöhnlichkeit«
> nicht aufhalten oder daran hindern, etwas
> Großes erreichen zu wollen.

Es ist schwierig, in den Jahren, in denen wir die Fundamente legen, an unseren Träumen festzuhalten. Aber wenn wir in dieser Phase geduldig sind, wird das Gebäude überdauern. Seien Sie nicht entmutigt, weil noch keine Ernte in Sicht ist, obwohl Sie Saat ausgesät haben. Vertrauen Sie Gott einfach weiter, tun Sie weiter Gutes (siehe Psalm 37,3), und bald werden Sie Ihre Ernte sehen.

Starke Wurzeln

Wenn wir gute Frucht bringen wollen, müssen wir geduldig genug sein, um starke Wurzeln zu entwickeln. Ich habe viel Zeit damit vergeudet, eine Arbeit aufzubauen, ohne zunächst mich selbst geistlich aufzubauen. Wir brauchen Zeit, um uns in Christus zu verwurzeln und zu gründen, wie es uns aufgetragen ist (siehe Kolosser 2,7). Jesus muss in unserem Leben die Grundlage von allem sein. Ich denke, man kann wohl sagen, dass die Mehrheit der Menschen, die im Leben versagen oder die durchs Leben treiben und nie wirklich etwas zustande bringen, so sind, weil sie Gott nicht immer an die erste Stelle setzen. Gott an die erste Stelle zu setzen bedeutet, sein Wort zu studieren, zu beten, Gemeinschaft mit ihm zu haben, zu lernen, was sein Wille ist, und ihm mit aller Kraft nachzufolgen. Lieben Sie zuerst Gott, und Sie werden möglicherweise am Ende auch alles andere bekommen, was Sie lieben! Christus muss die Grundlage Ihres Lebens sein. Nehmen Sie sich Zeit, um eine starke Beziehung zu ihm aufzubauen – das ist dann ein festes Fundament für Ihr Leben.

Wenn wir Gott nicht immer an die erste Stelle setzen, werden wir nicht genug Energie haben um zu erreichen, was wir vorhaben. Wir werden es dann auch nicht mit Frieden und Freude tun. Es gibt Menschen, die Großartiges leisten, ohne sich auf Gott zu verlassen, aber währenddessen geht es ihnen meist nicht gut und sie sorgen dafür, dass es den Menschen in ihrer Umgebung auch nicht gut geht. Wir wurden von Gott und für Gott geschaffen und ohne ihn funktioniert nichts richtig.

Ich habe auf meinem Weg mit Gott herausgefunden, dass wir lernen, indem wir im Glauben Schritte wagen und Dinge ausprobieren – nicht indem wir faul herumsitzen und nichts tun. Auf meinem Weg bin ich vielen Menschen begegnet, und von manchen habe ich gelernt, was man tun muss, und von anderen, was man nicht tun darf. Hört sich das seltsam an? Das kann ich verstehen, aber lassen Sie es mich erklären.

Natürlich lerne ich gute Dinge von Menschen, aber ich habe herausgefunden, dass ich sogar noch mehr lernen kann, wenn ich die Fehler beobachte, die Menschen machen, und sie nicht wiederhole. Zum Beispiel hatte ich einmal einen Chef, der seine Mitarbeiter schlecht behandelte, und so lernte ich, das nicht zu tun. Ich war mit Menschen zusammen, die niemals ihre Fehler zugaben, und dieses Verhalten hat mich derart gestört, dass ich lernte, mich nicht so zu verhalten. Ich begegnete Menschen, die stolz waren und von nichts als sich selbst und ihrer Arbeit redeten, und ich habe beschlossen, das nicht zu tun. Diese Liste ließe sich fortsetzen, aber ich hoffe Sie sehen, was ich meine.

Achten Sie auf die verletzenden Dinge, die Menschen tun, und treffen Sie eine bewusste Entscheidung, andere nicht auf diese Weise zu behandeln.

Vom Anfang her das Ende sehen

Ein Fehler, den wir nie machen sollten

Ein weiterer Fehler, den ich bei anderen beobachtet habe und den ich selbst nie machen möchte, ist aufzugeben. Vielversprechenden Menschen, die große Möglichkeiten vor sich hatten, gaben auf, weil der Weg schwierig war, die Reise sich hinzog oder sie erschöpft waren. Manche von ihnen sind in Sünde geraten und haben sich nie wieder davon erholt. Es ist traurig anzusehen und etwas, das ich nie tun möchte. Machen Sie nicht den Fehler, sich von Ihren Fehlern zum Aufgeben bewegen zu lassen!

> Machen Sie nicht den Fehler,
> sich von Ihren Fehlern zum
> Aufgeben bewegen zu lassen!

Sie können nach einem Fehler wieder auf die Beine kommen, weil Gott vergibt und gnädig ist, aber nur wenn Sie nicht aufgeben. Glauben Sie mir: Wir alle machen Fehler, und zwar viele. Gott wusste, dass wir versagen würden, und genau deshalb sandte er Jesus, um uns zu vergeben, und den Heiligen Geist, um uns zu helfen. Aber der Heilige Geist wird Ihnen nie helfen aufzugeben, weil Gott einen Plan und eine Absicht für Ihr Leben hat. Also laufen Sie weiter, ganz gleich wo Sie auf Ihrem Lebensweg sind. Behalten Sie die Ziellinie vor Ihrem inneren Auge und bleiben Sie darauf konzentriert.

> *Denkt daran, dass alle wie in einem Wettrennen laufen, aber nur einer den Siegespreis bekommt. Lauft so, dass ihr ihn gewinnt!*
>
> 1. Korinther 9,24

Zusammenfassung

- Stecken Sie sich Ziele und verfolgen Sie diese von ganzem Herzen. So machen Sie das Beste aus Ihrem Tag.
- Gewöhnliche Menschen können außergewöhnliche Dinge tun, wenn Sie die richtigen Grundsätze auf ihr Leben anwenden.
- Damit wir unsere Ziele erreichen und unser Leben in Christus genießen, müssen wir lernen, ausgerichtet und konzentriert zu bleiben.
- Wenn Sie versagen, beginnen Sie geduldig wieder dort, wo Sie aufgehört haben, und bleiben Sie dran, bis Sie Ihr Ziel erreicht haben.
- Niemand ist für Gott und seine Ziele unbrauchbar. Es ist nichts weiter nötig als Glauben an Gott und Entschlossenheit.
- Wir lernen, indem wir gehen – nicht indem wir faul herumsitzen und nichts tun.

KAPITEL 19

Kraft für den Weg

Gott ist unsre Zuflucht und unsre Stärke, der uns in Zeiten der Not hilft.

Psalm 46,2

Viele Menschen stellen fest, dass sie zwar gerne irgendetwas tun möchten, aber nicht stark genug dafür sind. Gott ist unsere Stärke. Das heißt: Versuchen wir, unseren Weg zu gehen, ohne ihn an die erste Stelle zu setzen, werden wir versagen. Selbst junge und starke Männer kommen an ihre Grenzen (siehe Jesaja 40,30), aber mit Gott können wir Grenzen überwinden, solange wir auf seine Ziele für uns ausgerichtet bleiben, nicht auf unsere eigenen. Was *wir* tun wollen, schaffen wir nicht, aber was *er* von uns will, immer!

Selbst wenn wir etwas anstreben, das Gottes Willen entspricht, müssen wir dennoch auf ihn vertrauen und uns stets darauf verlassen, dass er unsere Stärke ist. Es ist ein häufiger und großer Fehler, alles selbst machen zu wollen. Die Bibel warnt uns vor den Gefahren, sich auf schwache Menschen zu verlassen. Das schließt nicht nur andere, sondern auch uns selbst ein. Der Prophet Jeremia drückte es gut aus:

So spricht der Herr: »Verflucht sei, wer sich von mir abwendet und sich nur noch auf Menschen oder seine eigene Kraft verlässt.«

Jeremia 17,5

Nur weil wir wissen, was zu tun ist und wie es geht, heißt das nicht, dass wir die Kraft haben, eine Aufgabe bis zum Ende durchzuführen. Wir können mit Willenskraft allein eine kurze Strecke bewältigen, aber alle eigene Entschlossenheit verpufft irgendwann, wenn Gott uns nicht hilft! Disziplin und Selbstbeherrschung sind gut und notwendig, aber woher bekommen wir die Kraft, um sie anzuwenden? Wir wissen, dass wir nicht aufgeben sollten, aber woher bekommen wir die Kraft, um das ganze Rennen zu laufen, das vielleicht viel länger ist, als wir erwartet hatten? Wir bekommen sie von Gott, der die Quelle aller Kraft ist.

Als Jesus sagte: *Getrennt von mir könnt ihr nichts tun* (Johannes 15,5), meinte er genau das, was er sagte. Jesus lädt die Mühseligen und Beladenen ein, zu ihm zu kommen und sich von ihren Mühen zu erholen (siehe Matthäus 11,28). Wir können zwar ohne Jesus arbeiten, aber dann wird es uns zur erschöpfenden Last.

Gnade annehmen

Durch Gnade werden wir gerettet, und wir können auch lernen, durch Gnade zu leben! Jeden Tag brauchen wir Jesus und sein großes Gnadengeschenk ebenso sehr, wie wir es am Tag unserer Errettung brauchten. Wir sind auf seine unverdiente Freundlichkeit, seine Hilfe und seine Kraft angewiesen, um das zu tun, was dran ist. Wir können uns Gnade nicht verdienen oder erarbeiten, weil sie ein Geschenk ist, aber wir müssen sie im Glauben annehmen. Ich kann jemandem in Not zwanzig Dollar anbieten, aber das garantiert nicht, dass er mein Geschenk tatsächlich annimmt.

Ich sehe Gnade sowohl als die Kraft an, die mich von der Sünde erlöst hat, als auch die Kraft, die mich befähigt, das Leben zu führen, das Gott für mich bereithält. Zum Beispiel will Gott, dass ich liebevoll, geduldig und freundlich bin, aber ich brauche seine Gnade (Kraft) dazu. Gott möchte, dass ich alles, was kommt, in guter Weise ertrage, aber ich brauche seine

Gnade (Kraft) dazu. Gott will, dass ich sein Wort lehre, aber ich brauche seine Gnade (Kraft) dazu.

Der Apostel Paulus sprach an einer Stelle von einem Dorn in seinem Fleisch. Dreimal habe er Gott gebeten, ihn wegzunehmen. Wir wissen nicht, worum es sich bei diesem »Dorn« genau handelte, aber wir merken, dass er Paulus quälte und störte. Wie die meisten von uns flehte auch Paulus Gott an, ihn wegzunehmen. Das ist die einfache Variante: »Gott, wenn du mich davon befreist, dann kann ich mich so verhalten, wie ich es sollte!« Gott ließ Paulus wissen, dass seine Gnade genüge, um die Schwierigkeiten zu ertragen (siehe 2. Korinther 12,7-9). Gott nahm das Problem nicht weg, sondern stärkte Paulus in seiner Schwäche. Hätte Gott den »Dorn« entfernt, hätte das seine Gnade offenbart, aber dass er Paulus befähigte, das Schwere zu tragen, war ebenfalls ein Zeichen der Gnade Gottes.

Sei es, dass wir uns besser konzentrieren müssen, dass wir entschlossener vorgehen oder organisierter sein müssen – wir brauchen Gottes Gnade (unverdientes Wohlwollen und Kraft) dafür. Wenn wir unsere Einstellung oder unser Verhalten ändern sollten, werden wir das nicht durch Anstrengung und rein menschliche Bemühungen schaffen. Wir brauchen Gottes Hilfe und Kraft dafür.

Bitten

Wie bekommen wir Hilfe von Gott? Indem wir ihn darum bitten. Sie können warten, bis sie seine Hilfe konkret benötigen, und dann darum bitten. Oder Sie können bitten, bevor akuter Bedarf entsteht, weil Sie ja schon wissen, dass Sie ohne Gottes Hilfe keinen Erfolg haben werden.

Wenn ich zum Training ins Fitnessstudio gehe, warte ich mit meinem Hilferuf nicht, bis ich erschöpft bin und meine, nicht weitermachen zu können. Ich bitte bereits auf dem Weg dorthin um Hilfe! Ich weiß ja, dass ich ohne Gott nicht einmal *hingehen* will, geschweige denn das *tun*, was auf dem Programm steht, sobald ich dort ankomme. Ein anderes Beispiel: Ich möchte Menschen immer so behandeln, wie Jesus es tun würde, aber ich bin mir ziemlich sicher, dass ich das ohne Gottes Hilfe nicht schaffe. Deshalb bitte ich Gott täglich, dass die Frucht des Heiligen Geistes durch mich und meine Persönlichkeit anderen zugutekommt.

Gott möchte, dass wir uns in allem auf ihn verlassen und uns von ihm abhängig machen! Er ist der Weinstock und wir sind die fruchttragenden Reben (siehe Johannes 15,5). Reben ziehen die ihnen Leben spendende Kraft ständig aus dem Weinstock. Es ist das Leben, das durch sie fließt, welches die Frucht hervorbringt. Hängen noch alte, tote Blätter vom letzten Jahr an den Zweigen, wird das Leben, das die neuen Knospen treiben lässt, sie abstoßen. Und so brauchen auch Sie nicht zu kämpfen, damit Sie sich selbst ändern, denn Sie *werden* durch die Gnade Gottes (seine unverdiente Freundlichkeit und Kraft) verändert. Damit Sie in jedem Lebensbereich gute Frucht bringen, bleiben Sie einfach mit dem Weinstock (Jesus) verbunden!

Sie brauchen nicht zu kämpfen, damit Sie
sich selbst ändern, denn Sie werden durch
die Gnade Gottes (seine unverdiente
Freundlichkeit und Kraft) verändert.

Es gibt einige Bibelstellen, die ich laut ausspreche oder die ich in der Bibel nachlese, wenn ich mich daran erinnern will, welche Kraft in einem einfachen Gebet um Hilfe liegt. Es sind Jakobus 4,2, Johannes 16,24, Matthäus 7,7-8, Johannes 14,13-14 und Johannes 15,7. Ich nenne Ihnen absichtlich nur die Stellen, damit Sie tun, worum es in diesem Buch geht: selbst in Aktion treten.

Machen Sie sich die Informationen zunutze. Dann wird es Ihnen viel mehr bedeuten, als wenn ich Ihnen die Arbeit abnehme. Legen Sie das Buch zur Seite, holen Sie eine Bibel, schlagen

Kraft für den Weg

Sie diese fünf Stellen nach und lesen Sie sie laut. Sie werden danach viel mehr geneigt sein, Gott um Hilfe zu bitten, als Sie es vorher vielleicht waren. Harper Lee, ein amerikanischer Romanautor, sagte: »Das Buch, das es zu lesen gilt, ist nicht das, das für dich denkt, sondern das, das dich zum Denken anregt. Kein Buch in der Welt macht das so gut wie die Bibel.«[29]

Worum wir uns selbst bemühen, scheint uns mehr zu bedeuten als das, was uns ein anderer erschließt. Ich bin dankbar für Computer und alle Informationen, die mir auf Knopfdruck zur Verfügung stehen, und ich nutze diese Quelle fast täglich. Aber um ganz ehrlich zu sein, bin ich noch dankbarer für die Jahre vor der Computerzeit, als ich tief graben und studieren musste, manchmal stundenlang, um zu erfahren, was man heute mit ein bisschen Herumklimpern auf der Tastatur herausfindet. Warum? Weil durch die Mühe, die ich ins Lernen steckte, das, was ich erfuhr, extrem wertvoll für mich wurde. Ich danke Gott immer wieder für das, was ich gelernt habe – und das habe ich nicht von einer Diskette in mein Herz heruntergeladen.

Sie werden viel mehr von Predigten oder Bibelstunden profitieren, wenn Sie die Bibelverse notieren, die Ihr Pastor oder Bibellehrer nennt, und sie dann zu Hause nachlesen und sich Gedanken darüber machen. Umgeben Sie sich neben dem persönlichen Bibelstudium mit guten Quellen – Andachts- und anderen Büchern sowie Vorträgen –, durch die das Wort Gottes von jemandem gelehrt wird, den Gott zum Lehren befähigt hat. Sogar Bibelverse, die Sie zu Hause an der Wand haben, sind nützlich.

Eine Freundin von mir, die sehr begabt ist und den großen Wunsch hat, Menschen zu dienen, ist manchmal frustriert, weil sich für sie noch nicht die richtigen Türen geöffnet haben. Gott forderte mich auf, sie zu ermutigen, »dem Herrn mit Freuden« zu dienen, wie es in Psalm 100 heißt. Wenn wir ihm mit Freude dienen, können wir die Zeit genießen, in der wir darauf warten, dass er uns an unsere nächste Aufgabe heranführt. Neulich sprach ich mit dieser Freundin, und auf meine Frage, wie es ihr gehe, antwortete sie: »Ich habe ›Dient dem Herrn mit Freuden!‹ in meinem Büro an die Wand gepinselt.« Ich selbst habe in meinem Leben mit Gott oft solche Gedächtnisstützen verwendet und fand sie sehr hilfreich. Halten Sie sich Gottes Wort und Ihre Vision vor Augen; das wird Ihnen helfen, nicht aufzugeben.

Den Tag richtig beginnen

Wenn Sie das Beste aus Ihrem Tag machen wollen, dann beginnen Sie ihn mit Gott! Gewöhnen Sie sich an, bereits vor dem Aufstehen mit ihm zu sprechen. Danken Sie ihm für den neuen Tag und bitten Sie ihn um Hilfe, zu seiner Freude leben zu können. Erwähnen Sie die Dinge, die Sie an diesem Tag erledigen müssen, und bitten Sie um Gottes Hilfe, es gut zu tun. Sollte ein Termin anstehen, vor dem Sie Angst haben, dann beißen Sie nicht einfach nur die Zähne zusammen und »versuchen« ihn durchzustehen, sondern lassen Sie sich von Gott befähigen, ihn mit einer guten Einstellung zu bewältigen. Sie können Gott sogar um Hilfe bitten, sich über diesen Termin zu freuen!

Nichts ist entscheidender für ein effektives, zielgerichtetes, absichtsvolles Leben, als täglich Zeit mit Gott zu verbringen.

Jeder Tag ist Teil unseres Weges mit Gott, und wir finden Kraft für den Weg, indem wir Gott früh und beständig suchen. Nichts ist entscheidender für ein effektives, zielgerichtetes, absichtsvolles Leben, als täglich Zeit mit Gott zu verbringen. Dies ist eine grundlegende biblische Wahrheit für jeden Christen, der mehr will als nur das ganz Gewöhnliche – der das außergewöhnliche Leben führen will, das uns Jesus durch seinen Tod ermöglicht hat.

Kraft für den Weg

Die Bibel lehrt uns, dass Gott die Quelle aller Dinge ist (siehe 1. Korinther 8,6). Weil er unsere Quelle ist, ist tägliche Zeit in seiner Nähe mehr als eine fromme Pflicht – es ist eine göttliche Gelegenheit! Es ist unsere Gelegenheit, für den vor uns liegenden Tag gestärkt, ermutigt, geheilt, befähigt und mit Kraft ausgestattet zu werden.

Man könnte die Zeit mit Gott als Akku-Aufladen betrachten. Mein Mann hat einen elektrischen Golfwagen, mit dem er zum Golfplatz in unserer Nähe fährt. Sobald er wieder nach Hause kommt, lädt er ihn sofort für das nächste Mal auf, wenn er Golf spielen möchte. Ab und zu hat sich eines unserer Kinder den Wagen mal ausgeliehen, mit den Enkeln eine Tour gemacht und dann vergessen, ihn an die Steckdose anzuschließen. Dave war enttäuscht und nicht besonders glücklich, als er den Wagen verwenden wollte und nicht konnte, weil der Akku leer war.

Wenn wir uns nicht an Gott wie an eine Steckdose anschließen, indem wir Zeit mit ihm verbringen, werden wir enttäuscht und unglücklich sein, weil wir merken, dass wir Kraft brauchen und keine haben. Machen Sie einmal ein Experiment mit einer Weinrebe, die Sie vom Weinstock abtrennen und ein paar Tage lang beobachten. Jeden Tag sieht sie ein bisschen lebloser aus, und in nur wenigen Tagen ist sie tot! So ist es auch mit uns. Getrennt vom Weinstock (Jesus) dauert es nicht lange, bis Vitalität, Energie, Eifer, Enthusiasmus, Leidenschaft, Entschlossenheit und Freude dahin sind. Jesus ist unsere Quelle!

Ganz ähnlich wie ein Fluss nur so stark ist wie seine Quelle, sind Sie und ich nur so stark wie unsere Verbindung mit Gott. Wir können Zeit mit ihm verbringen, indem wir sein Wort lesen und mit ihm reden, ihm danken und ihn anbeten. Dadurch werden wir erfüllt mit Weisheit, Stärke und Mut für alles, was vor uns liegt, ganz gleich wie herausfordernd es sein mag.

David verbrachte Zeit in der Anbetung Gottes (siehe Psalm 5,8). Maria saß zu Jesu Füßen (siehe Lukas 10,39). Mose ging auf den Berg, um Gott zu begegnen (siehe 2. Mose 19,3). Selbst Jesus nahm sich Zeit, um von der Menschenmenge wegzugehen und zu beten (siehe Markus 1,35). Wenn »Zeit mit Gott verbringen« für sie wichtig war, sollte es ganz gewiss auch für uns wichtig sein.

Hudson Taylor sagte einmal: »Stimme deine Instrumente nicht erst, nachdem du das Konzert gegeben hast. Beginne den Tag mit dem Wort Gottes und Gebet, und finde zuallererst zur Harmonie mit ihm.«[30]

Viele Familien klingen wie eine Musikband, in der alle ein anderes Lied spielen und keines der Instrumente gestimmt wurde. Das Nörgeln am anderen beginnt, sobald sie morgens aufstehen. Es könnte ganz anders sein, wenn sie zuerst Zeit mit Gott verbringen würden!

Ja, man braucht Zeit, um sich ordentlich auf einen neuen Tag vorzubereiten. Viele von uns haben allerdings das Gefühl, sie könnten diese Zeit nicht aufbringen. Schließlich haben sie schon zu viel zu tun.

> *Du wirst nie Zeit für irgendetwas finden. Wenn du Zeit willst, musst du sie dir nehmen.*
>
> Charles Buxton, englischer Philanthrop, Autor und Parlamentsmitglied[31]

Warum ist es so wichtig, dass wir regelmäßig die Bibel studieren? Es ist wichtiger als eine Hochschulausbildung. Wie können wir den Willen Gottes herausfinden, wenn wir uns nicht mit seinem Wort beschäftigen? Das ist unmöglich. Vielleicht studieren manche Menschen die Bibel nicht, weil sie meinen, das, was sie darin lesen, stelle ihren Lebensstil infrage. Ich gebe zu, dass mich Gottes Wort oft tadelt. Es korrigiert mich und hilft mir, in dem zu bleiben, was ich die »Sicherheitszone des Lebens« nenne. Ich fürchte diese Korrekturen überhaupt nicht; ganz im Gegenteil, ich bin sehr dankbar dafür. Gottes Wort hilft mir. Es hat die Kraft, die mich befähigt zu tun, was ich tun soll, und es hat die Kraft, die mich befähigt, nicht zu tun, was ich nicht tun sollte.

Durch die Zeit, die Sie mit Gott verbringen, werden Sie später sogar Zeit sparen. Von Martin Luther gibt es das berühmte Wort, er habe so viel zu tun, dass er drei Stunden jeden Morgen beten müsse, um genügend Weisheit und Stärke für den Rest des Tages zu bekommen. Kein Wunder, dass er die Kirche mit seiner Erkenntnis von der Rettung durch Gnade und nicht durch Werke dauerhaft beeinflusst hat. Offensichtlich arbeitete er viel, aber erst nachdem er durch seine Zeit mit Gott genügend Kraft für den Tag bekommen hatte.

> Durch die Zeit, die Sie mit Gott verbringen, werden Sie später Zeit sparen.

Stellen Sie sich vor, wie anders unsere Welt aussähe, wenn jeder auf dem Planeten jeden Morgen bei Bibelstudium und Gebet Zeit mit Gott verbringen würde. Alles Elend – Selbstsucht, Verbrechen, Gewalt, Ungerechtigkeit, Unterdrückung, Sklaverei und Krieg – ergibt sich aus dem Verachten oder Vernachlässigen der biblischen Grundsätze. Würden die Menschen sie täglich studieren, sähe die Welt anders aus.

Wir können die Entscheidungen anderer Menschen nicht für sie treffen – aber wir können für uns selbst entscheiden. Ich habe meine Entscheidung getroffen und sehe das Resultat in meinem Leben. Gott ist meine Kraft und Hilfe in der Not. Er ist es, der mich befähigt. Jeder Tag ist ein Geschenk, und ich entscheide mich, ihn zu nutzen und das Bestmögliche daraus zu machen. Das kann ich auch Ihnen nur dringend ans Herz legen.

Zusammenfassung

- Gott wird Ihnen immer die Kraft geben, die Sie brauchen, um zu tun, wozu er Sie berufen hat. Er wird Ihnen helfen, das Leben zu führen, das er für Sie vorgesehen hat.

- Gnade ist sowohl die Kraft, die Sie von der Sünde erlöst, als auch die Kraft, die Sie befähigt, das Leben zu führen, das Gott für Sie bereithält.
- Hilfe bekommt man von Gott einfach dadurch, dass man ihn darum bittet.
- Um gute Frucht in allen Lebensbereichen zu tragen, müssen Sie mit dem Weinstock (Jesus) verbunden bleiben.
- Der beste Weg, jeden Tag möglichst gut zu nutzen, ist, ihn mit Gott zu beginnen.

KAPITEL 20

Bestimmen Sie Ihr Denken selbst

Mit diesen Waffen zerschlagen wir all die hochtrabenden Argumente, die die Menschen davon abhalten, Gott zu erkennen. Mit diesen Waffen bezwingen wir ihre widerstrebenden Gedanken und lehren sie, Christus zu gehorchen.

2. Korinther 10,5

Gottes Wort trägt uns auf, unsere Gedanken zu kontrollieren. Wir sollen die biblischen Wahrheiten kennen und dann jeden unserer Gedanken, der damit nicht übereinstimmt, einfangen. Wie der Apostel Paulus sagt, sollen wir unsere Gedanken und Absichten »lehren ... Christus zu gehorchen« und falsche Gedanken, Theorien, Argumentationen und Fantasien niederwerfen. Die Bibel lehrt uns, unsere Sorge auf Gott zu werfen (englisch: *cast*), Dämonen auszutreiben (*cast out*), und falsche Gedanken niederzuwerfen (*cast down*). Dieses »cast« ist ein starkes Wort, es bedeutet *werfen* oder *schleudern*. Es erinnert mich an das Wort »seize« (ergreifen, packen, in diesem Buch meist mit »nutzen« übersetzt, Anm. d. Ü.), welches ebenfalls ein aktives, aggressives Wort ist.

Um unsere Gedanken zu packen oder zu beherrschen, müssen wir aggressiv vorgehen. Müßig dazusitzen und über all das nachzudenken, was uns zufällig in den Sinn kommt, ist zwar nicht schwer, aber es entspricht nicht dem Willen Gottes. Er möchte, dass wir unseren freien Willen nutzen, um uns zu entscheiden, jeden Gedanken niederzuwerfen, der nicht mit seinem Willen übereinstimmt.

Manche Gedanken sind gut, positiv, belebend, liebevoll und

nutzbringend, aber nicht alle. Das Denken ist tatsächlich ein Schlachtfeld, auf dem wir mit dem Teufel Krieg führen. Wir haben die Anweisung, Gedankengebäude oder Festungen einzureißen, die in unserm Denken existieren. Eine Festung ist ein Gebiet, in welchem der Feind sich verbarrikadiert und versteckt in der Hoffnung, unentdeckt zu bleiben, damit er Zerstörung anrichten kann. Der Teufel ist ständig damit beschäftigt, böse, sündige und giftige Gedanken in unser Denken zu bringen. Er hofft, dass wir das nicht bemerken und die Gedanken passiv als unsere eigenen akzeptieren und dann über sie nachsinnen, bis sie in unserem Leben zur Realität werden. Aber die gute Nachricht ist, dass wir Waffen besitzen, die wir nutzen können, um den Teufel zu besiegen.

Wir setzen die mächtigen Waffen Gottes und keine weltlichen Waffen ein, um menschliche Gedankengebäude zu zerstören. Mit diesen Waffen zerschlagen wir all die hochtrabenden Argumente, die die Menschen davon abhalten, Gott zu erkennen. Mit diesen Waffen bezwingen wir ihre widerstrebenden Gedanken und lehren sie, Christus zu gehorchen.

2. Korinther 10,4-5

Wenn wir Vers 4 und 5 zusammen betrachten, können wir sofort erkennen, dass wir uns in einem Krieg befinden. Wir haben Waffen, die Gedankengebäude zerstören, wenn sie richtig eingesetzt werden. Wir sollen mithilfe dieser Waffen alle falschen Denkansätze niederreißen. Unsere Waffe ist das Wort Gottes, und das kann in vielerlei Weise eingesetzt werden. Wir können unsere Gedanken mit dem Wort Gottes *abgleichen* und anpassen, wenn es Diskrepanzen gibt – dadurch kommen sie in Übereinstimmung mit Gott. Wir können über das Wort Gottes *nachsinnen*, was uns hilft, unser Denken zu erneuern und Gutes und Nutzbringendes zu denken. Wir können das Wort auch laut *aussprechen*. Das hilft uns, weil wir auf diese Weise jedes falsche Gedankenmuster in unserem Kopf unterbrechen. Und wir können das Wort Gottes *beten,* indem wir unsere Gebete mit Bibelstellen füllen und Gott an seine Verheißungen erinnern, wie er es uns aufgetragen hat (siehe Jesaja 43,26). Wir können ferner das Wort Gottes *hören* oder *lesen.* Das wird unser Denken immer wieder neu mit dem Plan Gottes für unser Leben in Übereinstimmung bringen.

Das Wort Gottes wird in der Bibel »Schwert des Geistes« genannt (siehe Epheser 6). Schwerter nutzt man in der Schlacht. Sie müssen stets scharf und zur Hand sein. Ich rate Ihnen dringend, nicht zu vergessen, dass Gottes Wort eine Waffe ist, die Sie gegen den Teufel einsetzen sollten.

Ein junger Mann erzählte uns, seine Mutter sei gestorben, als er vierzehn war, und das habe ihn bitter und sehr wütend auf Gott gemacht. Einige Jahre später fing er an zu trinken, um seinen Schmerz zu betäuben, und wurde schließlich zum Alkoholiker. Eines Abends überfuhr er auf dem Heimweg von der Bar ein Kind. Das Kind starb. Er wurde wegen Totschlags verurteilt und musste ins Gefängnis. Dort kam er eines Tages vom Mittagessen in seine Zelle zurück und fand mein Buch *Das Schlachtfeld der Gedanken* vor, das unser Gefängnisdienst verteilt hatte. In diesem Buch geht es darum, wie wichtig Gottes Wort ist, welche Rolle es bei der Erneuerung der Gedanken spielt und wie es uns lehrt, richtig zu denken. Uns wurde das Denken Jesu Christi geschenkt. Ja, wir tragen die Gedanken, Absichten und Ziele seines Herzens in uns! Mit anderen Worten, wir können so denken, wie Gott es tut.

Als der junge Mann das Buch las, begriff er, dass seine Denkweise falsch war, und er begann sie zu ändern. Nachdem er seine Strafe verbüßt hatte, wurde er aus dem Gefängnis entlassen. Kurz danach besuchte er seine erste *Joyce Meyer Ministries-*Konferenz, wo er Jesus sein Leben anvertraute. Jetzt hilft er immer bei unseren Konferenzen mit, wenn diese in seiner Nähe stattfinden.

So tragisch der Tod seiner Mutter auch war, hat nicht er das Leben des jungen Mannes zerstört, sondern die Art und Weise, wie dieser darüber dachte. Der Teufel kann und wird uns böse und lebenszerstörende Gedanken einflüstern – und wenn wir die Wahrheit (Gottes Wort) nicht kennen, bleibt uns lediglich, ihm zu glauben. Nur allzu gern erzählte der Teufel dem jungen Mann, es wäre Gottes Schuld, dass seine Mutter tot war, und überzeugte ihn, er solle sich im Zorn von Gott abwenden. Er war noch erfreuter, als er den jungen Mann verleiten konnte, exzessiv zu trinken und schließlich dadurch jemandem das Leben zu nehmen. Er war sehr glücklich, ihn im Gefängnis zu sehen. Allerdings war er nicht besonders erfreut, als das Buch auftauchte, der Mann es las und herausfand, dass es für ihn auch noch eine andere Möglichkeit gab.

Dieser junge Mann lernte, dass eine Schlacht in seinem Denken tobte und dass er die falschen Gedanken hinauswerfen beziehungsweise gefangen nehmen und durch gute ersetzen konnte.

Denken Sie selbst

Mehrfach mahnt uns die Bibel, wachsam zu sein oder zu wachen und zu beten. Auf unser Denken müssen wir sorgfältig achtgeben. Wenn es nicht mit Gottes Gedanken (seinem Wort) übereinstimmt, sollten wir den oder die falschen Gedanken gefangen nehmen. Wir können den Tag nicht nutzen, solange wir nicht bereit sind, regelmäßig unsere Gedanken aufzuräumen. Ein Mensch wird, was er denkt (siehe Sprüche 23,7), oder wie ich oft sage: »Der Mensch folgt dem Weg, den sein Denken vorgibt.«

Sie können selbst denken. Sie können Ihre eigenen Gedanken auswählen, und das sollten Sie mit Bedacht tun. Sie können entscheiden, ob Sie über etwas nachdenken wollen oder nicht. Alle Gedanken sind wie Samen, die wir aussäen, und sie bringen eine Ernte hervor. Alle Saat trägt Frucht nach ihrer Art: Säen Sie nichts, was Sie nicht ernten wollen.

Wenn wir einen Tomatensamen in die Erde legen, können wir davon ausgehen, eine Tomatenpflanze zu bekommen. Doch wenn wir Hass- und Zorngedanken säen, erwarten wir oft, ein wunderbares und glückliches Leben zu ernten. Das wird nie passieren! Die Saat von Hass- und Zorngedanken wird ein bitteres, unglückliches Leben hervorbringen. Die Welt ist voller Menschen, die ein unglückliches Leben führen. Leider geben sie oft anderen die Schuld an ihren Umständen, statt ihr eigenes Herz zu erforschen und herauszufinden, worauf ihre Probleme zurückzuführen sind.

Im ersten Drittel meines Lebens machte ich es genauso, weil ich es nicht besser wusste. Mein Denken richtete sich nach meinen Umständen, statt nach dem Wort Gottes. Die »Gedankensaat«, die ich ständig ausstreute, produzierte noch mehr von dem, was ich so sehr hasste. Ich saß in der Falle, aus der ich erst freikam, als ich lernte: Wenn ich ein besseres Leben führen wollte, musste ich bessere Gedanken zulassen. Jesus fordert uns auf zu glauben – seinem Wort mehr als dem Wort irgendeines anderen –, und wenn wir das tun, verändern sich die Dinge zum Besseren.

Erneuerung der Gedanken und das Richtige denken zu lernen, braucht Zeit und Gottes Hilfe. Gott ist immer bereit, uns dabei zu helfen, seinen Willen zu tun. Gott wird auch Ihnen helfen – bitten Sie ihn darum! In 1. Petrus 1,13 heißt es: *Umgürtet die Lenden eurer Gesinnung.* Der Apostel Petrus sagt uns hier, dass wir unsere Gedanken nicht wild herumtoben lassen, sondern sie zügeln und kontrollieren sollen.

Wenn Sie Ihre Zeit besser nutzen wollen, müssen Sie zuerst Ihre Gedanken besser nutzen. Entscheiden Sie sich, geistig aktiv zu sein. Überdenken Sie, was Sie denken, und sollte es nicht gut oder richtig sein, dann denken Sie etwas anderes.

Angenommen, Sie wachen morgens auf und das Erste, was Ihnen in den Sinn kommt, ist: *Schade, dass ich gestern nicht besser drangeblieben bin und mehr geschafft habe. Mir fehlt es scheinbar wirklich an Selbstbeherrschung,* dann können Sie sich, sobald Sie merken, dass Ihre Gedanken nicht mit Gottes Wort übereinstimmen, dazu entscheiden, stattdessen zu denken: *Ich lasse los, was hinter mir liegt. Heute wird es besser werden. Gott hat mir die Frucht der Selbstbeherrschung gegeben und ich bin dabei zu lernen sie einzusetzen.*

Stimmen Ihre Gedanken nicht mit der Bibel überein, dann stammen sie entweder vom Teufel oder sind das Ergebnis schlechter Gewohnheiten, die Sie durch mangelnde Disziplinierung Ihres Denkens im Lauf der Jahre entwickelt haben. In beiden Fällen vergiften sie Ihr Leben und es ist an Ihnen, etwas dagegen zu unternehmen. Gott wird Ihnen immer das richtige Vorgehen zeigen. Er wird Ihnen sogar die Gnade (Fähigkeit) geben, es zu tun, aber er wird es nicht für Sie tun! Er hat Ihnen einen freien Willen gegeben, und den müssen Sie gebrauchen.

Wenn Sie mit Gottes Wort (seinen Gedanken) gut vertraut sind, dann funktioniert es wie ein Licht in Ihrem Leben, das Ihnen hilft, Dunkelheit schnell wahrzunehmen. Mit anderen Worten, das Wort Gottes, das Sie sich angeeignet haben, hilft Ihnen, die Lügen des Teufels zu erkennen.

Lassen Sie mich betonen: Dieser Prozess braucht Zeit. Sie werden nach und nach wachsen. Geben Sie nicht auf, richtiges Denken zu lernen, denn in Ihrem Leben kann keine Ordnung herrschen, wenn Ihre Gedanken alle verkehrt sind. Sie werden nie an einen Punkt kommen, an dem Sie sich keine Mühe mehr geben müssen, um richtig zu denken! Ich muss mich jeden Tag bemühen, und so geht es auch jedem anderen Menschen auf diesem Planeten, der das gute Leben führen möchte, das Gott uns durch Jesus Christus anbietet.

Vom Herzen

Woher kommen Worte? Sie werden in unseren Gedanken formuliert und sie haben Macht. Gottes Wort lehrt, *wes das Herz voll ist, des geht der Mund über* (Matthäus 12,34). Unsere Worte enthalten die Macht über Leben und Tod (siehe Sprüche 18,21). Die Worte, die wir sprechen, bleiben nicht folgenlos, und wir werden in der Bibel ermutigt, nichts Unnützes zu sagen. Wenn wir unsere Gedanken kontrollieren, sind wir auf dem besten Weg, auch unsere Worte kontrollieren zu können.

Haben Sie schon einmal gedacht: »Hätte ich das doch bloß nicht gesagt!«, nachdem Sie unhöflich waren oder jemanden gekränkt haben? Mir ist das auf jeden Fall schon passiert. Aber der Wunsch »Ach hätte ich doch bloß nicht ...!« wird nichts ändern. Wie schaffen wir es, keine Worte mehr herausplatzen zu lassen, die verwunden, kränken und Schwierigkeiten verursachen? Wir müssen unser Denken ändern! Was wir im Stillen denken, sprechen wir oft laut aus!

> Was wir im Stillen denken,
> sprechen wir oft laut aus!

Der Psalmist David sprach häufig über seine Gedanken und Worte. Er meditierte viel über Gottes Wort, und er sagte, dass das Wort, das Gott in sein Herz gelegt habe, ihn von der Sünde abhalte. Es war ein Licht für ihn, das ihm die Richtung für sein Leben wies (siehe Psalm 119,105). Er sagte auch, dass er sich vorgenommen habe, mit seinen Worten nicht zu sündigen (siehe Psalm 17,3). Dies ist eine meiner Lieblingsstellen:

Ich sagte zu mir: »Ich will darauf achten, dass ich nicht sündige, wenn ich rede. Ich will meine Zunge fest im Zaum halten, wenn die Gottlosen in der Nähe sind.

Psalm 39,2

Beachten Sie, dass er auf seine Lebensführung *achtete* und seine Zunge *im Zaum hielt*. Diese beiden Ausdrücke sind Aktionswörter; für mich hört es sich so an, als ob David seine Zeit gut nutzte! Er traf Entscheidungen darüber, wie er leben wollte. Er wartete nicht einfach ab, was passieren würde, und ließ sich dann davon mitreißen.

Wann kann ich mich denn mal entspannen?

Wir denken ständig, also ist es wichtig, immer auf der Hut zu sein. Je mehr Sie das richtige Denken praktizieren, desto natürlicher wird es für Sie. Sie werden so wachsen, dass Sie sich bei Gedanken, die nicht mit Gottes Wort übereinstimmen, regelrecht unwohlfühlen und eine geistliche Unruhe verspüren. Das ist der Heilige Geist, der Ihnen freundlich zeigt, dass etwas nicht in Ordnung ist. Wenn Sie auf ihn hören, wird er Ihnen zeigen, was es ist. Vielleicht fällt es Ihnen in solchen Momenten gar nicht auf, dass Gott Sie gerade leitet, aber es ist etwas, das er verspricht zu tun.

Sie können sich darauf verlassen. Gott macht Sie auf falsche Gedanken aufmerksam und hilft Ihnen, seine Gedanken zu denken. Er sagt nie, wir sollten etwas tun, wenn er nicht bereit ist, uns dabei zu helfen. Er weiß viel besser als wir, wie unfähig wir sind, ohne ihn irgendetwas richtig zu machen.

Gott ist sehr geduldig und
wird uns nie fallen lassen.

Nachdem wir in diesem Buch so viel darüber gesprochen haben, wie aktiv und aufmerksam wir sein sollten, denken Sie vielleicht: *»Das hört sich nach einer Menge Arbeit an«*, und Sie fragen sich: *»Wann kann ich mich denn einfach mal entspannen?«* Ja, unsere Gedanken zu beherrschen, erfordert Mühe und Fleiß. Aber glauben Sie mir: In Zeiten von negativen und schlechten Gedanken war mein Leben viel anstrengender und stressiger als jetzt, da ich aktiv und offensiv meine Gedanken kontrolliere, sodass sie mit Gottes Willen übereinstimmen. Die Selbstdisziplin, Gottes Willen zu folgen, ist nicht hart, bedrückend oder stressig. Stress und Frustration beschert uns der Kampf gegen Gottes Willen. Wie viel Fleiß wir auch immer aufwenden müssen, um Gottes Willen zu tun, es ist leichter als ein Leben außerhalb seines Willens.

Wir werden Fehler machen. Manchmal erkennen wir vielleicht, dass wir einen ganzen Tag mit Gedanken verschwendet haben, die Gott nicht gefallen. Aber Gott ist sehr geduldig und wird uns nie fallen lassen. Jesus fordert uns auf, zu ihm zu kommen, um auszuruhen und zu entspannen (siehe Matthäus 11,28-29). Wir können in seiner Ruhe bleiben, selbst wenn wir Fehler machen. Als Eltern erwarten wir nicht, dass unsere Babys über Nacht groß werden, sondern sind bereit, ihnen zu helfen, wenn sie hinfallen. Unser himmlischer Vater ist uns gegenüber genauso. Er ist barmherzig und freundlich. Es reicht ihm aus zu wissen, dass wir seinen Willen tun wollen, um so lange mit uns zu arbeiten, wie es nötig ist.

Powergedanken

Powergedanken sind Gedanken, die man bewusst denkt und die die nötige Energie zum Handeln freisetzen. Hier sind zehn solcher Gedanken. Sie werden Ihnen dabei helfen, das Beste aus Ihrem Tag zu machen:

1. Gott hat mir diesen Tag gegeben. Er ist ein Geschenk und ich werde ihn nicht vergeuden.
2. Alles ist mir möglich durch Christus, der mir die Kraft gibt, die ich brauche.
3. Ich bin ein organisierter Mensch.
4. Ich vertraue darauf, dass Gott mich leitet und mir hilft, während ich durch diesen Tag gehe.
5. Ich entscheide mich, dem Willen Gottes für mein Leben zu folgen.
6. Ich vergeude meine Zeit nicht.

7. Ich plane klug und halte mich an meinen Plan.
8. Ich bin ein bewusst lebender, zielstrebiger Mensch.
9. Ich werde die Ressourcen, die Gott mir gegeben hat, nicht vergeuden.
10. Gott liebt mich und ist immer bei mir.

Es gibt Tausende und Abertausende anderer Powergedanken. Das sind auf Gottes Wort gegründete Gedanken; sie werden Frieden und Freude in Ihrem Leben freisetzen. Üben Sie jeden Morgen ein wenig »absichtsvolles« Denken. Das wird Ihnen für den Tag, der vor Ihnen liegt, zur richtigen Einstellung verhelfen.

Zusammenfassung

- Wenn wir über die Wahrheiten der Bibel nachsinnen, hilft uns das, unser Denken zu erneuern, sodass wir gute und nützliche Dinge denken können.
- Es wird uns erst gelingen, das Beste aus unserem Tag zu machen, wenn wir bereit sind, jeden Gedanken zu packen und gefangen zu nehmen, der dem Wort Gottes entgegensteht.
- Erneuerung der Gedanken und das Richtige denken zu lernen, braucht Zeit und Gottes Hilfe. Gott ist immer bereit, Ihnen zu helfen – bitten Sie ihn einfach darum.
- Um Ihre Zeit besser zu nutzen, nutzen Sie Ihre Gedanken besser.
- Gott wird Ihnen immer das richtige Vorgehen zeigen. Er wird Ihnen sogar die Gnade (Fähigkeit) geben, es zu tun, aber er wird es nicht für Sie tun!
- Je mehr Sie das richtige Denken praktizieren, desto natürlicher wird es für Sie.

KAPITEL 21

Fünf Dinge, die Sie bewusst tun sollten

*Bedient euch der ganzen Waffenrüstung Gottes.
Wenn es dann so weit ist, werdet ihr dem Bösen widerstehen können und noch aufrecht stehen, wenn ihr den Kampf gewonnen habt.*

Epheser 6,13

Bewusst und zielgerichtet zu leben, ist spannend und lohnend. Diese Lebensweise stimmt mit Gottes Absichten für uns und sein Reich überein. Obwohl Jesus ein wunderbares Leben für uns bereithält, müssen wir begreifen, dass der Teufel unablässig versucht, es zu stehlen. Aus diesem Grund dürfen wir nicht passiv bleiben und davon ausgehen, dass uns das gute Leben ohne Kampf zufällt. Der Teufel ist unser Feind, und er arbeitet ununterbrochen daran, uns das Leben zu stehlen, das Jesus uns durch sein Sterben ermöglicht hat. Wir werden nur dann erfolgreich sein, wenn wir uns ihm und allen seinen Machenschaften entschieden entgegenstellen.

Wichtig ist, dass wir bewusst und zielgerichtet und nicht nach unseren Gefühlen leben! In diesem Kapitel werde ich einige Wege aufzeigen, wie wir Dinge zielgerichtet tun können und was das in unserem Leben bewirkt.

Wir sollten täglich die Entscheidung treffen, in unserer von Gott gegebenen Bestimmung fest zu stehen und sie uns nicht von der Welt, dem Teufel oder dem Verlangen unserer menschlichen Natur rauben zu lassen. Das erfordert den Einsatz unseres freien Willens, um in jeder Situation, der wir im Leben begegnen, Gottes Willen zu wählen.

Gestern Abend hatten Dave und ich eine mittelhitzige Auseinandersetzung, die so endete, dass ich meinen Willen nicht bekam. Das gefiel mir überhaupt nicht, und je mehr ich darüber nachdachte, desto mehr spürte ich, wie die Wut in meiner Seele zunahm. An dem Punkt konnte ich einfach nicht mehr tun, wonach mir zumute war, denn dann hätte ich mich ganz sicher nicht so verhalten, wie es Gott gefällt. Ich hatte nur zwei Möglichkeiten: (1) wütend bleiben und noch unglücklicher werden, oder (2) Dave vergeben und mich weigern, im Streit zu verharren.

Ich wollte das Richtige tun – und zwar das, was Gott gefallen würde. Das war jedoch unmöglich, solange ich weiterhin wütend blieb. Ich traf die bewusste Entscheidung, nicht meinen Gefühlen zu folgen, sondern Gott zu vertrauen und die Situation loszulassen. Ich bat Gott, mir zu helfen. Außerdem dachte ich über Bibelstellen nach, in denen es darum geht, Menschen zu vergeben, die uns verletzen (siehe Matthäus 6,9-15), und um die Verantwortung der Kinder Gottes, Streit zu vermeiden (siehe 2. Timotheus 2,24).

Man könnte sagen, ich habe mich selbst »vom Fenstersims geredet« und vor dem Sprung in die tödliche Tiefe gerettet. Ich war kurz davor, direkt in eine ausgewachsene Wut und Bitterkeit zu »springen«, aber stattdessen entschied ich mich bewusst für den Frieden.

1. Bewusst friedfertig sein

Die Bibel fordert uns auf, die Schuhe des Friedens anzuziehen (siehe Epheser 5,13-15). Mit anderen Worten, wir sollen im Frieden leben. Jesus sagt, er habe uns seinen Frieden gegeben. Deshalb brauchen wir nicht länger erschrocken, beunruhigt, ängstlich und verschüchtert zu sein (siehe Johannes 14,27). Wenn wir diese beiden Bibelstellen bedenken und ihnen Glauben schenken, dann müssen wir zugeben, dass uns Frieden zur

Verfügung steht. Vielleicht ist uns jedoch nicht klar, dass wir bewusst friedfertig sein können.

Jahrelang glaubte ich einer Lüge: Ich dachte, wenn meine Umstände sich nicht besserten, könnte ich mich auch nicht bessern. Mit diesem Denken gab ich dem Teufel Kontrolle über mein Verhalten. Schaffte er es, mich wütend zu machen, indem er unangenehme Umstände arrangierte, war mein Tag belastend und frustrierend. Wir müssen unsere »Friedensräuber« kennen und uns vor ihnen hüten.

Haben Sie schon einmal gesagt: »Meine Kinder wissen, wie sie mich auf die Palme bringen können«? Noch wichtiger ist es zu erkennen, dass der Teufel weiß, was er anstellen muss, um Sie wütend zu machen. Wir alle haben unterschiedliche »Auslöser«, und es ist an der Zeit, dass wir uns ihrer bewusst werden, um fest zu stehen und die Verantwortung für unser Leben zu übernehmen. So fangen wir an, das Leben zu führen, das wir tatsächlich führen wollen.

Frieden entsteht nicht von selbst! Wir haben die Aufgabe, Friedensstifter und -erhalter zu sein (siehe Matthäus 5,9). Der Friede Gottes ist in uns als seine Gabe an uns. Wir können lernen, diesen Frieden in Anspruch zu nehmen und in den Stürmen des Lebens an ihm festzuhalten. Gott sagte den Israeliten, sie sollten ihren Frieden nicht verlieren, denn er würde für sie kämpfen (siehe 2. Mose 14,14). Offensichtlich war es ihnen also möglich, voller Frieden zu bleiben, sonst hätte Gott es ihnen nicht geboten. Ich glaube fest daran, dass wir zu viel mehr fähig sind, als wir glauben.

> Wir sind zu viel mehr fähig, als wir glauben.

Viel zu lange haben wir Gott gebeten, Dinge für uns zu tun, die er in Wirklichkeit schon getan hat und bei denen er nur darauf wartet, dass wir sie im Glauben beanspruchen. Aber wie tun wir das ganz praktisch?

Ich führe in angespannten Situationen Selbstgespräche. Sobald mir der Friede abhandenkommt und es stressig wird, erinnere ich mich daran, dass ich ruhig bleiben kann, indem ich darauf vertraue, dass Gott sich um meine Situation kümmert. Wenn ich ruhig bleibe, wird er für mich kämpfen. Ich atme tief durch und denke nach, bevor ich rede. Manchmal muss ich mich sogar aus der Situation zurückziehen, um genug Zeit zu haben, mich um mich selbst zu kümmern. Ja, das kann man tun! Erinnern Sie sich an die Verheißungen Gottes und denken Sie über die Bibelverse nach, die Sie zum Thema »Ruhig bleiben in schwierigen Lebensphasen« gelernt haben.

Ich erinnere mich an eine Zeit, in der die für mich herausfordernde jährliche Einkommensteuer fällig war. Wir müssen immer nachzahlen, und so fragte ich unsere Buchhalterin, ob sie abschätzen könne, wie hoch unsere Steuerschuld ausfallen würde. Als sie mir die Summe nannte, fühlte ich, wie Panik in mir aufstieg. Wir hatten viel weniger für die Steuern zur Seite gelegt. Ich konnte nicht glauben, dass wir uns so verschätzt hatten, und sie auch nicht. Von Minute zu Minute regte ich mich mehr auf, gleichzeitig versuchte ich mir zu sagen: »Joyce, bleib ruhig. Du musst das erst mal überprüfen, bevor du in Panik ausbrichst.« Und siehe da, nachdem ich mir eine Weile die Konten angesehen und Einzahlungen und Überweisungen geprüft hatte, fand ich das Geld. Ich hatte es für die Wartezeit, bis es benötigt wurde, auf ein Konto gezahlt, das Zinsen brachte. Daran hatte ich nicht mehr gedacht. O, wie war ich froh, diesen Irrtum aufzuklären!

Was ich sagen will: Wenn wir unangenehme Neuigkeiten erfahren oder schlechte Nachrichten bekommen, ist unsere erste natürliche Reaktion, unruhig zu werden, obwohl das in der Situation gar nichts bringt. Der Apostel Paulus rät, dem Teufel von Anfang an zu widerstehen (siehe 1. Petrus 5,9). Dadurch können wir vermeiden, immer aufgeregter und ängstlicher zu werden (siehe Johannes 14,27). Erinnern Sie sich bewusst daran, dass Gott treu ist und dass es für jedes Problem eine Lösung gibt.

Wir können Gottes Stimme nicht hören oder von seinem Geist geführt werden, wenn wir unruhig sind. Frieden bedeutet unter anderem, ein ruhiges Herz zu haben. Wir müssen innerlich ruhig sein, um zu erkennen, welches Verhalten Gott in einer schwierigen Situation von uns erwartet. Wiederholen Sie nicht dasselbe alte Muster: Ihnen gefallen die Umstände nicht, Sie ärgern oder fürchten sich, reden, wie Sie nicht reden sollten, handeln, wie Sie nicht handeln sollten, tun Buße und fangen dann wieder von vorn an. Es ist Zeit für etwas Neues! Es ist Zeit, bewusst friedvoll zu sein!

2. Bewusst den eigenen Wert als Kind Gottes vor Augen haben

Die Bibel lehrt uns, Gerechtigkeit »anzuziehen« (siehe Epheser 6,14). Manchmal haben wir eine Identitätskrise: Obwohl wir in Christus durch die Wiedergeburt (Errettung) neue Geschöpfe sind und vor Gott gerecht gemacht wurden, können wir zulassen, dass der Teufel das Wissen über unsere Stellung vor Gott und unseren Wert bei Gott raubt. Identitätsdiebstahl ist heute ein großes Geschäft. Viele schließen eine Betrugs- und Identitätsdiebstahl-Versicherung ab, damit sie versichert sind für den Fall, dass sich jemand in ihre persönlichen Daten einhackt und ihre Identität stiehlt. Mir ist das noch nie passiert, aber ich habe gehört, dass es ein echter Albtraum ist.

Christen, die nicht wissen, wer sie durch Jesus sind, dass Gott sie bedingungslos liebt, dass er sie als gerechtfertigt ansieht, führen ein unglückliches Leben, obwohl sie es nicht müssten. Der Teufel kämpft gegen uns, aber Gott hat uns eine Anleitung gegeben, wie wir ihn besiegen und jederzeit Sieger bleiben können. Allerdings müssen wir bewusst einiges tun!

Unter anderem gehört dazu, Gerechtigkeit »anzuziehen«. »Anziehen« ist ein Aktionswort. Es erfordert, dass wir etwas tun.

Ich will es so einfach wie möglich ausdrücken: Wenn wir sündigen, werden wir oft von Schuldgefühlen gequält und haben das Gefühl, dass Gott uns verurteilt. Vielleicht glauben wir sogar, dass Gott wütend auf uns ist und wir etwas machen müssen, um seine Gnade wiederzuerlangen. Das stimmt zwar nicht, aber das möchte der Teufel uns glauben lassen. Gottes Gnade ist ein kostenloses Geschenk, sonst wäre es keine Gnade. Wir empfangen sie durch Glauben. Wenn wir sündigen, können wir Buße tun und dürfen wissen, dass wir weiterhin gerecht vor Gott stehen, obwohl wir etwas getan haben, das nicht richtig war. Wir sind trotz unserer Sünde in Gerechtigkeit gekleidet, wir tragen sie wie ein Gewand!

Der Ausdruck »anziehen« steht mehrmals in der Bibel, und ich bin zu der Erkenntnis gelangt, dass es einfach bedeutet: »bewusst und mit Absicht tun«. Warten Sie nicht, bis Ihnen danach zumute ist, und erwarten Sie nicht, dass jemand anders für Sie tut, was Ihre Aufgabe ist. Statt passiv zu sein, packen Sie die Situation an, übernehmen Sie die Regie über Ihre Gedanken und Einstellungen und bringen Sie diese in Übereinstimmung mit Gottes Verheißungen.

Seien Sie sich bewusst, wer Sie sind, halten
Sie den Kopf zuversichtlich erhoben, und genießen Sie das Leben, das Jesus Ihnen gibt.

Sie sind ein geliebtes Kind Gottes, sein Augapfel, und er ist immer bei Ihnen. Lassen Sie sich nicht Ihre wahre Identität vom Teufel rauben. Seien Sie sich bewusst, wer Sie sind, halten Sie den Kopf zuversichtlich erhoben, und genießen Sie das Leben, das Jesus Ihnen gibt. Tun Sie es bewusst!

3. Bewusst lieben

Die Bibel lehrt uns, über allem anderen die Liebe anzuziehen (siehe Kolosser 3,14). Das bedeutet buchstäblich, dass wir nichts Wichtigeres tun können als zu lieben. Liebe ist kein Gefühl, auf das wir warten, sondern eine Entscheidung, die wir treffen darüber, wie wir Menschen behandeln – alle Menschen! Es geht nicht, dass wir mit denen, die gut zu uns sind, gut umgehen und mit anderen, die unfreundlich und unhöflich zu uns sind, nicht. So wie Gott sollten wir beständig sein, ganz gleich was um uns herum geschieht.

Ja, ich weiß, das ist nicht einfach, aber wir werden nie das tun, was Gott von uns will, wenn wir uns immer nur sagen, wie schwer etwas ist. Wir können uns entscheiden zu glauben, dass Gott uns zu allem, was er von uns will, fähig macht.

In der Liebe zu leben bedeutet, großzügig zu vergeben, denn Fakt ist, dass wir in einer Welt voller Unzulänglichkeiten leben. Menschen verletzen uns, sie behandeln uns vielleicht ungerecht oder lieblos. Gott hat uns jedoch eine einfache Lösung gegeben, wie wir unsere Seele vor dem Gift der Bitterkeit bewahren. Jesus sagt, wir sollen unseren Feinden nicht nur vergeben, sondern auch freundlich und gut zu ihnen sein!

Doch wenn ihr bereit seid, wirklich zu hören, dann sage ich euch: Liebt eure Feinde. Tut denen Gutes, die euch hassen. Betet für das Glück derer, die euch verfluchen. Betet für die, die euch verletzen.

Lukas 6,27-28

Vergebung kommt nicht in erster Linie dem anderen, sondern uns zugute. Wenn wir vergeben, tun wir uns selbst einen Gefallen. Wir sind dann frei von der Qual, jemanden hassen zu müssen und unser Leben mit Vergeltungswünschen zu vergeuden. Wir sehen Vergebung vom falschen Standpunkt aus, wenn wir denken: *Die verdienen doch meine Vergebung nicht, nach dem, was sie mir angetan haben! Denen zahle ich es zurück! Sie sollen dafür büßen.* So funktioniert das einfach nicht. Oft genießen die Menschen, auf die wir eine Wut haben, ihr Leben und wissen gar nicht, dass wir wütend sind, oder es ist ihnen ganz egal!

Natürlich können wir das, was Jesus in diesen Versen sagt, nicht tun, ohne eine bewusste Entscheidung zu treffen. Wir werden uns nie danach *fühlen*, jemanden zu segnen, der unfreundlich oder unfair zu uns war. Aber die gute Nachricht dieses Buches ist, dass uns nicht danach zumute sein muss, das Richtige zu tun. Menschen, die vergeben, sind starke Menschen!

Uns muss nicht danach zumute
sein, das Richtige zu tun.

Ich habe einmal gehört:

> *Wer als Erster um Verzeihung bittet, ist der Tapferste.*
> *Wer als Erster vergibt, ist der Stärkste.*
> *Wer als Erster vergisst, ist der Glücklichste.*

Mein ganzes Leben veränderte sich, als ich diese Wahrheit über bewusstes Vergeben lernte. Dass ich von meinem Vater sexuell missbraucht und von meiner Mutter in dieser Situation alleingelassen wurde, hatte viele schlimme Gefühle in mir hervorgerufen. Sie machten aus mir einen bitteren und unglücklichen Menschen. Sind Sie unglücklich? Dann suchen Sie nach der Wurzel des Problems! Nichts wird sich ändern, solange die Wurzel nicht behandelt wird. Wir glauben gern, dass unser Unglücklichsein von jemand (oder etwas) anderem verursacht wird, aber normalerweise ist unsere eigene Einstellung gegenüber anderen und den Umständen daran schuld.

Wenn Sie Ihren Schuldigern vergeben, werden sich dadurch vielleicht nicht sofort Ihre Gefühle verändern, aber es wird Sie befreien, für diese Menschen zu beten und, wo möglich, freundlich zu ihnen zu sein. Letztlich werden dann auch Ihre Gefühle heil. Jesus ist unser Arzt, aber die Heilung, die er uns durch seinen Tod und seine Auferstehung schenkt, wird durch unseren Gehorsam erschlossen. Jesus kam, um uns eine neue Art zu leben zu zeigen! Das Wort Gottes gibt uns die Anweisung, den alten Menschen auszuziehen und den neuen Menschen anzuziehen (siehe Epheser 4,22-24). Das bedeutet schlicht und einfach, dass wir eine Entscheidung treffen müssen, das neue Leben zu führen, das Jesus schenkt. Nur das kann uns den Frieden und die Freude bringen, die wir uns wünschen.

Jesus kam nicht, um alles für uns zu tun, während wir passiv herumsitzen und nichts tun. Er kam, um uns zu zeigen, was wir tun sollen, und uns die nötige Kraft dafür zu geben. Wir können vergeben! Wenn es nicht möglich wäre, hätte Gott uns nicht dazu aufgefordert.

Liebe erfordert Vergebung, und sie erfordert auch viele andere Verhaltensweisen, die bewusst praktiziert werden müssen. Liebe ist geduldig, freundlich, demütig, sanft, nicht eifersüchtig oder neidisch, glaubt immer das Beste und gibt nie auf (siehe 1. Korinther 13,4-8). Was für eine Anforderung! Ich weiß, ich muss Gott jeden Tag um Hilfe bitten, um diese Art guter Frucht in meinem Leben zu bringen, und Ihnen wird es nicht anders gehen. Ich empfehle sehr, Zeit in Gemeinschaft mit Gott zu verbringen und sein Wort zu studieren, denn je näher Sie ihm sind, desto ähnlicher werden Sie ihm. Unsere Liebe zu Gott bewirkt, dass wir alles tun wollen, worum er uns bittet.

Liebe gibt auch. Wenn Liebe eine Not sieht, drängt es sie, etwas zu tun. Liebe muss aktiv sein, um lebendig zu bleiben. Sie fließt von Gott in uns hinein und muss aus uns heraus zu anderen fließen. Ein Strom muss in Bewegung bleiben, um nicht zu stagnieren, und mit uns ist es genauso. Das Richtige nur zu wissen, ist nicht gut genug – wir müssen es auch tun!

4. Bewusst für alles beten

Die Bibel sagt, wir sollen den Schild des Glaubens erheben, die feurigen Pfeile des Feindes abwehren und alles im Gebet zu Gott bringen (siehe Epheser 6,16.18). Im Lauf unseres Lebens merken wir, dass der Teufel gut darin ist, Speere und feurige Pfeile zu schleudern. Wir müssen im Glauben stark bleiben und für alles beten, was uns bedroht oder Sorgen macht. Mir gefällt, was Paulus an die Philipper schrieb:

> *Sorgt euch um nichts, sondern betet um alles. Sagt Gott, was ihr braucht, und dankt ihm.*
>
> Philipper 4,6

Über diese Bibelstelle denke ich oft nach. Wir können lernen, jeder Krise mit Glauben zu begegnen – einem Glauben, der im Gebet erschlossen wird. Der Glaube ist eine mächtige Kraft, doch er muss freigesetzt werden, um möglichst effektiv zu sein. Das geschieht durch Gebet und bewusste Worte! Ich bete, dass Gott sich um eine bestimmte Situation kümmert, und ich sage Dinge, die mit dem, was ich gebetet habe, übereinstimmen. Eine Mischung aus Gebet, Sorgen und negativem Reden führt zu keinem guten Ergebnis.

Eine Mischung aus Gebet, Sorgen
und negativem Reden führt zu
keinem guten Ergebnis.

5. Bewusst das Richtige tun

Die Bibel lehrt uns, nicht müde zu werden, das Richtige zu tun, denn wir können sicher sein, dass wir zur rechten Zeit gut belohnt werden (siehe Galater 6,9). Ehrlicherweise müssen wir zugeben, dass wir mitunter doch müde werden und uns nicht

Fünf Dinge, die Sie bewusst tun sollten

unbedingt danach zumute ist, noch länger das zu tun, was richtig ist. Wir scheinen einfach nicht die erwarteten Ergebnisse zu bekommen. Genau in solchen Momenten müssen wir bewusst das Richtige tun, auch wenn wir keine Lust dazu haben.

Es gibt manche Dinge, von denen wir vielleicht wissen, dass wir sie tun sollten, weil sie richtig sind, aber vom Gefühl her wollen wir es nicht. Zum Beispiel heißt es in Gottes Wort: *Denn wenn sich jemand nicht um seine Angehörigen kümmert, vor allem um die, die unter einem Dach mit ihm leben, verleugnet er den Glauben und ist schlimmer als jemand, der nicht an Christus glaubt* (1.Timotheus 5,8).

Ich musste eine Entscheidung treffen, dieser Bibelstelle zu gehorchen, als es darum ging, mich um meinen Vater, meine Mutter und eine Tante zu kümmern, als sie älter wurden und nicht mehr für sich selbst sorgen konnten. Weil meine Eltern mich in meiner Kindheit missbraucht und misshandelt hatten, spürte ich in mir keine liebevollen Gefühle für sie. Aber ich wusste, dass es das Richtige war. Meine Tante hatte keine Kinder, die ihr helfen konnten. Deshalb fiel mir die Verantwortung zu, und wieder wusste ich, dass es richtig war, für sie zu sorgen. Die Pflege meiner Verwandten bedeutete in den letzten fünfzehn Jahren ein Opfer an Zeit und Geld. Meine Eltern sind inzwischen verstorben, doch meine pflegebedürftige Tante lebt noch.

Ich tue das nicht, weil ich Lust dazu habe, denn um ehrlich zu sein, ist es manchmal nicht so. Ich weiß aber, dass es das Richtige ist, und deshalb tue ich es. Das größte Hindernis für geistliche Reife ist, sich nach den eigenen Gefühlen zu richten, statt sich bewusst für das Richtige zu entscheiden. Selbst wenn wir etwas nicht tun wollen, können wir uns dazu entscheiden – einfach weil wir Gott lieben.

Vielleicht sind Sie gerade an dem Punkt, dass Sie jemandem vergeben müssen, der Sie schlecht behandelt hat. Oder vielleicht braucht die Person in irgendeiner Weise Ihre Hilfe, aber es fällt Ihnen sehr schwer, diese Hilfe zu gewähren. Ich rate

Ihnen dringend, es aufgrund Ihrer Liebe zu Gott zu tun – und weil Sie das Richtige tun wollen.

Seid stattdessen freundlich und mitfühlend zueinander und vergebt euch gegenseitig, wie auch Gott euch durch Christus vergeben hat.

Epheser 4,32

Es ist sehr wichtig zu lernen, wie man sich mit dem eigenen freien Willen für Gottes Willen entscheidet. Ich denke, eines ist sicher: Wer dazu bereit ist, wird ein äußerst glückliches und erfolgreiches Leben führen.

Vielleicht sind einige Ihrer Ziele nicht in Ordnung, aber es ist nie zu spät, daran etwas zu ändern. Heute können Sie sich bewusst entscheiden, dass Ihr Wunsch, Gott zu gefallen, von jetzt an stärker sein soll als jeder andere Wunsch, den Sie haben. Zielgerichtet und bewusst zu leben, beginnt mit einer Entscheidung. Auf diese Entscheidung muss viel Gebet folgen und Sie sollten sich auf Gott stützen und ihm vertrauen, dass er Sie befähigt, nicht aufzugeben. Tun wir uns zusammen und geben wir unser Bestes – für Jesus!

Wenn wir uns entscheiden, in diesen fünf Bereichen – und darüber hinaus – den Willen Gottes zu tun, werden wir das Leben viel mehr genießen. Wir freuen uns dann daran, dass wir ein Ziel im Leben haben. Niemand möchte Tag für Tag aufwachen und das Gefühl haben, ein sinnloses Leben zu führen. Wir brauchen Ziele, um motiviert zu sein. Wir brauchen etwas, das uns begeistert! Ich freue mich, dass ich dafür lebe, den Willen Gottes zu tun. Es fordert mich heraus – und es gibt mir Kraft.

Zusammenfassung

- Bewusst zu leben ist eine spannende und lohnende Lebensweise.
- Sie können lernen, den Frieden Gottes in Anspruch zu nehmen und in den Stürmen des Lebens an ihm festzuhalten.
- Sie sind ein geliebtes Kind Gottes, sein Augapfel, und er ist immer bei Ihnen.
- Das Wichtigste, was Sie tun können, ist, in der Liebe zu leben.
- Jesus kam, um uns zu zeigen, was wir tun sollen, und uns die nötige Kraft dafür zu geben.
- Sie können jeder Krise mit dem Glauben begegnen, der im Gebet erschlossen wird.
- Das größte Hindernis für geistliche Reife ist, sich nach den eigenen Gefühlen zu richten, statt sich bewusst für das Richtige zu entscheiden.

KAPITEL 22

Übernehmen Sie Verantwortung für Ihr Leben

Was du tust, macht den Unterschied aus zwischen dem, wer du bist, und dem, wer du sein willst!
Unbekannt

Wir können unser Leben lang Wünsche haben, aber dadurch ändert sich nichts. Ich sage oft: »Wir brauchen kein Wunschdenken, sondern Rückgrat!« Für Erfolg im Leben ist mehr nötig als passives Wünschen. Um erfolgreich zu sein, brauchen wir Gott und seine Hilfe sowie die Bereitschaft, die richtigen Entscheidungen zu treffen und hart zu arbeiten.

> Die Entscheidungen von heute sind die Zukunft von morgen!

In unserer Gesellschaft gibt es Menschen, die als erfolgreich gelten, und doch haben sie keine Beziehung zu Gott. Sind sie wirklich erfolgreich? Ich denke nicht, denn die meisten von ihnen sind nicht gerade glücklich, sondern leiden oft an einem tragischen Beziehungsmangel. Sie mögen Ruhm und Geld haben, aber das tröstet sie nicht in den dunklen und schmerzerfüllten Stunden des Lebens. Viele vermeintlich erfolgreiche Menschen nehmen Drogen oder trinken exzessiv, um den Tag zu überstehen, und das ist eine Tragödie, kein Erfolg. Es gibt ein paar Menschen, nehme ich an, die scheinbar ohne Gott zurechtkommen. Wie werden sie sich aber fühlen, frage ich mich, wenn das Ende kommt und sie Rechenschaft über ihr Leben ablegen müssen? Sie mögen leben, als gäbe es kein Morgen, aber das

Morgen wird kommen. Die Entscheidungen von heute sind die Zukunft von morgen!

Dies ist eine gute Gelegenheit, Ihr Leben mal unter die Lupe zu nehmen und sich ein paar unbequeme Fragen zu stellen. Beispielsweise: »Wofür lebe ich?«, »Für wen lebe ich?«, »Bin ich bereit, Gott zu begegnen?«, »Werde ich bei meinem Tod ein Vermächtnis hinterlassen, auf das ich stolz sein kann?«, »Genieße ich mein Leben?« und viele andere solcher Fragen. Wenn Sie darauf nicht die Antworten geben können, die Ihnen gefallen, dann müssen Sie Verantwortung für Ihr Leben übernehmen und anfangen, bewusst und zielgerichtet zu leben!

Die Bibel lehrt uns, wie wir ein gesegnetes Leben führen können. Sie sagt, wir sollen unser Tun und Reden an Gottes offenbartem Willen ausrichten.

Glücklich sind die Menschen, die ihr Leben aufrichtig leben, die das Gesetz des Herrn befolgen.

Psalm 119,1

Glücklich und gesegnet lebt man, wenn man Gott und seinen Wegen folgt. Der Apostel Matthäus spricht von einem schmalen und einem breiten Weg (siehe Matthäus 7,13-14). Er sagt: Es ist leicht, auf dem breiten Weg zu gehen, doch der führt zu aller Art von Elend. Auf dem breiten Weg wird man stets reichlich Gesellschaft haben und man kann tun, wonach einem zumute ist, ohne sich um andere Menschen oder um die Zukunft zu kümmern – aber am Ende steht die Vernichtung.

Der schmale Weg hingegen ist es, der zu einem wahrhaft erfolgreichen Leben führt, und Matthäus sagt: Nur wenige finden ihn. Auf ihm zu gehen ist schwieriger und oft ist es ein einsamer Weg. Wer Gott folgen will, wird Entscheidungen treffen, die nicht von jedem verstanden werden, aber er wird auch ein überreiches Maß an Freude und Erfüllung im Leben ernten. Am Ende seines Lebens auf dieser Erde wird er Gott sagen hören: *Recht so, du guter und treuer Knecht ... geh ein zur Freude deines Herrn* (Matthäus 25,23).

Wofür müssen Sie Verantwortung übernehmen?

Wir haben unsere Mitarbeiter gebeten, auf folgende zwei Fragen zu antworten:

1. Wofür müssen Sie Verantwortung in Ihrem Leben übernehmen?
2. Welche Dinge oder Umstände halten Sie davon ab, in diesen Bereichen die Zügel in die Hand zu nehmen?

Dies sind einige der Antworten:

1. »Weniger Snacks zu essen. Weniger Süßigkeiten zu essen. Sie sind überall, wo ich hinkomme, und ich mag sie sehr. Ich schiebe es vor mir her, Selbstbeherrschung zu üben.«
2. »Meiner Mutter die Stirn zu bieten. Sie war früher extrem gewalttätig und missbräuchlich und versucht jetzt, mich durch Schweigen und Ablehnung zu kontrollieren. Die Angst vor Ablehnung hält mich davon ab, in dieser Situation Verantwortung zu übernehmen. Ich liebe sie, aber ich weiß nicht, wie ich eine gesunde Beziehung zu ihr haben kann, ohne einige sehr alte Wunden aufzureißen.«
3. Mehrere Personen sagten, sie müssten Verantwortung übernehmen für negative Gedanken und Gefühle sich selbst oder ihrem Leben gegenüber.
4. Zeitmanagement ist für viele ein großes Thema.
5. »Ungesunde und Gott nicht wohlgefällige Gefühle und Einstellungen anderen Menschen gegenüber.«
6. Manche sagten, sie müssten ihren Umgang mit Geld in den Griff bekommen.

7. »Meinen Verpflichtungen nachzukommen.«
8. Jemand gab zu: In Bereichen, die er als falsch erkenne, übernehme er deshalb keine Verantwortung, weil er sein Verhalten immer wieder rechtfertige. (Ich fand, das war eine sehr ehrliche Antwort.)
9. »Gedanken und Worte.«

Vielleicht können Sie sich mit einigen dieser Antworten identifizieren oder erkennen andere Bereiche in Ihrem Leben, mit denen Sie sich befassen müssen. Eines ist sicher: Die Veränderung auf morgen oder auf irgendwann zu verschieben, ist nicht klug. Je eher man eine Veränderung vornimmt, desto schneller wird man das Leben führen, das man wirklich führen will.

Morgen

Morgen ist das vielleicht gefährlichste Wort, das ich kenne, denn oft steht es für Aufschieben. Viele haben vor, morgen das Richtige zu tun, oder sie wollen sich morgen um die Probleme ihres Lebens kümmern. Warum bis morgen warten? Es ist der Weg des Vermeidens, aber es ist nicht Gottes Wille.

Es gibt einen sehr interessanten Bericht in der Bibel über eine Froschplage, von der Ägypten heimgesucht wurde, weil der Pharao ungehorsam war. Absolut überall waren Frösche: in den Häusern, in den Betten, in den Öfen. Man fand keinen Rückzugsort, weil die Frösche sämtliche Häuser überrannt hatten.

Der Pharao rief Mose zu sich und sagte, er wolle Gott gehorchen, wenn dieser die Frösche verschwinden ließe. Mose fragte ihn dann, wann er beten und den Herrn um Befreiung von den Fröschen bitten solle, und der Pharao antwortete: »Morgen!« (siehe 2. Mose 8,1-10).

Ich finde diese Geschichte erstaunlich. Welcher Mensch, der bei klarem Verstand ist, würde in einer solchen Situation eine weitere Nacht mit den vielen Fröschen zubringen wollen, bevor er sich von ihnen befreien lässt? Es hört sich komisch an, aber wir alle tun das manchmal. Angenommen die Frösche stehen für die Dinge in unserem Leben, mit denen wir uns eigentlich befassen oder um die wir uns kümmern sollten. Wenn wir darüber nachdenken, wie sehr wir dazu neigen, sie auf später zu verschieben, sehen wir, dass wir uns genauso verhalten wie der Pharao. Wir behalten unser Elend, unser schlechtes Gewissen, unser erfolgloses Leben, unsere Frustration und viele andere solcher Dinge, obwohl wir frei sein könnten, wenn wir Gott sofort gehorchen würden.

Wer Verantwortung für sein Leben übernimmt, entscheidet sich, das Schwierige zu tun, um ein gutes Endresultat zu erzielen. Das kann bedeuten, dass Sie sich nicht das kaufen, was Sie im Geschäft sehen und was Sie emotional sehr anspricht. Stattdessen zahlen Sie mit Ihrem Geld bestehende Schulden ab, damit Sie eines Tages schuldenfrei dastehen. Es kann auch bedeuten, dass Sie mit jemandem Frieden schließen, der Sie verletzt hat, weil Sie Ihr Leben nicht in Zorn und Bitterkeit führen wollen. Es kann bedeuten, dass Sie bessere Entscheidungen in Bezug auf Ihre Ernährung treffen, weil Sie sich fitter fühlen und gesünder sein wollen.

> Die Disziplin, unabhängig von den eigenen Gefühlen richtige Entscheidungen zu treffen, ist der Weg zu einem erfolgreichen Leben.

Die Disziplin, unabhängig von den eigenen Gefühlen richtige Entscheidungen zu treffen, ist der Weg zu einem erfolgreichen Leben. Wenn wir darüber sprechen, den Tag zu nutzen, geht es immer darum, jeden Tag die bestmöglichen Entscheidungen zu treffen. Was Sie heute erleben, ist ein Resultat der Entscheidungen, die Sie in der Vergangenheit getroffen haben, und was Sie in der Zukunft erreichen werden, wird das Resultat der Entscheidungen sein, die Sie heute treffen!

Der Apostel Paulus übernahm Verantwortung für sein Leben. Er sagte: *Darin übe ich mich [züchtige meinen Körper, töte meine fleischlichen Lüste und mein weltliches Verlangen und bemühe mich, in Bezug auf alles] allezeit ein unverletztes Gewissen zu haben vor Gott und den Menschen* (Apostelgeschichte 24,16).

Ich weiß schon: Das klingt nicht besonders angenehm, aber es bringt Frieden und Freude. Ich denke, dass wir oft auf Frieden und Freude verzichten, weil wir nicht aufhören wollen zu tun, wonach uns zumute ist. Wir sollten aber nicht vergessen, dass der Spaß, den wir meinen zu haben, kurzlebig und zeitlich begrenzt ist. Treffen Sie heute richtige Entscheidungen! Verbringen Sie keine weitere Nacht mehr mit den Fröschen!

Hier ist ein ganz einfaches, aber leicht verständliches Beispiel: Ich hatte vor Kurzem zwei Kilo zugenommen und wollte sie wieder loswerden, bevor ich noch mehr zunahm. Ich hielt mich beim Essen zurück und es dauerte etwa vier Wochen, bis ich mein normales Gewicht wieder erreicht hatte. Zuzunehmen hat sehr viel mehr Spaß gemacht als abzunehmen. Als Paulus sagte, dass er seine fleischlichen Gelüste abtöte, meinte er schlicht und einfach, dass er nicht alles tat, wonach ihm zumute war, weil er wusste, dass das Ergebnis nicht erfreulich sein würde.

Beim Zunehmen hatte ich Spaß, aber beim Abnehmen hatte ich ordentlich Hunger. Ich erinnere mich an das Gefühl, als ich mich nach drei Monaten zum ersten Mal wieder auf die Waage stellte. Zuerst fürchtete ich mich davor, einen Blick auf die Anzeige zu werfen, weil ich schon wusste, dass ich zugenommen hatte. Dass ich mich so lange nicht gewogen hatte, war meine Art, die Wahrheit auszublenden. Ich ärgerte mich und war frustriert, als ich sah, dass ich tatsächlich mehr wog als sonst. An dem Morgen, an dem ich mich auf die Waage stellte und merkte, dass ich das Gewicht wieder los war, fühlte ich mich von

Freude und Frieden erfüllt. Mir ist klar, dass ich weiterhin diszipliniert sein muss, um mein Gewicht zu halten. Manche Menschen haben im Lauf ihres Lebens Hunderte Kilo zu- und abgenommen. Wenn Sie jemand sind, der besser für sich sorgen sollte, dann ist es an der Zeit, eine Entscheidung zu treffen und dazu zu stehen.

Mir ist schon klar, dass ich hier nur über zwei Kilo rede und mein Beispiel für diejenigen unter Ihnen, die vielleicht deutlich mehr abnehmen müssen, lächerlich klingt. Das Prinzip ist aber immer das Gleiche, egal wofür wir Verantwortung übernehmen müssen. Undiszipliniert zu leben mag sich für unsere menschliche Natur eine Zeit lang gut anfühlen, aber schlussendlich werden wir den Preis dafür bezahlen, und das ist dann kein besonders gutes Gefühl. Niemand wird Veränderungen vornehmen können, um sein Leben wieder ins Gleichgewicht zu bringen, ohne dass es irgendwie unangenehm wird.

Wie der alte Spruch sagt: »Wir müssen alle die Zeche zahlen.« Das heißt, wir müssen die Folgen unseres zügellosen Verhaltens tragen. Wenn Sie abends lange aufbleiben und fernsehen, werden Sie am Morgen »die Zeche zahlen«, nämlich müde sein und keine Lust haben, zur Arbeit zu gehen.

Nach jeder Entscheidung, die wir im Leben treffen, wartet etwas auf uns. Werden die Entscheidungen, die Sie heute treffen, zu Frieden und Freude führen oder zu Frustration, Bedauern und vielleicht sogar Schuldgefühlen? Die Wahl liegt bei Ihnen und nur Sie können sie treffen!

Hört sich nicht angenehm an

Diszipliniert zu sein, das hört sich zunächst nicht angenehm an. Wir wollen lieber sofortige Befriedigung – und das bietet eine disziplinierte Lebensführung nicht. Aber sie bietet das Leben, das Sie wirklich wollen! Ganz tief im Herzen wünschen wir uns alle ein sinnvolles, zielgerichtetes Leben. Wir wollen gute

Resultate unserer Anstrengungen und der Zeit, die wir investieren, aber die erhalten wir nur, wenn wir immer wieder das Richtige tun. Erst dann können wir erwarten, dass sich unsere Investition bezahlt macht.

Wenn wir gute Entscheidungen treffen, schlägt sich das nicht unbedingt sofort in den Ergebnissen nieder. Oft müssen wir noch Geduld hinzufügen und Gott vertrauen, dass die richtigen Entscheidungen immer das richtige Ergebnis hervorbringen, solange wir nicht aufgeben. Ein- oder zweimal etwas Richtiges zu tun, ruft nie das hervor, was wir uns wünschen. Wir müssen einen *Lebensstil* entwickeln, in dem das Richtige zu tun wichtiger ist als alles andere. Das bedeutet, auf dem schmalen Weg zu gehen, der zu dem Leben führt, das wir uns wünschen.

Disziplin klingt nicht unmittelbar nach Freude, aber sie wird zur rechten Zeit zu dem Frieden führen, der mit dem richtigen Leben einhergeht.

> *Jede Züchtigung scheint zwar für den Augenblick nicht Freude zu bringen, sondern Schmerz; später aber schenkt sie denen, die durch diese Schule gegangen sind, als Frucht den Frieden und die Gerechtigkeit.*
>
> Hebräer 12,11

Ihre Entscheidungen können nur Sie selbst treffen. Der Heilige Geist wird uns zu den richtigen Entscheidungen bewegen, aber er zwingt uns nicht. Die Amplified-Übersetzung der Bible Classic Edition verwendet den Ausdruck »im Gehorsam gegenüber dem Drängen des Geistes« (siehe Römer 7,6). Es ist klar, dass wir die Wahl haben. Treffen wir die richtige Entscheidung, wird uns Gott seine Gnade (Kraft) geben, durchzuhalten und das Richtige zu tun.

Es ist ein wirklich gutes Gefühl zu wissen, dass man seine Zeit weise einsetzt und im Leben etwas Bedeutungsvolles tut. Es ist ein gutes Gefühl, kluge Entscheidungen zu treffen, statt zügellos und rebellisch zu leben und dann deswegen Schuldgefühle zu haben. Ganz gleich wie sehr man die Augen vor dieser Realität verschließt: Letztlich fühlt sich der Mensch gut, wenn er tut, was ihm als richtig bewusst ist. Tut er es nicht, fühlt er sich schlecht. Die Welt ist voller Menschen, die falsche Entscheidungen treffen und dann – wenn ihnen nicht gefällt, was dabei herauskommt –, einer anderen Person oder Situation anlasten, dass ihr Leben unerfüllt ist. In gewissem Maß können sie ihre Unzufriedenheit mit Medikamenten behandeln oder betäuben lassen, aber sie wird doch immer wiederkommen und sie erneut unglücklich machen.

Sollten Sie der Meinung sein, viel von Ihrem Leben vergeudet zu haben, ist jedoch nicht alles verloren! Jeder Mensch kann eine Entscheidung treffen und die Richtung ändern, die sein Leben genommen hat. Sie können heute anfangen, Entscheidungen zu treffen, die mit dem Willen Gottes für Ihr Leben übereinstimmen. Jede gute und richtige Entscheidung trägt dazu bei, die Resultate der schlechten Entscheidungen umzukehren. Gottes Wille bringt immer gute Resultate hervor, also können Sie sofort anfangen, Ihr Leben zum Guten zu wenden.

> Jede gute und richtige Entscheidung trägt dazu bei, die Resultate der schlechten Entscheidungen umzukehren.

Grenzen

Wenn die Bibel uns anweist, unser Tun und Reden nach dem Willen Gottes auszurichten (siehe Psalm 119,1), heißt das, dass wir Grenzen brauchen. Eine Grenze ist vergleichbar mit einem Zaun, den wir beispielsweise um ein Grundstück aufrichten. Das tun wir, um Eindringlinge abzuwehren. Innerhalb der Begrenzung des Zauns sind wir sicher. Wir brauchen für viele Bereiche des Lebens Grenzen, denn sie schenken uns Frieden und Sicherheit.

Er ist es, der innerhalb deiner Grenzen Frieden schenkt und dich mit dem besten Weizen sättigt.

Psalm 147,14

Ich kenne ein Ehepaar, das seit dreiunddreißig Jahren miteinander verheiratet ist. Neulich erzählten sie mir, was Gott ihnen durch diesen Bibelvers gezeigt hatte: Das Einhalten von guten und richtigen Grenzen würde in ihrem Eheleben immer für Frieden sorgen. Sie beteten gemeinsam und fragten Gott, wie diese Grenzen aussehen sollten, und Gott zeigte ihnen mehrere Punkte, bei denen Handlungsbedarf bestand. Sie trafen Entscheidungen im Hinblick auf ihre Finanzen, ihre Familienzeit, das Gebet, das Bibelstudium, ihre Zeit als Ehepaar und viele andere Dinge. Sie hielten diese Grenzen ein und können heute bezeugen, dass sie in all den Jahren den Frieden Gottes genießen konnten. Das heißt nicht, dass sie nie Schwierigkeiten hatten – gewiss nicht –, aber Gott hat sein Versprechen gehalten, sie mit Frieden zu segnen.

Wenn wir vom Geist Gottes geführte Grenzen aufrichten, kann unser Feind, der Teufel, sie nicht durchbrechen und uns das Leben rauben, das Gott für uns vorgesehen hat.

Wir brauchen Grenzen beim Essen und allem, was mit unserer Gesundheit zu tun hat. Wir brauchen sie im Bereich unserer Finanzen und unserer Beziehungen sowie der Arbeit und der Freizeit. Ohne Grenzen werden wir in der einen oder anderen Richtung immer das Maß verlieren.

Verbringen Sie Zeit mit Gott, um einen Plan zu entwerfen, was Sie im Leben erreichen wollen, und setzen Sie Grenzen, die Ihnen dabei helfen, Ihre Ziele zu verwirklichen. Wenn Sie sich gute Beziehungen innerhalb der Familie wünschen, müssen Sie Zeit mit Ihrer Familie verbringen und ein Mensch sein, mit dem andere gerne zusammen sind. Wenn Sie finanziell gesund dastehen wollen, werden Sie arbeiten und Geld sparen, aber auch ausgeben müssen. Wenn Sie gesund und voller Energie sein möchten, sollten Sie richtig essen, genügend Sport treiben und

Stress sowie anderes, was ungesund ist, meiden. Wenn Sie in einem Zuhause wohnen wollen, das ordentlich und hübsch ist, müssen Sie daran arbeiten, dass es so bleibt. *Gutes geschieht nie rein zufällig.*

> Gutes geschieht nie rein zufällig.

Gute Dinge ereignen sich, wenn wir Entscheidungen treffen, die positive Resultate nach sich ziehen. Bewusst zu leben ist sehr spannend! Es gibt uns das Gefühl, diszipliniert zu sein, und dieses Gefühl mögen wir alle.

Gute Entscheidungen rufen in uns die Freude darüber hervor, mit Gott zusammenzuarbeiten und das bestmögliche Leben führen zu können. Übernehmen Sie unter der Leitung des Heiligen Geistes Verantwortung für Ihr Leben und beginnen Sie, jeden Tag Ihr neues, starkes, zielgerichtetes und fruchtbares Leben zu genießen.

Zusammenfassung

- Wir können unser Leben lang Wünsche haben, aber dadurch verändert sich nichts. Wir müssen Verantwortung für unser Leben übernehmen.
- Je eher Sie eine Veränderung vornehmen, desto schneller werden Sie das Leben führen, das Sie wirklich führen wollen.
- Für das eigene Leben Verantwortung zu übernehmen bedeutet, sich zu entscheiden, auch Schwieriges zu tun, weil man ein gutes Endresultat erzielen möchte.
- Wenn wir darüber reden, den Tag zu nutzen, geht es immer darum, die bestmöglichen Entscheidungen zu treffen, und zwar jeden Tag unseres Lebens.
- Disziplin klingt nicht unmittelbar nach Freude, aber sie wird zur rechten Zeit zu dem Frieden führen, der mit dem richtigen Leben einhergeht.

- Gute Entscheidungen rufen in uns die Freude darüber hervor, mit Gott zusammenzuarbeiten und das bestmögliche Leben führen zu können.

Fazit

Als ich über meine Abschlussworte für dieses Buch nachdachte, kam mir der zweitletzte Vers im Buch Prediger in den Sinn. Salomo hatte Entscheidungen getroffen und viele verschiedene Dinge im Leben ausprobiert, und nicht alle davon waren gut. In diesem Buch der Bibel gibt er uns einen Rat, der zum großen Teil aus kostspieligen und schmerzhaften Erfahrungen gewonnen wurde. Ich glaube, es ist klug, auf die zu hören, die uns vorausgegangen sind und aus Erfahrung gelernt haben, wie man richtig und wie man falsch entscheidet.

> *Hast du alles gehört, so lautet der Schluss: Fürchte Gott [verehre und bete ihn an in dem Wissen, dass er ist] und achte auf seine Gebote! Das allein hat jeder Mensch nötig. [Das ist der ganze, ursprüngliche Zweck seiner Schöpfung, das Objekt der Fürsorge Gottes, die Wurzel des Charakters, der Grund allen Glücks, der Ausgleich aller unharmonischen Umstände und Bedingungen unter der Sonne und ist jedes Menschen Pflicht.]*
> Prediger 12,13

Dieser Bibelvers kann viel bewirken, wenn Sie sich die Zeit nehmen und ihn sich langsam »auf der Zunge zergehen lassen« – das heißt, über jeden Teil gründlich und betend nachsinnen. Ich denke, mein letzter Kommentar ist eine Umschreibung dessen, was Salomo sagte. Alles, was ich hier weitergegeben habe, lässt sich folgendermaßen zusammenfassen: Leben Sie Ihr Leben bewusst und setzen Sie mit Gottes Hilfe den freien Willen ein, den er Ihnen gab, um seinen Willen zu wählen. Damit ehren Sie ihn sehr und Sie werden sich an einer guten Belohnung freuen können!

Gebet um Errettung

Gott liebt Sie und sehnt sich nach einer persönlichen Beziehung mit Ihnen. Sollten Sie Jesus noch nicht als Ihren Retter angenommen haben, dann können Sie das jetzt tun. Öffnen Sie ihm einfach Ihr Herz und sprechen Sie folgendes Gebet:

»Vater, ich weiß, dass ich gegen dich gesündigt habe. Bitte vergib mir. Mach du mich rein. Ich entscheide mich, mein Vertrauen auf Jesus, deinen Sohn, zu setzen. Ich glaube, dass er für mich gestorben ist. Er hat meine Sünden auf sich genommen, als er am Kreuz für mich starb. Ich glaube, dass er von den Toten auferstanden ist. Ich mache Jesus zum Herrn meines Lebens. Danke, Vater, für das Geschenk der Vergebung und des ewigen Lebens. Bitte hilf mir, für dich zu leben. In Jesu Namen, amen.«

Wenn Sie dieses Gebet von ganzem Herzen gesprochen habe, dann hat Gott Sie angenommen, Ihnen vergeben und Sie von der Gefangenschaft des geistlichen Todes befreit. Nehmen Sie sich etwas Zeit, um die folgenden Bibelstellen aufmerksam zu lesen. Bitten Sie Gott, zu Ihnen zu reden, während Sie anfangen, dieses neue Leben mit ihm zu gestalten.

Johannes 3,16	1. Johannes 1,9
1. Korinther 15,3-4	1. Johannes 4,14-15
Epheser 1,4	1. Johannes 5,1
Epheser 2,8-9	1. Johannes 5,12-13

Bitte beten Sie dafür, dass Gott Ihnen hilft, eine Gemeinde zu finden, die Sie darin unterstützt, in Ihrer Beziehung zu Jesus Christus zu wachsen. Er wird Sie in Ihrem Alltag begleiten und Ihnen zeigen, wie Sie zufrieden leben können, so wie er es sich für Sie gedacht hat. Wir empfehlen Ihnen, an einem Alpha-Kurs

Gebet um Errettung

in einer Kirchengemeinde in Ihrer Nähe teilzunehmen. In diesem überkonfessionell angebotenen Glaubenskurs können Sie in offener Atmosphäre Ihre Fragen zum Glauben stellen. Nebenbei lernen Sie andere Menschen kennen, die ebenso wie Sie am Anfang ihres spannenden Lebens mit Gott stehen. Wir helfen Ihnen gerne, einen Kurs in Ihrer Nähe zu finden. Rufen Sie uns einfach an:

Deutschland 040 / 88 88 4 11 11
Schweiz 0848 / 88 00 11

Herzliche Grüße,

Ihr Joyce Meyer Team

Quellenangaben

[1] C. S. Lewis: *Pardon, ich bin Christ.* In der Neuübersetzung von Christian Rendel (2014). Basel: Fontis – Brunnen Basel, 2016.
[2] F. B. Meyer, *The Secret of Guidance,* New York: Fleming H. Revell Company, 1896, S. 23.
[3] Andrew Murray, *God's Will: Our Dwelling Place,* S. 9.
[4] Kent Crockett, *Making Today Count for Eternity,* Colorado Springs: Multnomah Books, 2001, S. 66–67.
[5] Rick Warren: *Leben mit Vision,* Asslar: Gerth Medien GmbH, 2014, S. 218.
[6] http://www.sermonillustrations.com/a-z/d/decision.htm
[7] http://www.brainyquote.com/quotes/quotes/n/nicvujici632096.html
[8] https://www.brainyquote.com/search_results.html?q=Henry+Ford+God
[9] http://www.goodreads.com/author/quotes/102203.Corrie_ten_Boom
[10] http://www.brainyquote.com/quotes/quotes/l/leonardoda120920.html
[11] http://www.goodreads.com/quotes/44552-yesterday-is-gone-tomorrow-has-not-yet-come-we-have
[12] http://www.brainyquote.com/quotes/quotes/w/winstonchu101477.html
[13] http://webstersdictionary1828.com/Dictionary/interrupt
[14] https://www.brainyquote.com/quotes/quotes/c/christophe387643.html
[15] http://www.nytimes.com/2013/05/05/opinion/sunday/a-focus-on-distraction.html?_r=0
[16] http://www.brainyquote.com/quotes/quotes/b/benjaminfr109062.html
[17] http://www.goodreads.com/quotes/64541-the-purpose-of-life-is-not-to-be-happy-it
[18] http://www.sermonillustrations.com/a-z/p/purpose.htm
[19] http://www.merriam-webster.com/dictionary/passion
[20] Webster's American 1828 Dictionary
[21] http://www.goodreads.com/quotes/824273-so-much-attention-is-paid-to-the-aggressive-sins-such
[22] http://www.goodreads.com/quotes/601807-silence-in-the-face-of-evil-is-itself-evil-god
[23] http://www.family-times.net/illustration/Desire/201015/
[24] George Barna und David Burton: *U-Turn: Restoring America to the Strength of Its Roots,* Lake Mary: Charisma House Book Group, 2014.
[25] http://www.sermoncentral.com/illustrations/sermon-illustration-ronald-thorington-stories-64514.asp

Quellenangaben

[26] Robert Gilbert (Hrsg): *More of the Best of Bits & Pieces*, Economics Press, 1997, S. 73.
[27] http://daringtolivefully.com/goal-quotes
[28] http://techcrunch.com/2011/10/06/jobs-focus-is-about-saying-no/
[29] http://www.brainyquote.com/quotes/quotes/h/harperlee119674.html
[30] http://www.goodreads.com/quotes/88934-do-not-have-your-concert-first-and-then-tune-your
[31] http://www.goodreads.com/quotes/26920-you-will-never-find-time-for-anything-if-you-want

Die Internetseiten wurden zuletzt am 20.4.2017 aufgerufen.

Joyce Meyer

Joyce Meyer ist eine der weltweit bekanntesten Bibellehrerinnen. Als Bestsellerautorin hat sie mehr als 90 wegweisende Bücher geschrieben, unter anderem „Gib niemals auf", „Powergedanken" sowie „Das Schlachtfeld der Gedanken", wovon es eine Ausgabe für Erwachsene und eine für Teens gibt. Darüber hinaus hat sie Tausende von Lehrvorträgen auf CD und DVD herausgegeben. Joyce' Radio- und Fernsehprogramme *Enjoying Everyday Life (Das Leben genießen)* werden weltweit ausgestrahlt und Joyce bereist viele Länder, um dort Konferenzen abzuhalten. Sie und ihr Mann Dave haben vier erwachsene Kinder und leben in St. Louis, Missouri, USA.

Über Joyce Meyer Ministries (JMM)

Hand of Hope – der christliche Hilfsdienst von Joyce Meyer

Joyce und Dave Meyers zentrales Anliegen ist es, armen und verletzten Menschen in der ganzen Welt zu helfen. Es geht darum, nicht nur zu reden, sondern auch konkret zu handeln. Darum bringt Joyce Meyer Ministries (JMM) humanitäre Hilfe in verschiedene Krisenregionen der Welt. Dies geschieht mit neun internationalen Büros und in Zusammenarbeit mit über 35 weltweit tätigen Missionsgesellschaften.

Auf diese Weise werden über 32 Millionen Mahlzeiten pro Jahr in den Hungerregionen der Welt ausgegeben, fast 40 Waisenheime in armen Ländern unterhalten, Dörfer mit sauberem Trinkwasser versorgt und Tausende von Gefängnisinsassen unterstützt. Außerdem gründet und fördert JMM Gemeinden in Ländern, wo Christen unter Verfolgung leiden, bietet medizinische Hilfe und hilft alten wie jungen Menschen in den „Gettos" von Großstädten, wie mit dem Dream Center in St. Louis. Mehr Infos unter **joyce-meyer.de/hand**

TV und Radio

Die *Enjoying Everyday Life (Das Leben genießen)*-Sendungen in Radio und Fernsehen erreichen täglich Hunderttausende weltweit. Im September 1993 konnte das Programm wöchentlich auf zwei Kanälen empfangen werden. Heute wird *Enjoying Everyday Life* täglich und wöchentlich von rund 500 Fernsehsendern und nahezu 400 Radiosendern weltweit ausgestrahlt. Das Programm wird mittlerweile in 81 Sprachen übersetzt und kann sogar in der arabischen Welt empfangen werden.

Internet

Unter **joyce-meyer.de** können Sie die Sendung *Das Leben genießen* rund um die Uhr sehen. Außerdem erhalten Sie dort aktuelle Informationen, können Bücher, eBooks, DVDs und CDs bestellen, sich kostenfrei zur täglichen Andacht anmelden oder Kontakt zu uns aufnehmen.

Vorträge von Joyce Meyer in anderen Sprachen finden Sie unter **tv.joycemeyer.org**

Werden Sie Fan von Joyce Meyer auf Facebook. Lassen Sie sich täglich von ihr ermutigen und auf dem Laufenden halten:
facebook.com/joycemeyerdeutschland

Konferenzen

Konferenzen quer durch die USA (bis zu zwölf im Jahr) und auch im Ausland sind nach wie vor Joyce' Leidenschaft. Die Menschen kommen in Scharen und Joyce predigt das Wort Gottes und gibt praktische Lebenshilfe in der ihr eigenen direkten und humorvollen Art. Gleichzeitig werden diese Konferenzen für Fernsehsendungen aufgezeichnet.

Joyce Meyers persönliches Geschenk an Sie

Als Leser dieses Buches können Sie jetzt ein kostenloses Geschenk von Joyce Meyer erhalten. Einfach diesen Gutschein-Code [BK0417] mit Ihrer Anschrift versehen und an

Joyce Meyer Ministries Deutschland **Joyce Meyer Ministries Schweiz**
Postfach 76 10 01   **Bernstrasse 308**
22060 Hamburg   **3627 Heimberg**

schicken oder ins Internet gehen unter **joyce-meyer.de/geschenk**
Dort Adresse und Gutschein-Code eingeben und abschicken.
Sie können uns auch gerne anrufen:

Zuschauer- und Bestellservice:
Deutschland: 040-88 88 4 11 11
Schweiz: 0848-88 00 11

Das Geschenk wird vierteljährlich verschickt. Wir bitten deshalb um etwas Geduld.

Themenwelt: Persönlichkeit stärken

Nur Mut!
Lebe leidenschaftlich und zielgerichtet
368 Seiten, Paperback, auch als **eBook** erhältlich
EUR 16,50 [D], 17,– [A], CHF 23.–
ISBN 978-3-939627-25-8
Leidenschaft oder Langeweile – Sie haben die Wahl! Um jeden Morgen motiviert aufzustehen, ist es wichtig, Ziele zu haben und die von Gott gegebene Bestimmung für unser Leben zu erkennen. Gleichzeitig brauchen wir ein Herz voller Leidenschaft. In diesem Buch fordert Joyce Meyer Sie heraus, diese Dinge zu entwickeln und unproduktive Haltungen zu überwinden. Jedes Kapitel enthält außerdem praktische Tipps zur konkreten Umsetzung. Wagen Sie es!

Gib niemals auf – Sei fest entschlossen,
die Herausforderungen des Lebens zu meistern
304 Seiten, Paperback, auch als eBook erhältlich
EUR 13,– [D], 13,40 [A], CHF 18.30
ISBN 978-3-939627-23-4
Jeder hat schon einmal versagt oder ist an einer Sache gescheitert. Wichtig ist, in diesen Momenten nicht aufzugeben, sondern die eigenen Träume und Ziele mutig weiterzuverfolgen. In diesem Buch verbindet Joyce Meyer inspirierende und verblüffende Geschichten von unterschiedlichen Menschen mit ganz praktischer Lebens-hilfe und Anleitung, wie Hindernisse überwunden werden können. Ein absoluter Mutmacher, der herausfordert, aufzustehen und sich nicht unterkriegen zu lassen!

Jetzt mal Klartext
Gefühlskämpfe überwinden durch die Kraft des Wortes Gottes
424 Seiten, Hardcover, auch als **eBook** erhältlich
EUR 19,– [D], 19,60 [A], CHF 26.80
ISBN 978-3-939627-10-4
Joyce Meyers Ratgeber zu den Themen Stress, Einsamkeit, Angst, Depression, Entmutigung, Unsicherheit und Sorgen. Niemand muss sich von negativen Gefühlen kleinkriegen lassen. Joyce liefert erfrischende, lebensverändernde Einsichten mit Geschichten aus ihrem persönlichen Leben, praktischen Ratschlägen und vielen Bibelstellen.

Über den Gefühlen stehen
Wie Sie emotional nicht baden gehen
288 Seiten, Paperback, auch als **eBook** erhältlich
EUR 14,– [D], 14,50 [A], CHF 19.60
ISBN 978-3-939627-31-9
Gefühle können sehr stark sein und unsere Aufmerksamkeit fordern. Dennoch sollten wir uns nicht von ihnen kontrollieren lassen. Wer abwarten muss, wie ihm zumute ist, ehe er den Tag genießen kann, überlässt seinen Gefühlen die Herrschaft. Joyce Meyer beschreibt, welche Gefühlsskala Menschen durchlaufen. Sie verbindet die Weisheit der Bibel mit psychologischen Erkenntnissen und gibt dem Leser Werkzeuge an die Hand, auf produktive Weise mit den eigenen Emotionen umzugehen.

Lass dich nicht entmutigen
128 Seiten, Hardcover,
EUR 12,80 [D], 13,30 [A], CHF 18.–
ISBN 978-3-945678-01-5
Stress, Sorge, Unsicherheit, Niedergeschlagenheit – alles keine Fremdworte für Sie? Lassen Sie sich von Joyce Meyer ermutigen, Trost, Sicherheit und Hilfe bei Gott zu suchen. Er hat eine Perspektive für Ihr Leben! Die kurzen Impulse und Bibelverse laden zum Nachdenken ein und machen Mut, von Gott alles zu erwarten.

Mutmacher-Postkarten-Sets
Mut machende Gedanken von Joyce
5 Karten in jedem Set,
je Set EUR 5,– [D], 5,10 [A], CHF 7.–
Set 1: Artikel-Nr. 446781015
Set 2: Artikel-Nr. 446781016
Unsere Postkarten mit Ermutigungen von Joyce – eine tolle Geschenkidee! Alle Motive finden Sie im Onlinshop:
joyce-meyer.de/postkarten

Themenwelt: Beziehungen gelingen lassen

Traum statt Trauma
Tipps für lebenslanges Eheglück
368 Seiten, Paperback, auch als **eBook** erhältlich
EUR 17,– [D], 17,50 [A], CHF 23.80
ISBN 978-3-945678-02-2
„Unsere Ehen sollen ein Triumph und keine Tragödie sein",
sagt Joyce Meyer, die selber mehr als 40 Jahre verheiratet ist.
Gott bietet uns praktische Hilfe durch sein Wort, damit Ehen
zu dem werden können, wozu er sie erdacht hat. Egal ob 40
Tage oder 40 Jahre verheiratet, ob noch Single, ob in einer
Ehekrise oder einfach nur bemüht, die Ehe zu verbessern – in
diesem Buch findet der Leser biblische Prinzipien und viele
praktische Tipps zur „Traum-Ehe".

DVD: Lachen mit Joyce
Ca. 50 Minuten
EUR 7,70 [D], 8,20 [A], CHF 10.80
Artikel-Nr. 446700753
Ein fröhliches Herz ist die beste Medizin, sagt die Bibel.
Deshalb: Lehnen Sie sich zurück und genießen Sie einige der
lustigsten Joyce-Meyer-Geschichten. Mal wieder so richtig
herzhaft lachen und gleichzeitig wichtige Lebenslektionen
lernen – viel Vergnügen dabei!

Joyce Meyer Ehe-Set: Buch + DVD
EUR 21,70 [D], 22,70 [A], CHF 30.40 = Ersparnis EUR 3,-
Buch + DVD, Artikel-Nr. 446700754
Das Geheimnis einer guten Ehe? Nicht immer nur an der
Beziehung arbeiten, sondern auch mal herzlich zusammen
lachen. Beides ist mit unserem Ehe-Set, bestehend aus dem
Buch Traum statt Trauma und der DVD Lachen mit Joyce,
möglich. Auf der DVD erzählt Joyce viele Begebenheiten aus
ihrer eigenen Ehe – zum Schmunzeln, Wiedererkennen und
Weiterdenken. Ideal für einen gelungenen Abend zu zweit!

Leben ohne Konflikte
Wie man gesunde Beziehungen aufbaut
240 Seiten, Paperback, auch als **eBook** erhältlich
EUR 13,80 [D], 14,20 [A], CHF 19.30
ISBN 978-3-939627-34-0
Zwischenmenschliche Konflikte können große Schwierigkeiten bereiten, enormen Schaden in Beziehungen anrichten und den Alltag sehr belasten. Doch es ist möglich, den Streit aus allen Lebensbereichen herauszuhalten. Auf Basis von biblischen Wahrheiten und in ihrer gewohnt praktischen Art erklärt Joyce Meyer, wie das geht. Ein Arbeitsteil am Ende der Kapitel wird Ihnen außerdem helfen, die Ursachen für Ihre Konflikte zu erkennen und neue Wege einzuschlagen.

The Love Revolution
Lebe, liebe, handle – und verändere die Welt
272 Seiten, Paperback, auch als **eBook** erhältlich
EUR 11,– [D], 11,40 [A], CHF 15.50
ISBN 978-3-939627-20-3
Haben Sie die Nase voll vom Leid dieser Welt? Nichts wird sich an der Situation ändern. Außer Sie tun etwas! Die Welt braucht dringend Menschen, die eine Revolution der Liebe starten und nicht länger nur für sich selbst leben. Zusammen mit Gastautoren zeigt Joyce Meyer auf ihre unnachahmlich inspirierende, ermutigende und herausfordernde Art und Weise einen neuen Lebensstil echter Freundlichkeit und Hilfsbereitschaft auf, der nicht nur Ihr Umfeld, sondern auch Sie selbst radikal verändern wird.

Die vier Joyce Meyer Themenhefte
je Heft EUR 2,80 [D], 2,90 [A], CHF 4.00
Erlebte Heilung: Artikel-Nr. 446781007
Erfüllt mit dem Heiligen Geist: Artikel-Nr. 446781005
Geordnete Finanzen: Artikel-Nr. 446781014
Lerne Gott zu vertrauen: Artikel-Nr. 446781011
Joyce Meyer bringt relevante Themen für Sie kurz und knapp auf den Punkt. Mehr dazu finden Sie im Onlineshop: joyce-meyer.de/themenhefte

Themenwelt: Seelischen Schmerz heilen

DVD: Ein Leben
Joyce Meyer erzählt ihre Lebensgeschichte
Ca. 60 Minuten
EUR 7,70 [D], 8,20 [A], CHF 10.80
Artikel-Nr. 446700722
Auf dieser DVD erzählt Joyce sehr persönlich über ihre Erfahrungen mit massivem und wiederholtem Missbrauch als Jugendliche und wie Gott sie geheilt und wiederhergestellt hat. Dieses bewegende Zeugnis der Veränderung durch Gottes Eingreifen wird Ihr Herz berühren und Ihnen helfen zu erkennen, dass auch Sie wiederhergestellt werden und mit Ihrem einen Leben etwas Großartiges bewirken können.

Gott ist nicht böse auf dich – Wie man echte Liebe erfährt, Annahme findet und ohne Gewissensbisse lebt
280 Seiten, Paperback, auch als **eBook** erhältlich
EUR 18,– [D], 18,60 [A], CHF 24.90
ISBN 978-3-939627-40-1
Joyce Meyer wendet sich an diejenigen, die Schwierigkeiten haben, Gottes Liebe für sich persönlich anzunehmen. Sie untersucht die unterschiedlichen Gründe und Erlebnisse, die zu einem Misstrauen Gott gegenüber führen und beleuchtet Gottes wahren Charakter anhand der Bibel. Machen Sie Schluss mit falschen Vorstellungen von Gott – seine Vergebung und unveränderliche Liebe gilt Ihnen!

Tu dir selbst einen Gefallen – vergib!
Lerne dein Leben durch Vergebung in den Griff zu bekommen
208 Seiten, Paperback, auch als **eBook** erhältlich
EUR 10,– [D], 10,20 [A], CHF 14.–
ISBN 978-3-939627-35-7
Warum sollten Sie vergeben, wenn Sie zutiefst verletzt worden sind? In diesem Buch erklärt Joyce Meyer, dass Vergebung der Schlüssel zur Freiheit von Aufruhr ist, den der Zorn hervorruft. Lassen Sie nicht länger zu, dass Wut und Unversöhnlichkeit Ihr Leben vergiften, sondern geben Sie Gott eine Chance, Ihren Schmerz zu heilen.

Heilung für zerbrochene Herzen
Erlebe Wiederherstellung durch die Kraft des Wortes Gottes
96 Seiten, Paperback, auch als **eBook** erhältlich
EUR 4,80 [D], 5,– [A], CHF 6.80
ISBN 978-3-939627-30-2
Gott hat einen wunderbaren Plan für unser Leben, aber oft fällt es uns schwer, das zu glauben und zu erleben, weil uns Verletzungen aus der Vergangenheit plagen und uns gefangen halten. Lernen Sie, wie Gott Sie sieht. Sie werden erleben, wie seine Liebe Sie zur Ruhe bringt, Hoffnung für die Zukunft gibt und Ihr verwundetes Herz heilt.

Süchtig nach Anerkennung
Hör auf, allen gefallen zu wollen
304 Seiten, Paperback, auch als **eBook** erhältlich
EUR 12,– [D], 12,40 [A], CHF 16.80
ISBN 978-3-939627-36-4
Brauchen Sie immer Bestätigung für das, was Sie tun? Beschäftigt es Sie, was die Leute über Sie denken? Hinter der Suche nach Anerkennung verbirgt sich oft der tiefe Wunsch, Gefühle von Ablehnung und geringer Selbstachtung zu überwinden. Diesem emotionalen Schmerz kann jedoch nur Gott mit seiner Liebe und Annahme angemessen begegnen. In diesem Buch beschreibt Joyce Meyer, wie man von der Sucht nach Anerkennung frei wird.

Gut aussehen – Gut fühlen
12 Schlüssel für ein gesundes, erfülltes Leben
256 Seiten, Paperback, auch als **eBook** erhältlich
EUR 14,50 [D], 14,90 [A], CHF 20.–
ISBN 978-3-939627-09-8
Sie sind unendlich wertvoll für Gott! Dennoch haben viele Menschen ein niedriges Selbstwertgefühl und gehen auch entsprechend nachlässig mit ihrem Körper um. Joyce Meyers 12-Schlüssel-Plan führt Sie durch überraschende biblische Erkenntnisse sowie praktische Tipps für einen gesunden, entspannten Lebensstil, damit Sie sich gut fühlen und obendrein noch gut aussehen.

Themenwelt: Seelischen Schmerz heilen

Schönheit statt Asche
Empfange Heilung für deine Gefühle
288 Seiten, Paperback, auch als eBook erhältlich
EUR 11,- [D], 11,40 [A], CHF 15.50
ISBN 978-3-939627-17-3
Viele Menschen erwecken äußerlich den Eindruck, als wäre alles in bester Ordnung. In ihrem Inneren aber sind sie ein Wrack. Ihre Vergangenheit hat sie zerbrochen, erschüttert und verletzt. Joyce Meyer, die als Kind körperlich, emotional und sexuell missbraucht wurde, berichtet in diesem Mut machenden Buch, wie Jesus ihr Leben wiederherstellte.

eBook: Freiheit trotz Ablehnung
EUR 6,50 [D], 6,50 [A], CHF 8.50
ISBN 978-3-945678-55-8
Ablehnung hat jeder schon einmal erlebt, aber nicht jedem geht sie unter die Haut. In diesem Buch zeigt Joyce Meyer, wie Sie von der Wurzel der Ablehnung und deren Folgen frei werden können. Sie macht Mut, Schutzmauern niederzureißen, die wir aus Angst vor Ablehnung aufgebaut haben und unrealistischen Perfektionismus abzulegen. Entdecken Sie den Weg in die Freiheit trotz erlebter Ablehnung.

DVD: Einsamkeit und Trauer bewältigen
Ca. 60 Minuten
EUR 5,- [D], 5,10 [A], CHF 7.-
Art.-Nr. 311307000
Sie fühlen sich einsam oder haben einen geliebten Menschen verloren? Frühere Freunde haben sich von Ihnen abgewendet, Sie wurden entlassen? Viele von uns haben derartige Verlustsituationen schon erlebt. Entscheidend für Ihren weiteren Weg ist es jedoch, wie Sie mit diesen Dingen umgehen. Versinken Sie nicht in Depressionen, sondern packen Sie das Leben neu an!

Themenwelt: Mit Jesus den Alltag meistern

Voller Hoffnung
Erwarte jeden Tag etwas Gutes
240 Seiten, Paperback, auch als **eBook** erhältlich
EUR 10,– [D], 10,20 [A], CHF 14.–
ISBN 978-3-945678-06-0
In der Hoffnung auf Gott liegt die Kraft, die Ihr Leben verändert. Eine neue Lebensfreude wartet auf Sie, sobald Sie anfangen, Gutes von Gott zu erwarten. Entdecken Sie, wie Sie sich von Entmutigung befreien und stattdessen Ihre Träume umsetzen können. In diesem Buch gibt Joyce Meyer praktische Tipps, wie Sie Hoffnung im Alltag einüben und auch konkret zum Ausdruck bringen können. Das wird Ihnen die Tür öffnen zu den unbegrenzten Möglichkeiten Gottes.

Zuversicht, Mama!
Mit Gottes Hilfe erziehen
176 Seiten, Paperback, auch als **eBook** erhältlich
EUR 9,50 [D], 10,– [A], CHF 12.–
ISBN 978-3-939627-43-2
Viele Christen verstehen, dass sie nur aus Gnade errettet werden, versuchen dann aber, das Christsein aus eigener Anstrengung zu leben. Jetzt ist Schluss mit dem Frust. Lesen Sie, wie die Gnade Gottes Ihr gesamtes Leben zu Erfolg und Entspannung führen will. Entdecken Sie den Unterschied zwischen Gnade und Glauben und lernen Sie so zu werden, wie Gott Sie sieht.

Überlastet
Wie Stress Sie nicht mehr stresst
256 Seiten, Paperback, auch als **eBook** erhältlich
EUR 12,90 [D], 13,40 [A], CHF 17.–
ISBN 978-3-945678-07-7
Niemand ist immun gegen Stress. Doch wir sind ihm auch nicht hilflos ausgeliefert. Entdecken Sie biblische Wahrheiten und von Joyce Meyer selbst erprobte Lösungen, die Ihnen im Alltag helfen werden, besser mit stressigen Situationen umzugehen. Und denken Sie immer daran: Gottes Hilfe steht Ihnen zur Verfügung!

Themenwelt: Mit Jesus den Alltag meistern

DVD: 10 Jahre – Die Jubiläums-DVD
Ca. 78 Minuten
EUR 7,70 [D], 8,20 [A], CHF 10.80
Artikel-Nr. 446700747
Joyce Meyer hat erfahren, dass Gott mit seinen guten Plänen für ihr Leben zum Ziel kam – trotz schwieriger Umstände. Auf dieser DVD berichtet sie von den zehn wichtigsten Erkenntnissen, die ihr Leben grundlegend verändert haben. Lassen Sie sich inspirieren, damit auch Ihre Lebensreise gelingt!

Mach dir keine Sorgen
Die Kunst, seine Lebensängste Gott zu überlassen
208 Seiten, Paperback, auch als **eBook** erhältlich
EUR 10,– [D], 10,20 [A], CHF 14.–
ISBN 978-3-939627-37-1
Treffen Sie die Entscheidung, sich im Alltag nicht länger von Ihren Ängsten und Sorgen niederdrücken zu lassen! Sie dürfen Gott vertrauen. Er kümmert sich um Sie und schenkt innere Ruhe in den unmöglichsten Situationen. Joyce Meyer erklärt in diesem Buch, wie Sie Ihre Sorgen auf Gott werfen, aber gleichzeitig Verantwortung für Ihr Leben übernehmen können.

Die geheimnisvolle Kraft Gottes Wort auszusprechen
200 Seiten, Hardcover, auch als **eBook** erhältlich
EUR 13,50 [D], 13,90 [A], CHF 19.–
ISBN 978-3-939627-41-8
Während ihres Lebens und Dienstes hat Joyce Meyer wiederholt die schöpferische Kraft erfahren, die im Aussprechen des Wortes Gottes liegt. In diesem Buch trägt sie die wichtigsten Verheißungen und Bekenntnisse aus der Bibel für verschiedenste Lebensumstände zusammen: Bekenntnisse für Eltern, Singles und Familien, und was die Bibel über Ärger, Sorge und gesellschaftliche Verantwortung sagt. „Die geheimnisvolle Kraft" im Alltag angewendet wird Ihr Leben verändern.

Die Kraft einfachen Gebets
Wie man mit Gott über alles reden kann
320 Seiten, Paperback, auch als **eBook** erhältlich
EUR 16,– [D], 16,50 [A], CHF 22.50
ISBN 978-3-939627-26-5
Oft sehen wir das Gebet als ein Mittel zum Zweck. Wir beten, weil wir bestimmte Wünsche an Gott haben oder seine Hilfe bei der Lösung von Problemen benötigen. Doch mit Gott reden bedeutet mehr. In diesem Buch leitet Joyce Meyer Sie zu einem tieferen und interaktiveren Gebetsleben an, das von Ehrlichkeit und Natürlichkeit geprägt ist und dazu noch Spaß macht.

Gottes Plan für dich
Entdecke die Möglichkeiten
132 Seiten, Hardcover,
EUR 16,– [D], 16,50 [A], CHF 22.50
ISBN 978-3-945678-56-5
Viele Menschen erleben kein erfülltes Leben, weil sie sich ständig vergleichen und versuchen, jemand anderes zu sein. Ihnen ruft Joyce Meyer zu: Sei du selbst! Entwickle dein Potenzial! Mit einem Schlüsselgedanken pro Seite, untermauert mit dem Wort Gottes, führt dieses Buch den Leser durch Schritte wie Selbstannahme, Heilung und Vertrauen. Kurz wie ein Andachtsbuch, mit tiefen Einsichten und erfrischend einfach für jeden Tag.

21 Mal Glück und Frieden
352 Seiten, Paperback, auch als **eBook** erhältlich
EUR 16,50 [D], 17,– [A], CHF 23.–
ISBN 978-3-939627-33-3
In der heutigen Welt ist Frieden nur schwer zu finden. Wo wir auch hinschauen, sehen wir Unruhe und Chaos. All das trägt zu erhöhtem Stress in unserem Leben bei. Joyce Meyer spricht in diesem Buch über 21 Prinzipien, mithilfe derer wir den „Frieden, der alles Verstehen übersteigt" wiederentdecken können. Mit einer gründlichen Betrachtung biblischer Aussagen und ehrlichen Einsichten aus ihrem eigenen Leben ermutigt Joyce dazu, sich aktiv auf die Suche nach bleibender Gelassenheit zu machen und dem Frieden nachzujagen.

Schreiben Sie uns!

Was hat Ihnen dieses Buch konkret gebracht? Haben Sie Anregungen?
Möchten Sie Joyce Meyer Ministries etwas mitteilen? Dann schreiben Sie uns.

Joyce Meyer Ministries **Joyce Meyer Ministries Schweiz**
Postfach 76 10 01 **Bernstrasse 308**
D-22060 Hamburg **3627 Heimberg**

Zuschauer- und Bestellservice:
Deutschland: 040-88 88 4 11 11   Schweiz: 0848-88 00 11

Weitere Bücher und DVDs unter **joyce-meyer.de/shop**